# FILOSOFIA E POLÍTICA NA FORMAÇÃO DO EDUCADOR

GIOVANNI SEMERARO
(Org.)

# FILOSOFIA E POLÍTICA
# NA FORMAÇÃO DO EDUCADOR

DIRETORES EDITORIAIS:
Carlos Silva
Ferdinando Mancílio

EDITORES:
Avelino Grassi
Roberto Girola

COORDENAÇÃO EDITORIAL:
Elizabeth dos Santos Reis

DIAGRAMAÇÃO:
Juliano de Sousa Cervelin

REVISÃO:
Ana Lúcia de Castro Leite

CAPA:
Tamara Pereira Souza

Todos os direitos reservados à Editora Idéias & Letras, 2004.

Editora Idéias & Letras
Rua Pe. Claro Monteiro, 342 – Centro
12570-000 Aparecida-SP
Tel. (12) 3104-2000 – Fax (12) 3104-2036
Televendas: 0800 16 00 04
vendas@ideiaseletras.com.br
http//www.redemptor.com.br

**Dados Internacionais de Catalogação na Publicação (CIP)**
**(Câmara Brasileira do Livro, SP, Brasil)**

Filosofia e política na formação do educador / Giovanni Semeraro, (org).
– Aparecida, SP: Idéias & Letras, 2004.

Vários autores.
Bibliografia.
ISBN 85-98239-29-1

1. Educadores 2. Filosofia – Estudo e ensino 3. Política – Estudo e ensino 4. Política e educação 5. Professores – Formação I. Semeraro, Giovanni.

04-7514    CDD-379

**Índices para catálogo sistemático:**

1. Educação e política 379
2. Política e educação 379

# Sumário

Apresentação ................................................................. 7

Capítulo I ..................................................................... 11
    O que é o liberalismo?
    Por uma contra-história
    *Domenico Losurdo*

Capítulo II .................................................................... 57
    O educador político e o político educador
    *Giovanni Semeraro*

Capítulo III ................................................................... 81
    Projetos políticos pedagógicos das escolas públicas:
    onde está o político?
    *João Baptista Bastos*
    *Elza Dely Macedo*

Capítulo IV .................................................................. 105
    História, memória e educação política: conexões
    e desafios
    *Martha D'Angelo*

Capítulo V ..................................................................... 125
    Política e Movimento Estudantil: a formação de
    subjetividades coletivas
    *Sueli Camargo*

Capítulo VI .................................................................... 153
    O Sindicato Estadual dos Profissionais
    da Educação como sujeito político e formador:
    Trajetória, Problemas e Perspectivas
    *Jorge Najjar*

Capítulo VII ................................................................... 183
    Políticas Públicas e Poder Popular
    *Percival Tavares da Silva*

Capítulo VIII .................................................................. 215
    Pretensões de reformas, perspectivas de mudanças
    *Gelta T. Ramos Xavier*

Capítulo IX .................................................................... 245
    A construção da cidadania no embate político
    *Leonardo Barros de Souza*

Sobre os autores ............................................................ 275

# Apresentação

Quando o Brasil comemora 20 anos do fim da ditadura, o conjunto de artigos aqui reunidos apresenta-se como um pequeno retrato da nova realidade político-pedagógica vivenciada por muitos de nossos educadores no início do século XXI. Em 2004, de fato, poucos entre nós têm dúvidas de que o ciclo da "transição democrática" termina e no Brasil começa a se desenhar um novo período histórico cercado de incertezas, mas, ao mesmo tempo, repleto de possibilidades. Como Gramsci, sentimos que "o velho morre e o novo custa a nascer" nas dobras nada lineares de uma história perpassada por outras formas de lutas e de re-configurados horizontes de esperança.

Dos "novos personagens que entraram em cena" em 1984, há poucos remanescentes. Parte deles se foram. Alguns se entregaram ao pragmatismo e trocaram a ousadia pelo medo. Outros acabaram favorecendo as premonições de George Orwell que vislumbrava – no romance "1984" – o início da sociedade do controle e da dominação implantada pelo "Big Brother".

Foi assim que, ao longo desses últimos 20 anos, o neoliberalismo no Brasil encontrou espaço aberto para provocar o avassalador fenômeno da privatização, da dissolução de direitos, da desregulação da produção e da volatilidade da economia, deixando um saldo assustador de desemprego, de informalidade e de precarização em grande parte da população. Olhando para trás, na verdade, não é sem razão que as duas "décadas perdidas" na economia e no crescimento acabaram por deixar certo desalento em relação ao futuro do país.

Por outro lado, no entanto, em uma história que continua a ser contraditória e surpreendente, poucas vezes como nessas últimas duas décadas, houve no Brasil uma efervescência política e cultural tão intensa e diversificada. A afirmação das liberdades, a consolidação das instituições democráticas, o reconhecimento da pluralidade ideológica e da multiplicação de organizações na sociedade civil criaram também novas subjetividades, promoveram a abertura do país para questões planetárias, delinearam novas configurações para a educação, favoreceram a emergência de inesperados sujeitos políticos que se mobilizam em diversas frentes de lutas e reivindicações.

Se há crise de modelos sociais e políticos, abandono de paradigmas teórico/metodológicos e questionamento de valores, não se deve negar que ao mesmo tempo vimos o Brasil caminhar para uma sociedade mais aberta, mais dinâmica e madura politicamente.

É nesse contexto que se situam os escritos aqui articulados com o intuito de apresentar algumas análises das transformações por que passam muitos educadores brasileiros. Trata-se de ensaios que trazem as marcas da crise e, ao mesmo tempo, os sinais da reinvenção; que se debruçam sobre o repensamento de algumas práticas político-pedagógicas, mas, lançam também sementes de futuro. Ao analisar derrotas e conquistas, recuos e avanços, os intelectuais/educadores que se expressam neste livro, todos vinculados a vivências sociopolíticas, procuram desvendar as contradições do sistema em que vivemos, mas, acima de tudo, tentam focalizar as forças de renovação que emanam da emergência de tantas inesperadas experiências políticas e pedagógicas que nos ensinam a ter muito discernimento e cuidado para compreender melhor a complexa realidade que nos cerca, de modo a intervir nos conflitos do mundo contemporâneo com mais acerto e sabedoria.

Nestes escritos, portanto, o "pessimismo da inteligência" e o rigor da pesquisa não diminuem, antes, alimentam o "otimismo da vontade" dos que querem continuar a construir projetos de democracia em uma sociedade em que precisamos nos educar a valorizar as diferenças, a pluralidade e o micro sem perder de vista a igualdade, a unidade e a totalidade. Ao criticar, portanto, o esgotamento de algumas organizações tradicionais, o aprisionamento de sistemas fechados e a burocratização da política não se defendem aqui a pulverização das lutas populares e a ausência de projetos públicos, indispensáveis para a constituição de criativas subjetividades voltadas para a socialização. Para ter sentido, de fato, a tarefa de "desconstrução" – nos alerta Gramsci – deve fazer-se acompanhar pela mais árdua capacidade de recriar o mundo socialmente e pela ousadia de "refundar novos Estados".

Nesse sentido, na contramão da despolitização e da descrença nas possibilidades da democracia popular, há dois anos, um grupo de professores da Universidade Federal Fluminense (UFF) resolveu criar o Núcleo de Estudos e Pesquisas em Filosofia Política e Educação (NUFIPE). Este livro é um dos resultados que afloraram dos estudos coletivos, das pesquisas, dos eventos promovidos, dos cursos de extensão e do envolvimento político em sindicatos, partidos e organizações da sociedade civil. Encontra-se aqui parte de nossa formação intelectual e política em permanente elaboração que queremos divulgar porque sabemos que há tantos educadores, intelectuais, políticos e trabalhadores que partilham conosco o projeto de construir uma democracia popular no Brasil. Um projeto este que, em continuidade com a história e com a memória das lutas populares, chegue a operar a ruptura com a dependência e com todas as formas de dominação que tomam ainda conta do Brasil.

O leitor, portanto, tem em mãos um articulado e diversificado floreio de textos escritos por mentes e corações profundamente envolvidos com os embates filosóficos, políticos e pedagógicos de nosso tempo histórico.

Na abertura, colocamos o ensaio do prof. Domenico Losurdo ("O que é liberalismo? Por uma contra-história"), mestre de pensamento crítico e de método de pesquisa das atuais contradições sociopolíticas, em reconhecimento ao ciclo de palestras que no ano passado ofereceu na UFF, organizado pelo NUFIPE e o Programa de Pós-Graduação em Educação. Seguem, depois, em um agrupamento por temáticas próximas, os textos dos professores do NUFIPE: "O educador político e o político educador" (Giovanni Semeraro); "Projetos políticos pedagógicos das escolas públicas: onde está o político?" (João Batista Bastos e Elza Dely Macedo); "História, memória e educação política: conexões e desafios" (Martha D'Angelo); "Política e Movimento Estudantil: a formação de subjetividades coletivas" (Sueli Camargo); "O Sindicato Estadual dos Profissionais da Educação como sujeito político e formador: trajetória, problemas e perspectivas" (Jorge Najjar); "Políticas públicas e poder popular" (Percival Tavares da Silva); "Pretensões de reformas, perspectivas de mudanças" (Gelta T. Ramos Xavier); "A construção da cidadania no embate político" (Leonardo Barros de Souza).

Na construção deste livro tomaram parte, também, Daniel, Damiana, Margarete, Rodrigo, Renata, Luana, Pedro, Vanessa, Silvana, Tonia, Denise, Elisete, estudantes de vários cursos que acompanham de perto o NUFIPE, cujas inquietações e paixão pelo Brasil não deixam esmorecer nossas esperanças e nossos compromissos de educadores e políticos. Juntamente com eles, gostaríamos de dedicar este livro a todos os estudantes e educadores que não perderam as esperanças nos projetos alternativos de sociedade e não medem esforços para se envolver nas mais diversas lutas com o intuito de transformar o Brasil em uma democracia efetivamente participativa e popular.

Giovanni Semeraro

Capítulo I

# O que é o liberalismo?
# Por uma contra-história

DOMENICO LOSURDO

## 1. Um conjunto de perguntas constrangedoras

O QUE é o liberalismo? As respostas usuais não deixam dúvidas: é a tradição de pensamento que coloca no centro de suas preocupações a liberdade do indivíduo, desconsiderada ou espezinhada pelas filosofias organicistas de orientação contrária. Bem, sendo assim, como situar no âmbito desse posicionamento uma personalidade como a de John C. Calhoun? Esse eminente estadista, vice-presidente dos Estados Unidos, na metade do século XIX, evocando inclusive Locke, entoa um hino apaixonado à liberdade do indivíduo, defendido energicamente contra toda imposição e contra toda indevida interferência do poder do Estado. Mas, isso não é tudo. Juntamente com os "governos absolutos" e a "concentração do poder"[1], ele não cansa de criticar e condenar o fanatismo[2] e o espírito de "cruzada"[3], aos quais contrapõe o "compromisso" como princípio inspirador dos autênticos "governos constitucionais". Com

---

1 Calhoun, 1992, p. 30-3.
2 Calhoun, 1992, p. 529.
3 Calhoun, 1992, p. 528-9, 530-1 e 469.

igual eloqüência Calhoun defende o direito das minorias: não se trata apenas de garantir pelo sufrágio a alternância ao governo de diversos partidos: um poder excessivamente extenso é sempre inaceitável, mesmo limitado no tempo e amenizado pela promessa ou a perspectiva da periódica inversão das funções na relação entre governantes e governados[4].

Não há dúvida, teríamos aqui todas as características do pensamento liberal mais maduro e sedutor; mas, por outro lado, desdenhando os meios-termos e a timidez ou o receio dos que se limitavam a aceitá-la como um "mal" necessário, Calhoun proclama que a escravidão, ao contrário, é um "bem positivo" ao qual a civilização nunca pode renunciar. Sim, ele denuncia repetidamente o espírito de cruzada, mas sempre em relação aos abolicionistas, esses "cegos fanáticos"[5] que consideram ser "sua mais sagrada obrigação praticar todo esforço para destruir" a escravidão, uma forma de propriedade legítima e garantida pela Constituição[6]. Observe-se, por outro lado, que das minorias defendidas com tanto vigor e tanta sabedoria jurídica não fazem parte os negros. Ao contrário, nesse caso, a tolerância e o espírito de compromisso parecem se reverter: pois, se o fanatismo conseguir realmente levar adiante o ensandecido projeto de abolição da escravidão, haveria "a extirpação de uma ou outra raça"[7]. E, considerando as concretas relações de força existentes nos Estados Unidos, não seria difícil imaginar qual das duas iria sucumbir: portanto, os negros poderiam sobreviver só na condição de escravos.

Então, Calhoun é ou não é liberal? Sim, parecem responder

---

4 Calhoun, 1992, p. 30-3.
5 Calhoun, 1992, p. 474.
6 Calhoun, 1992, p. 582.
7 Calhoun, 1992, p. 529 e 473.

Capítulo I — O que é o liberalismo? Por uma contra-história | 13

os que o celebram como "um destacado individualista"[8], como um dos protagonistas da "defesa dos direitos da minoria contra os abusos de uma maioria inclinada à prevaricação"[9], ou seja, como teórico do senso da medida e da auto-limitação que deve ser própria da maioria[10]. Ainda mais explícita é uma editora dos Estados Unidos, voltada a re-publicar em chave neoliberista os "clássicos da liberdade", entre os quais está bem presente o eminente estadista e ideólogo do sul escravista[11]. O problema não se coloca apenas para os Estados Unidos. Historiadores muito conceituados, e de clara orientação liberal, da revolução francesa não hesitam em definir "liberais" aquelas personalidades e aqueles círculos que, no final do século XVIII, em contraposição ao radicalismo e ao jacobinismo, por um lado olham para a Inglaterra como modelo e por outro lado estão firmemente envolvidos na luta em defesa da escravidão: são "todos proprietários de plantações e de escravos"[12]. É possível, portanto, ser liberais e escravistas ao mesmo tempo? Não é esta a opinião de John Stuart Mill, a julgar pelo menos da polêmica desenvolvida por ele contra os "proclamados" liberais ingleses que, no decorrer da guerra de Secessão, se alinhavam em massa e "furiosamente a favor dos estados do sul" ou pelo menos mantinham uma atitude fria e ácida em relação à União e a Lincoln[13].

Estamos diante de um dilema. Se à pergunta que nos colocamos (Calhoun é ou não é liberal?) respondemos afirmativamente, não podemos mais sustentar a tradicional (e edificante) configu-

---

8 Post, 1953, p. VII.
9 Lence 1992, p. XXIII.
10 Sartori, 1976, p. 151; Sartori, 1978, p. 239 e 252.
11 Calhoun, 1992.
12 Furet e Richet, 1980, p. 120-1 e 160-1.
13 Mill, 1965 b, p. 157; Mill, 1965 a, p. 267.

ração do liberalismo como pensamento e intencionalidade da liberdade. Se, ao contrário, respondemos negativamente, esbarramos em uma nova dificuldade e em uma nova pergunta, não menos problemática que a primeira: por que deveríamos continuar a atribuir a dignidade de pai do liberalismo a John Locke? Sim, Calhoun fala da escravidão dos negros como de um "bem positivo", mas também o filósofo inglês, ao qual o autor estadunidense remete, não apenas considera óbvia e pacífica a escravidão nas colônias, mas contribui pessoalmente à formalização jurídica dessa instituição e à redação da norma constitucional pela qual "todo homem livre da Carolina deve ter *absoluto* poder e autoridade sobre seus escravos negros seja qual for sua opinião e religião"[14]. Locke é "o último grande filósofo que procura justificar a escravidão absoluta e perpétua"[15]. O que não lhe impede de atacar com palavras de fogo a "escravidão" política que a monarquia absoluta queria impor (I, § 1); da mesma forma em Calhoun a teorização da escravidão negra como "bem positivo" anda de mãos dadas com o alerta contra uma concentração dos poderes que corre o risco de transformar "os governados" em "escravos dos governantes"[16]. Afinal, o estadista americano é proprietário de escravos, mas, como veremos, também o filósofo inglês tem sólidos investimentos no tráfico dos negros. Melhor, a posição do segundo resulta ainda mais comprometedora: bem ou mal, no sul escravista, do qual o primeiro é intérprete, não havia mais lugar para a deportação dos negros da África que no decorrer de uma horrível viagem condenava muitos deles à morte bem antes da chegada à América.

Para distinguir a posição dos dois autores aqui comparados,

---

14 Locke, 1963, p. 196 (art. CX).
15 Davis, 1975, p. 45.
16 Calhoun, 1992, p. 374.

queremos manter a distância temporal e excluir da tradição liberal só Calhoun, que continua a justificar ou a celebrar a instituição da escravidão ainda em pleno século XIX? Contra esse tratamento diferente iria reagir com indignação o estadista do sul, que, em relação ao filósofo liberal inglês, talvez reafirmasse, com uma linguagem apenas diferente, a tese por ele formulada a propósito de George Washington: "Ele era um dos nossos, um proprietário de escravos e um fazendeiro"[17].

Contemporâneo de Calhoun é Francis Lieber, um dos mais eminentes intelectuais de seu tempo. Celebrado até como uma espécie de Montesquieu *redivivus*. Em relações epistolares e de estima com Toqueville, ele é sem dúvida um crítico, embora cauteloso da instituição da escravidão: espera que se dissolva por meio de uma transformação gradual em uma espécie de servidão ou semi-servidão, e a partir da iniciativa autônoma dos estados escravistas, cujo direito ao auto-governo não pode ser colocado em discussão. Por isso, Lieber é admirado também no sul, ainda mais porque ele mesmo, embora em proporções bem modestas, possui e, às vezes, aluga escravos e escravas. Quando uma delas vem a falecer, por causa de uma misteriosa gravidez e de sucessivos abortos, ele anota em seu diário a dolorosa perda pecuniária assim sofrida: "Bem mil dólares – o duro trabalho de um ano"[18]. Novas penosas economias impunham-se, então, para compensar a escrava falecida: sim, porque Lieber, diversamente de Calhoun, não é um fazendeiro e nem vive de renda; é um professor universitário que lança mão dos escravos fundamentalmente para serviços domésticos.

Estamos autorizados a incluir o primeiro e não o segundo no âmbito da tradição liberal? Em todo caso, a distância temporal aqui

---

17 Calhoun, 1992, p. 590.
18 Freidel, 1968, p. 278 e 235-9.

não tem peso algum. Observe-se, agora, um contemporâneo de Locke. Andrew Fletcher é um "campeão da liberdade" e, ao mesmo tempo, um "campeão da escravidão" em relação aos vagabundos e aos "mendigos" que contaminam a terra da Escócia e da Inglaterra[19]. Como é possível perceber, volta o singular entrelaçamento com o qual nos deparamos: a grande diferença é que, quando reivindica a escravidão, Fletcher pensa em primeiro lugar não nos negros das colônias, mas na plebe ociosa e incorrigível da metrópole. Devemos considerá-lo não-liberal pelo fato de que, sem fazer discriminações baseadas na cor da pele, não hesita em teorizar também a escravidão branca? Tratar-se-ia de uma conclusão bastante complicada: a distinção entre liberais e não liberais seria então não a condenação da instituição da escravidão, mas apenas a discriminação negativa em relação aos povos de origem colonial.

Acrescente-se que Fletcher, que no campo político declara ser "um republicano por princípio"[20] e no campo cultural é "um profeta escocês do iluminismo"[21], foge também para a Holanda na onda da conspiração antijacobita, exatamente como Locke, com o qual está em relações epistolares[22]. Deve ser levado também em consideração o fato de que Fletcher goza da estima de Jefferson que o define um "patriota", ao qual cabe o mérito de ter expressado os "princípios políticos" próprios dos "períodos mais puros da Constituição Britânica", aqueles que depois lançaram raízes e prosperaram na América livre[23].

---

19 Morgan, 1972, p. 11; cfr. também Marx-Engels, 1955, vol. XXIII, p. 750, nota 197.
20 In Marx-Engels, 1955, vol. XXIII, p. 750, nota 197.
21 Morgan, 1975, p. 325.
22 Bourne, 1969, vol. I, p. 481; Locke, 1981-82, vol VI, p. 303-4 e 314 e vol. VII, p. 471-2 (cartas de Andrew Fletcher of Saltoun de 25 janeiro e 3 fevereiro de 1698 e de 14 outubro de 1701).
23 Jefferson, 1984, p. 1134 (carta ao conde de Buchan de 10 julho de 1803).

A Inglaterra liberal nos coloca diante de um caso ainda diferente. Francis Hutcheson, um filósofo moral de certa visibilidade (é o "inesquecível" mestre de Adam Smith[24]), por um lado manifesta críticas e reservas em relação à escravidão à qual estão submetidos de maneira indiferenciada os negros; por outro lado sublinha que, principalmente quando se lida com os "níveis mais humildes" da sociedade, a escravidão pode ser uma "punição útil": ela deve ser o "castigo normal para aqueles vagabundos preguiçosos que, mesmo depois de ter sido justamente advertidos e submetidos à servidão temporária, não conseguem sustentar a si próprios e as suas famílias com um trabalho útil"[25]. Estamos na presença de um autor que, mesmo sentindo o mal-estar pela escravidão hereditária e racial, reivindica por outro lado uma espécie de escravidão penal para aqueles que, independentemente da cor da pele, seriam culpados de vadiagem: é liberal Hutcheson?

Situado temporalmente entre Locke e Calhoun, e olhando para a realidade aceita pelos dois como óbvia e pacífica ou até celebrada como um "bem positivo", Adam Smith formula um raciocínio e expressa uma preferência que merecem ser relatados por extenso. A escravidão pode ser mais facilmente suprimida em um "governo despótico" do que em um "governo livre", cujos organismos representativos ficam exclusivamente reservados aos proprietários brancos. Nesse caso, é desesperadora a condição dos escravos negros: "toda lei é feita pelos seus donos, os quais nunca vão deixar passar uma medida desfavorável a eles". E, então: "A liberdade do homem livre é a causa da grande opressão dos escravos. E uma vez que eles constituem a parte mais numerosa da população, pessoa alguma

---

24 Smith, 1987, p. 309 (carta a Archibald Davidson de 16 de novembro de 1787).
25 Davis, 1971, p. 423-7 (a citação está na p. 425).

imbuída de humanidade vai desejar a liberdade em um país no qual foi estabelecida essa instituição"[26]. Pode ser considerado liberal um autor que, pelo menos em um caso concreto, exprime sua preferência por um "governo despótico"? Ou, com uma diversa formulação: é mais liberal Smith ou Locke e Calhoun que, juntamente com a escravidão, defendem os organismos representativos condenados pelo primeiro enquanto sustentáculo, no âmbito de uma sociedade escravista, de uma instituição infame e contrária a todo o sentido de humanidade?

Na verdade, como havia previsto o grande economista, a escravidão é abolida nos Estados Unidos não graças ao governo local, mas pelo punho de ferro do exército da União e pela ditadura militar imposta por algum tempo. Nessa ocasião, Lincoln é acusado pelos seus adversários de despotismo e de jacobinismo: recorre a "governos militares" e "tribunais militares" e interpreta "a palavra 'lei'" "como a "vontade do presidente" e o *habeas corpus* como o "poder do presidente de aprisionar qualquer um e pelo período de tempo que lhe agradar"[27]. Na formulação desse ato de acusação, além dos expoentes da Confederação secessionista, estão aqueles que aspiram a uma paz acordada, até para voltar à normalidade constitucional. E aqui novamente somos obrigados a nos colocar a pergunta: é mais liberal Lincoln ou seus antagonistas e adversários?

Vimos Mill tomar posição a favor da União e condenar os "falsos" liberais que gritavam escandalizados diante da firmeza com que ela conduzia a guerra contra o sul e controlava aqueles que, no próprio norte, se inclinavam a aceitar a secessão escravista. Compreende-se bem tal posição vinda de um autor que vê na escravidão:

---

26 Smith, 1982, p. 452-3 e p. 182.
27 Schlesinger jr., 1973, p. 915-21.

"a mais flagrante das possíveis violações" dos princípios liberais e estigma os que a defendem como as "forças do Mal"[28].

No entanto, em relação às colônias, Mill justifica o "despotismo" dos povos civilizados sobre os "bárbaros", ou seja, sobre as "sociedades atrasadas nas quais a própria raça pode ser considerada de menoridade": esta deve "absoluta obediência", de maneira que possa ser conduzida para o caminho do "progresso"[29]. É uma formulação que não iria desagradar Calhoun, que também legitima e celebra a escravidão quando ele se refere ao atraso e à menoridade da população de origem africana: só na América, e graças aos cuidados paternais dos patrões brancos, a "raça negra" consegue avançar e passar da anterior "condição ínfima, degradada e selvagem" para a nova "condição relativamente civilizada"[30]. Para Mill, "um governante que esteja animado pelas intenções progressistas é justificado quando emprega qualquer meio que permita alcançar um fim diversamente impossível"[31]; mas esta é também a opinião de Calhoun, para o qual a escravidão é um meio inevitável para chegar a civilizar os negros. Claro, diferentemente da eterna escravidão à qual, conforme o teórico e político estadunidense, devem ser submetidos os negros, a ditadura pedagógica de que fala Mill está destinada a se dissolver em um futuro, embora remoto e problemático; o outro lado da medalha é que a essa condição de falta de liberdade está explicitamente subjugado não apenas um grupo étnico particular (o pequeno pedaço de África situado no coração dos Estados Unidos), mas também o conjunto dos povos progressivamente tomados pela expansão colonial e obrigados a sofrer o "despotismo" político

---

28 Mill, 1965 a, p. 266-7.
29 Mill, 1972, p. 73.
30 Calhoun, 1992, p. 473.
31 Mill, 1972, p. 73.

e formas de trabalho servil ou semi-servil. Exigir a "obediência absoluta", por um período de tempo indeterminado, de grande parte da humanidade é compatível com a profissão de fé liberal ou é sinônimo de "falso" liberalismo?

## 2. A revolução americana e a revelação de uma verdade constrangedora

Não há dúvida: em primeiro lugar é o problema da escravidão que divide os autores até aqui citados. De uma forma ou de outra todos eles remetem à Inglaterra e aos Estados Unidos. Trata-se de dois países que ao longo de um século e meio foram a única realidade política e constituíram, por assim dizer, um só partido político. Antes da crise que leva à revolução americana, dos dois lados do Atlântico, os ingleses se sentem súditos ou cidadãos orgulhosos de "um país, talvez o único, no universo em que a liberdade civil ou política é o verdadeiro fim e o objetivo da constituição". É isso que declara Blackstone, o qual para confirmar sua tese evoca Montesquieu que define a Inglaterra "uma nação que tem como objetivo preciso de sua constituição a liberdade política"[32]. Sim, nem o liberal francês tem dúvidas quanto ao fato de que "a Inglaterra é atualmente o país mais livre do mundo, sem excluir república alguma"[33], a "nação livre" por excelência, o "povo livre" por excelência[34].

Neste momento, nenhuma sombra parece pairar sobre as relações entre os dois lados do Atlântico. Não há conflitos e nem

---

32 Blackstone, 1979, vol.1, p. 6 (Intr., § 1); Montesquieu, 1949-51 b, p. 396 (lib. XI, cap. 5).
33 Montesquieu, 1949-51 a, p. 884.
34 Montesquieu, 1949-51 b, p. 487 e 574 (lib. XIV, cap. 13 e lib. XIX, cap. 27).

poderia ter, pelo menos para Montesquieu, pelo fato de que também em sua relação com as colônias é o amor pela liberdade que caracteriza a Inglaterra:

"Se esta nação implantasse colônias longínquas, o faria para ampliar mais o próprio comércio do que o próprio domínio. Uma vez que se deseja estabelecer em outros lugares o que está já consolidado entre nós, ela daria aos povos das colônias sua mesma forma de governo, e já que esse governo carrega consigo a prosperidade, veríamos a formação de grandes povos até nas florestas que faria habitar"[35].

No decorrer desses anos, também os colonos ingleses na América se reconhecem orgulhosamente na tese de Blackstone, de acordo com a qual "nossa livre constituição", "de pouco distante da perfeição", se diferencia nitidamente "das constituições modernas de outros Estados", do ordenamento político do "continente europeu" em seu conjunto[36].

É com base nessa ideologia que o Império Britânico conduz a guerra dos Sete Anos: os colonos ingleses na América são os mais propensos a interpretá-la como o enfrentamento entre os "promotores da liberdade no mundo", os britânicos "filhos da nobre liberdade", ou seja, os defensores do protestantismo, e a França "cruel e opressora", despótica no plano político e seguidora do despotismo, da "beatice romana" e do papismo no plano religioso. Neste momento, também os súditos da Coroa inglesa, situados além do Atlântico, amam repetir com Locke que "a escravidão" é "diretamente oposta à natureza generosa e corajosa de

---

35 Montesquieu, 1949-51 b, p. 578 (lib. XIX, cap. 27).
36 Blackstone, 1979, vol.1, p. 122-23 (lib. I, cap. 1).

nossa nação": ela é absolutamente impensável para um "inglês". Os franceses queriam reduzi-los a uma "subjugação escrava"; felizmente, essa tentativa foi desmontada pela Grã-Bretanha, "a senhora das nações, o grande sustentáculo da liberdade, o flagelo da opressão e da tirania"[37].

Trata-se de uma ideologia que Burke, ainda em 1775, procura ressuscitar na desesperada tentativa de evitar a ruptura que se desenha no horizonte. Ao apresentar sua "moção de conciliação", ele convida a não perder de vista e a não cortar os elos que vinculam os colonos americanos à pátria-mãe: estamos sempre na presença de uma única "nação", unificada por um "templo sagrado dedicado a uma fé comum", a fé na "liberdade". Substancialmente intocada em países como a Espanha ou a Prússia, a escravidão "medra em todos os terrenos" menos no inglês. Por isso, é absurdo querer dobrar com a força os colonos rebeldes: "um inglês é a pessoa menos apta no mundo para induzir com argumentos um outro inglês a se submeter à escravidão"[38].

Obviamente, a escravidão da qual aqui se fala é a escravidão cuja responsabilidade é do monarca absoluto. A outra, a que algema os negros, não tem peso algum no discurso político daqueles anos. Quando torna-se irreversível a revolução ou a "guerra civil", com todos os seus "horrores"[39], como preferem dizer os fiéis leais à Coroa e os próprios homens políticos ingleses favoráveis ao entendimento e à manutenção da unidade da "nação" e da "raça" inglesa[40], o quadro muda radicalmente. Cada uma das partes em luta acusa a outra de querer re-introduzir o despotismo, a "escravidão" política. O requisitório dos colonos rebeldes

---

37 Potter, 1983, p. 115-6; Locke, 1970 (I, § 1).
38 Burke, 1826, vol. III, pp 123-4 e 66.
39 Così Jonathan Boucher, in Zimmer, 1978, p. 153.
40 Burke, 1826, vol. III, p. 135.

é amplamente conhecido: eles não cansam de denunciar a tirania da Coroa e do parlamento inglês, seu insano projeto de submeter os residentes na América a uma condição de "servidão perpétua e escravidão"[41]. Mas, a resposta não tarda a chegar. Já em 1773, um legalista de Nova York lança uma advertência: até hoje "estivemos em alerta contra os ataques externos a nossa liberdade" (a referência é à guerra dos Sete Anos), mas de agora em diante é preciso desvendar um perigo mais insidioso, o de "ser escravizados por tiranos internos". Sempre em Nova York, um outro legalista reafirma dois anos depois: os rebeldes aspiram a "nos reduzir a condições piores que os escravos"[42].

Os dois troncos nos quais o partido liberal se dividiu retomam, um contra o outro, a ideologia e a retórica que haviam caracterizado a autocelebração da nação inglesa em seu conjunto como inimiga jurada da escravidão política. Mas, agora, na onda da troca de acusações, juntamente com a política irrompe pesadamente na polêmica também a outra escravidão, a que ambas as partes haviam removido como elemento incômodo de sua orgulhosa autoconsciência de membros do povo e do partido da liberdade.

Para os colonos rebeldes o governo de Londres, que impõe soberanamente a taxação a cidadãos ou súditos que inclusive não estão representados na Câmara dos Comuns, se comporta como um patrão em relação aos escravos. Nas palavras de George Washington, os rebeldes se sentem "miseravelmente oprimidos como os negros de nossa propriedade". Sim — reforça James Otis, outro expoente de destaque da revolução liberal que está organizando — os "súditos britânicos, brancos e nascidos livres" estão sendo misturados pela ideologia dominante em um caldei-

---

41 In Shain, 1994, p. 290.
42 In Potter, 1983, p. 16.

rão indistinto juntamente com "negros e índios". Por outro lado, Benjamim Franklin observa que todo inglês, ao se sentir orgulhosamente membro do grupo dominante, fala com superioridade de "nossos súditos nas colônias"[43]. O sentido dessa acusação está claro: o governo inglês incorre no erro ao desconhecer a igualdade com os ingleses nascidos livres na colônia degradando-os a uma condição próxima dos escravos. Mas — objetam os outros — se é mesmo necessário falar de escravidão, porque não começar a colocar em discussão aquela que se manifesta de forma brutal e indiscutível justamente onde com maior grandiloqüência se aclama a liberdade? Já em 1764 Franklin, naquele momento em Londres para defender a causa dos colonos, deve enfrentar os comentários sarcásticos de seus interlocutores: "Vós americanos fazeis um grande alarido frente à menor imaginária violação das que considerais vossas liberdades; contudo neste mundo não há um povo tão tirânico, tão inimigo da liberdade como é o vosso quando for preciso"[44]. De maneira parecida, anos mais tarde, Thomas Hutchison, governador real do Massachusetts, recrimina a incoerência ou hipocrisia dos rebeldes: negam de forma mais radical aos africanos aqueles direitos que por outro lado proclamam ser "absolutamente invioláveis". Os pretensos campeões da liberdade consideram sinônimo de despotismo e de escravidão uma imposição fiscal sancionada sem o próprio explícito consenso, mas não têm escrúpulo para exercer o poder mais absoluto e mais arbitrário em detrimento de seus escravos. É um paradoxo: "Como se explica que os mais fortes gritos de dor pela liberdade se elevam dos caçadores de negros?" — se pergunta Samuel Johnson[45]. A este faz eco um legalista americano

---

43 In Blackburn, 1988, p. 14, 92.
44 In Jennings, 2003, p. 209.
45 Foner, 2000, p. 54.

(Jonathan Boucher), refugiado na Inglaterra, que rememorando os acontecimentos que o haviam levado ao exílio observa: "Os mais barulhentos advogados da liberdade eram os mais duros e mais selvagens patrões de escravos"[46].

Os que falam com tanta dureza não são apenas as personalidades mais diretamente envolvidas na polêmica e na luta política. É, particularmente, mordaz a intervenção de John Millar, expoente de primeira linha do iluminismo escocês:

"É singular que os mesmos indivíduos que falam com estilo refinado de liberdade política e que consideram como um dos direitos inalienáveis da humanidade o direito de impor as taxas não tenham escrúpulo em reduzir uma grande quantidade de semelhantes em condições de serem privados não apenas da propriedade, mas também de quase todos os direitos. A fortuna provavelmente não chegou a produzir uma situação maior do que esta para ridicularizar uma hipótese liberal ou mostrar quanto a conduta dos homens, no fundo, seja pouco orientada por algum princípio filosófico"[47].

Millar é um discípulo de Adam Smith. O mestre, também, parece pensar da mesma forma. Quando declara que ao "governo livre", controlado pelos proprietários de escravos, prefere o "governo despótico" capaz de cancelar a infâmia da escravidão, faz explícita referência à América. Re-traduzido em termos imediatamente políticos, o discurso do grande economista soa assim: o despotismo da Coroa é preferível à liberdade reivindicada pelos proprietários de escravos e da qual se beneficia apenas uma restrita classe de fazendeiros e patrões absolutos".

---

46 In Zimmer, 1978, p. 297.
47 Millar, 1986, p. 294.

Os abolicionistas ingleses exigem mais. Reivindicam a defesa das instituições britânicas, ameaçadas pelos "modos arbitrários e desumanos que prevalecem em um longínquo país". Tão arbitrários e desumanos que, como mostra um classificado do *New York Journal*, uma mulher negra e seu filho de três anos são vendidos separadamente no mercado, como se fossem uma vaca e um bezerro. E, portanto, – conclui em 1769 Granville Sharp – não podemos ser levados ao engano pela "grandiloqüência teatral e pelas declamações em honra da liberdade", às quais recorrem os rebeldes escravistas; contra eles é preciso defender com firmeza as livres instituições inglesas[48].

Os acusados reagem desmascarando a hipocrisia da Inglaterra: ela enaltece sua "virtude" e seu "amor pela liberdade", mas quem promoveu o tráfico dos negros? É assim que argumenta Benjamin Franklin, levantando uma motivação que depois torna-se central no projeto inicial de Declaração de independência elaborado por Jefferson. Eis como George III e a Inglaterra liberal derivada da revolução gloriosa são acusados:

"Produziu uma guerra cruel contra o próprio gênero humano, violando os mais sagrados direitos à vida e à liberdade das pessoas de povo longínquo que nunca lhe causou ofensa, tornando-as prisioneiras e transportando-as para um outro hemisfério como escravas, ou condenando-as a uma esquálida morte durante o translado. Essa guerra de piratas, vergonha das potências *infiéis*, é a guerra do rei CRISTÃO de Grã-Bretanha, disposto a manter aberto um mercado onde se vendem e compram HOMENS, ele comercializou sua recusa em reprimir toda tentativa legislativa que impedisse ou limitasse esse execrável comércio, e para que em seu elenco de

---

48 In Davis, 1975, p. 272-3 e 386-7.

erros não faltasse alguma morte ilustre, está agora atiçando aquelas mesmas pessoas a se insurgirem contra nós e a comprar a liberdade da qual *ele mesmo* as privou assassinando as pessoas às quais *ele mesmo* as impôs, pagando de tal maneira a conta dos delitos anteriores cometidos contra as *liberdades* de um povo, com os delitos que incita a cometer contra *as vidas* de um outro povo"[49].

## 3. O papel da escravidão entre os dois lados do Atlântico

Que dizer dessa polêmica incandescente? Não há dúvida de que as acusações dirigidas aos rebeldes deixam um nervo exposto. Na revolução americana a Virgínia desempenha um papel de destaque: aqui há 40% dos escravos do país; mas, daqui surge o maior número de protagonistas da revolta que explode em nome da liberdade. São virginianos os que formulam a Declaração de independência e a Constituição Federal de 1787; em trinta e dois anos dos primeiros trinta e seis de vida dos Estados Unidos, quem ocupa o cargo de Presidente são os proprietários de escravos provenientes da Virgínia. É esta colônia, ou seja, este estado, fundado sobre a escravidão, que fornece ao país seus estadistas mais ilustres; só para lembrar: George Washington, James Madison e Thomas Jefferson são proprietários de escravos[50]. O peso da escravidão, no país formado na guerra de independência contra a Inglaterra, emerge de uma série de particulares. Considerando os primeiros sessenta anos observa-se que "nas primeiras dezesseis eleições presidenciais, entre

---

49 In Davis, 1975, p. 386; in Jennings, 2003, p. 174-5.
50 Morgan, 1975, p. 5-6.

1788 e 1848, todas, salvo quatro, colocaram um proprietário de escravos do sul na Casa Branca"[51].

Compreende-se então a persistência da polêmica antiamericana nesse ponto. Por outro lado, vimos a ironia de Franklin e Jefferson em relação ao moralismo antiescravista manifestado por um país profundamente envolvido no tráfico dos negros. Trata-se de um ponto sobre o qual insiste também Burke teórico da "conciliação com as colônias". Ao repelir a proposta dos que reivindicavam "uma geral libertação dos escravos" em contraste com a revolta de seus donos e colonos em geral, ele observa: "Por quanto esses negros desafortunados sejam escravos, tornados obtusos pela escravidão, será que não suspeitarão dessa oferta de liberdade proveniente daquela nação que os vendeu a seus atuais patrões?" Ainda mais se aquela nação insiste em querer praticar o tráfico dos negros, chocando-se com as colônias que queriam limitá-la ou suprimi-la. Para os escravos desembarcados ou deportados para a América se apresentaria um espetáculo singular:

"Uma oferta de liberdade da Inglaterra chegaria para eles de forma um tanto estranha, convidada em um navio africano para o qual os portos da Virgínia e da Carolina recusam o ingresso, com uma carga de trezentos negros de Angola. Seria curioso ver um capitão proveniente da Guiné tentar ao mesmo tempo tornar pública sua proclamação de liberdade e divulgar sua venda de escravos"[52].

A ironia de Burke acerta no alvo. Além de considerar o papel da Inglaterra no tráfico dos negros, se deve acrescentar que os escravos continuaram presentes por muito tempo no

---

51 Foner, 2000, p. 61.
52 Burke, 1826, vol. III, p. 67-8.

próprio território metropolitano: calcula-se que, em meados do século XVIII, havia 10 mil escravos[53]. Os abolicionistas ingleses se horrorizavam frente ao mercado de carne humana nas colônias americanas e em Nova York? Em Liverpool em 1766 eram colocados à venda 11 escravos negros e o mercado de "gado negro" mantinha-se ainda aberto doze anos depois, regularmente divulgado pela imprensa local[54].

O peso que o tráfico e a exploração dos escravos desempenhavam na economia do país era também considerável. "O *Liverpool Courier* de 22 de agosto de 1832 calculava que 3/4 do café britânico, 15/16 de seu algodão, 22/23 de seu açúcar e 34/35 de seu tabaco eram produzidos por escravos"[55]. No conjunto convém levar em consideração a avaliação aberta de duas testemunhas inglesas do século XVIII. O primeiro, Joshua Gee, reconhece: "Todo esse aumento de nossa riqueza deriva em grande parte do trabalho dos negros das plantações"[56]. O Segundo, Malachy Postlethwayt, observa que o tráfico dos escravos africanos era "a grande pilastra e sustentáculo" do comércio inglês com a América e que o Império britânico era "uma magnífica superestrutura do comércio americano e da potência naval [britânica] com base africana"[57]. Enfim, o peso político da instituição da escravidão. Embora obviamente inferior ao que exerce nas colônias, certamente não é irrelevante na Inglaterra: no Parlamento de 1790 havia duas ou três dúzias de membros com interesses nas Índias ocidentais[58].

Em conclusão. A troca de acusações entre colonos rebeldes

---

53 Blackburn, 1990, p. 80.
54 Drescher, 1987, p. 174, nota 34.
55 Drescher, 1987, p. 170, nota 19.
56 In Hill, 1977, p. 260.
57 In Jennings, 2003, p. 212.
58 Blackburn, 1990, p. 143.

e ex-pátria-mãe, ou seja, entre as duas partes do partido que até então havia se vangloriado de ser o partido da liberdade, é uma recíproca, impiedosa desmistificação. A Inglaterra que desponta da Revolução Gloriosa não se limita a não colocar em discussão o tráfico dos negros; não, esta conhece agora um poderoso desenvolvimento[59] e, por outro lado, um dos primeiros atos de política internacional da nova monarquia liberal consiste em arrancar da Espanha o monopólio do tráfico dos escravos. Na outra margem do Atlântico, a revolução em nome da liberdade comporta a consagração oficial da instituição da escravidão e a conquista e o exercício por longo tempo da hegemonia política por parte dos proprietários de escravos.

## 4. Holanda, Inglaterra, América

Se, antes de se constituir como Estado independente, as colônias rebeldes da América faziam parte do Império inglês, este assumiu sua configuração liberal a partir da chegada ao trono de Ghilherme III d'Orange que desembarca na Inglaterra vindo da Holanda. Por outro lado, se com seu projeto de Constituição da Carolina remete à América, Locke escreve sua (primeira) *Carta sobre a tolerância* na Holanda, naquele momento "centro da conspiração" contra o absolutismo Stuart[60], e é também na Holanda que nasce Mendeville, sem dúvida, uma das figuras mais importantes do primeiro liberalismo.

Não se deve perder de vista o fato de que as Províncias Unidas derivadas da lutas contra a Espanha de Filipe II estabelecem um

---

59 Dunn, 1998, p. 463-5.
60 Bourne, 1969, vol. I, p. 481.

Capítulo I — O que é o liberalismo? Por uma contra-história

ordenamento de tipo liberal um século antes da Inglaterra.Trata-se de um país que também do ponto de vista econômico-social deixou para trás o antigo regime: no século XVIII goza de uma renda per capita que é mais do que o dobro a da Inglaterra; se aqui a força-trabalho dedicada à agricultura é de 60% da população, na Holanda é de apenas 40%. Também, a estrutura do poder é muito significativa: no país que sai vitorioso do confronto com Filipe II quem domina é "uma oligarquia burguesa que rompeu decididamente com o *ethos* da aristocracia da terra"[61]. São esses burgueses iluminados e tolerantes, liberais, que se lançam na expansão colonial, e dela é parte integrante, nesse período histórico, o tráfico dos negros:

"Os holandeses orientaram o primeiro verdadeiro comércio de escravos para fornecer a mão-de-obra necessária às plantações de açúcar: quando perderam as plantações, tentaram permanecer na cena como mercadores de escravos, mas em 1675 terminou a supremacia holandesa, deixando o campo para a *Royal African Company* recém-fundada pelos ingleses"[62].

Locke é acionista da *Royal African Company*. Mas, juntamente com a história da Inglaterra, somos reenviados também à da América. Pelo que se sabe, é um traficante holandês quem introduz na Virgínia os escravos africanos[63]. Nova Amsterdam, que os holandeses são obrigados a ceder aos ingleses e que se torna Nova York, tem 20% da população formada por negros, em sua maioria escravos; aproximadamente 42% dos proprietários de casas, em 1703, são ao mesmo tempo proprietários de escravos[64].

---

61 Drescher, 1999, p. 203 e 199.
62 Wallerstein, 1982, p. 66.
63 Jennings, 2003, p. 24.
64 Davis, 1986, p. 75.

Volta o paradoxo já examinado em relação à Inglaterra e aos Estados Unidos. Até metade do século XVII, a Holanda, país derivado da primeira revolução liberal, concentra "o predomínio" sobre "o comércio de escravos"[65]: ainda "no início do século dezoito todas as suas posses estavam lastreadas sobre a escravidão ou o trabalho forçado"[66]. Se por um lado é sinônimo de liberdade, por outro, a Holanda no século XVIII é sinônimo de escravidão, e de escravidão particularmente cruel. No *Candide* de Voltaire, o que aplica um duro golpe ao ingênuo otimismo do protagonista é o encontro em Suriname ("de propriedade dos holandeses") com um escravo negro (reduzido "em condição horrível" pelo patrão holandês), que assim relata as condições de trabalho às quais está submetido:

"Quando trabalhamos nas usinas de açúcar, e a máquina de moer agarra um dedo, nos cortam a mão; quando tentamos fugir, nos cortam uma perna: tive os dois casos. Este é o preço para comer açúcar na Europa"[67].

Por outro lado, Condorcet, ao lançar em 1781 sua campanha abolicionista, ataca especificamente a Inglaterra e a Holanda, onde a instituição da escravidão parece particularmente enraizada por causa da "corrupção geral dessas nações"[68]. Convém lembrar o legalista americano (Jonathan Boucher) que vimos ironizar a paixão pela liberdade exibida pelos proprietários de escravos envolvidos na rebelião. Ele acrescenta: "Estados despóticos tratam seus escravos melhor do que os republicanos; os espanhóis eram os melhores patrões, enquanto os holandeses eram os piores"[69].

---

65 Hill, 1977, p. 175.
66 Drescher, 1999, p. 215.
67 Voltaire, 1982, p. 94.
68 Condorcet, 1968, p. 135. (vol. VII)
69 Cosi Jonathan Boucher, in Zimmer, 1978, p. 297.

O primeiro país a entrar no caminho do liberalismo é o país que revela um apego particularmente ferrenho à instituição da escravidão. Pelo que se sabe, são os colonos de origem holandesa os que opõem a mais dura resistência às primeiras medidas abolicionistas, aquelas introduzidas no norte dos Estados Unidos no decorrer e na esteira da revolução[70]. No que diz respeito propriamente à Holanda, em 1791, os Estados gerais declaram formalmente que o tráfico dos negros é essencial para o desenvolvimento da prosperidade e do comércio nas colônias. Sempre nesse mesmo período, diferenciando-se nitidamente da Inglaterra, a Holanda abole a escravidão em suas colônias apenas em 1863, quando já a Confederação secessionista e escravista do sul dos Estados Unidos caminha para a derrota[71].

## 5. Irlandeses, índios e habitantes de Java

A rebelião dos colonos ingleses na América vem acompanhada de uma outra grande polêmica. Por muito tempo, tanto a sorte dos negros quanto a dos índios não haviam posto em dúvida, de modo algum, a autoconsciência orgulhosa dos ingleses nas duas margens do Atlântico de serem o povo eleito da liberdade. Em um caso como no outro se evocava Locke para o qual, como veremos, os nativos do Novo Mundo estão muito perto das "bestas selvagens". Mas, ao emergir o conflito entre colônias e pátria-mãe, a troca de acusações se estende também ao problema da relação com os peles-vermelha. A Inglaterra – proclama Paine em 1776 – é "a potência bárbara e infernal que atiçou os negros e os índios

---

70 Zilversmit, 1969, p. 165 e 182.
71 Drescher, 1999, p. 211, 218 e 196.

a nos destruir", ou seja, a "cortar a garganta dos homens livres na América"[72]. Analogamente, a Declaração de independência acusa George III não só de ter "fomentado a revolta dentro de nossos territórios" dos escravos negros, mas também de ter "procurado atiçar os habitantes de nossas fronteiras, os cruéis e selvagens índios, cuja maneira de guerrear é, como se sabe, um massacre indiscriminado, sem distinção de idade, de sexo ou de condição". Em 1812, em ocasião de uma nova guerra entre os dois lados do Atlântico, Madison condena a Inglaterra pelo fato de atingir com sua frota indiscriminadamente a população civil sem poupar mulheres e crianças, portanto, com uma conduta semelhante à dos "selvagens" peles-vermelha[73]. De cúmplices dos bárbaros os ingleses se tornam eles mesmos bárbaros.

Na verdade, a polêmica havia começado bem antes, após a Proclamação da Coroa que, em 1763, limitava a expansão dos brancos a oeste dos *Allegheny mountains*. Tratava-se de uma medida que não agradava aos colonos e a George Washington, que a considera "um expediente temporário", destinado a ser rapidamente superado, mas que não se deve levar em consideração nem no imediato: estúpido é quem "deixa a presente oportunidade para ir à caça de uma boa terra"[74]. Desses "estúpidos" não faz parte o futuro presidente dos Estados Unidos. Nesta nova veste, se por um lado nos discursos oficiais ele declara que quer levar "as bênçãos da civilização" e a "felicidade" para uma "raça não iluminada" (*an unenlightened race of men*)[75], por outro lado na correspondência assimila os "selvagens" peles-vermelhas a "animais selvagens da floresta" (*Wild Beasts of the*

---

72 Paine, 1995, p. 35 e 137.
73 Commager, 1963, vol. I, p. 208-9.
74 In Delanoe-Rostkowski, 1991, p. 39 (carta ao amigo William Crawford de 21 de setembro de 1767).
75 Washington, 1988, p. 475-6.

*Forest).* Sendo assim, absurda e até imoral havia sido a pretensão da Coroa inglesa em bloquear a ulterior expansão dos colonos, que ao contrário – proclama uma carta de 1783 – obrigará "o selvagem tal como o lobo a se retirar"[76].

Nesse sentido, ainda mais drástico se revela Franklin que, sete anos depois, observa: "Se faz parte dos desígnios da Providência extirpar esses selvagens para abrir espaço aos cultivadores da terra, parece-me oportuno que o rum seja o instrumento apropriado. Ele já aniquilou todas as tribos que antes habitavam a costa"[77]. A dizimação ou aniquilamento dos peles-vermelha faz parte de uma espécie de plano eugenético de inspiração divina. Em outra ocasião, sem fazer referência a um grupo étnico particular, em uma carta endereçada a um médico, Franklin escreve: "Metade das vidas que vós salvais não são dignas de serem salvas, porque são inúteis, enquanto a outra metade não deveria ser salva porque é perversa. A vossa consciência nunca vos diz que é pecado contrastar sempre os planos da providência?"[78]. Trata-se de uma consideração feita com o pensamento voltado para a ralé em geral, no âmbito da qual, no entanto, os peles-vermelha ocupam uma posição de destaque.

A desumanização dos índios é aceita também por aqueles que na Inglaterra se pronunciam a favor da conciliação dos rebeldes. A tentativa da Coroa de bloquear a marcha expansionista dos colonos aparece aos olhos de Burke absurda e sacrílega, pelo fato de estar "voltada a proibir como crime e reprimir como mal o mandamento e a bênção da Providência:'crescei e multiplicai-vos'". Trata-se, em última análise, de um infeliz "esforço voltado a conservar como

---

76 In Delanoe-Rostkowski, 1991, p. 50-2 (carta a James Duane de 7 de setembro de 1783).
77 In Slotkin, 1994, p. 79.
78 In Jennings, 2003, p. 200 (carta ao doutor John Fothergill de 1764).

toca de bestas ferozes (*wild beasts*) aquela terra que Deus tem declaradamente concedida aos filhos do homem"[79].

Os que levantam certa resistência a esse processo de desumanização são, obviamente, aqueles que nos dois lados do Atlântico apóiam ou justificam a política da Coroa de "conciliação" não tanto com os colonos, mas com os índios. Nesse contexto, cabe uma menção particular à figura do simpático legalista americano que já encontramos na roupagem de crítico do singular zelo libertário exibido pelos "mais duros e cruéis patrões de escravos". Talvez, para os mesmos ambientes leva a crueldade contra os índios: às vezes, é com verdadeiro fervor religioso que são assassinados e se procura seu escalpo; eles se tornam até o alvo dos que se exercitam no tiro. Sim, são estigmatizados como selvagens. Mas – objeta Jonathan Boucher – ainda mais selvagens "figuravam os nossos antepassados a Júlio César, ou seja, a Agrícola"[80]. A crítica contra os colonos rebeldes torna-se às vezes mais dura até alcançar os tons da indignação: depois da vitória no embate com a pátria-mãe, eles – alerta um comandante inglês – "se preparam para cortar a garganta dos índios". O comportamento dos vencedores – acrescenta um outro oficial – é "humanamente chocante"[81].

É uma polêmica que dura por muito tempo. No final do século XIX, um histórico descendente de uma família de legalistas refugiado no Canadá assim argumenta: os colonos rebeldes pensavam ser descendentes dos que haviam chegado na América para escapar da intolerância e ser fiéis à causa da liberdade? Na verdade, revertendo a política da Coroa inglesa que visava à conversão, os puritanos deram início ao massacre dos peles-ver-

---

79 Burke, 1826, vol. III, p. 63-4.
80 In Zimmer, 1978, p. 294-95.
81 In Calloway, 1995, p. 278 e 272.

melha, identificados com os "canaanitas e amalecitas", fadados ao extermínio nas páginas do Antigo Testamento. Trata-se de "uma das páginas mais sombrias da história colonial inglesa", às quais se juntam também aquelas, ainda mais repugnantes, escritas pelos colonos rebeldes dedicados ao "extermínio das seis nações" peles-vermelha, fiéis à Inglaterra: "Com uma ordem que, acreditamos, não tem precedentes nos anais de uma nação civil, o Congresso determinou a completa destruição desse povo enquanto nação [...], incluindo mulheres e crianças"[82].

Pelo menos em sua correspondência privada, Jefferson não tem dificuldade em reconhecer o horror da guerra contra os índios. Mas, a seus olhos, responsável disso tudo é o próprio governo de Londres que atiçou essas "tribos" selvagens e sangüinárias: é uma situação que "nos obriga agora a persegui-las e exterminá-las ou a empurrá-las para novos espaços fora de nosso alcance". Resta o fato de que "o tratamento brutal, e até o extermínio dessa raça em nossa América" devem ser postos na conta da Inglaterra; assim como a sorte análoga de "povos asiáticos da mesma cor" que os peles-vermelha e dos irlandeses (que para os ingleses, com os quais dividem a "cor" da pele, deveriam ser "irmãos") deve ser sempre atribuída a uma política que semeia destruição e morte "onde a cupidez anglo-mercantil pode encontrar um interesse até mínimo para inundar a terra de sangue humano"[83].

Deixando de lado o jogo de responsabilidades em relação aos peles-vermelha, convém aqui considerar um outro ponto. Jefferson não está errado em estabelecer uma comparação entre o tratamento sofrido pelos peles-vermelha e o reservado aos irlandeses.

---

82 Ryerson, 1970, vol. I, p. 297-98 e nota e vol. II, p. 100.
83 Jefferson, 1984, p. 1.312-13 (carta a Alexander von Humboldt de 6 de dezembro de 1813).

Vimos os legalistas acusarem puritanos e colonos rebeldes pela identificação dos índios aos "amalecitas", mas aos "amalecitas" destinados ao extermínio são já comparados os irlandeses, desta vez pelos conquistadores ingleses[84]. A colonização da Irlanda, com todos os seus horrores, é o modelo da sucessiva colonização da América do norte[85]. Se o Império britânico arrasa em primeiro lugar irlandeses e negros[86], índios e negros são as vítimas principais do expansionismo territorial e comercial inicialmente das colônias inglesas na América e depois dos Estados Unidos.

Tal como pela questão dos negros, também no caso dos peles-vermelha a troca de acusações acaba por se configurar como uma recíproca desmistificação: não há dúvida de que, juntamente com a escravidão e o tráfico dos negros, a ascensão dos dois países liberais nas duas margens do Atlântico significou um processo de desapropriação sistemática e de práticas genocidas, inicialmente contra os irlandeses e depois contra os índios.

Análogas considerações podem ser feitas também para a Holanda. Quem a evoca é um outro país liberal. Um alto funcionário inglês, sir Thomas Stamford Raffles, que por algum tempo, na época das guerras napoleônicas, é vice-governador de Java, declara que a administração anterior "mostra um quadro insuperável de traições, corrupções, assassinatos e infâmias". É evidente que nessa avaliação joga um papel determinante a rivalidade colonial. Marx o menciona, mas pelo resto associa em sua condenação "administração colonial holandesa" e inglesa. No que diz respeito mais propriamente à Holanda:

"Mais característico de todos é seu sistema de roubo de homens

---

84 Marx-Engels, 1955, vol. XVI, p. 447.
85 Fredrickson, 1982, p. 14-6.
86 Hill, 1977, p. 185.

a Celebes para obter escravos para Java. [...] A juventude roubada era escondida nas prisões secretas de Celebes até estar pronta para ser enviada para os navios negreiros. Uma relação oficial diz: "Só esta cidade de Macassar por exemplo está cheia de prisões secretas, uma mais horrível do que a outra, repletas de infelizes, vítimas da cupidez e da tirania, amarrados com correntes, arrancados pela violência às famílias" [...]. Onde os holandeses punham o pé, se seguiam a devastação e o despovoamento. Banjuwangi, província de Java, contabilizava em 1750 mais de oitenta mil habitantes, em 1811 havia só oito mil. Eis o *doux commerce*!"[87]

De novo: processos de escravidão e práticas genocidas se entrelaçam fortemente.

## 6. Grotius, Locke e os Pais Fundadores: uma leitura comparada

Nesse ponto pode ser útil fazer uma sintética análise comparada dos textos e dos autores nos quais encontram expressão e consagração teórica as três revoluções liberais que ocorreram respectivamente na Holanda, na Inglaterra e na América. Em relação à primeira não podemos deixar de mencionar Grotius, que por algum tempo é o histórico oficial do país que emerge da revolta contra o absolutismo de Filipe II e que a ela dedica um de seus livros mais significativos (*Annales et Historiae de Rebus Belgicis*). A Holanda liberal se lança logo na expansão do além-mar, e é interessante observar a maneira como Grotius se coloca diante dos

---

[87] Marx Engels, 1955, vol. XXIII, p. 779-780 (O Capital); cfr. também Sombart, 1987, vol. I, 2, p. 709.

povos coloniais. Depois de ter condenado o caráter supersticioso e idolátrico do "culto religioso", próprio do paganismo, ele acrescenta: "E se ele é dedicado a um espírito mau, é falso e mentiroso e significa um reato de rebelião; uma vez que a honra devida ao rei não apenas lhe é subtraída, mas é inclusive transferida para um trânsfuga e inimigo"[88]. De que povos está falando fica claro em uma passagem seguinte: são os povos com um "tipo de culto que não convém a uma inteligência boa e honesta, cujo tributo é feito por meio de sacrifícios humanos, corridas de homens nus nos templos, jogos e danças carregadas de obscenidades, que até hoje se observam nos povos da América e da África ainda nas trevas do paganismo"[89]. Trata-se dos povos alvejados pela expansão colonial da Europa que são culpados de rebelião contra Deus e que devem ser punidos por esse crime:

"Estúpida é a convicção pela qual se imagina que o Deus bondoso não vai se vingar disso, pois, isso seria contrário à bondade. De fato, a clemência para ser justa tem seus limites, e onde as maldades passam da medida, a justiça emana a penalidade quase necessariamente"[90].

Contra povos que, manchando-se "dos delitos que se cometem contra Deus" e violam as normas mais elementares do direito natural, se configuram como "bárbaros que são animais selvagens mais do que homens", a guerra é "natural", independentemente das fronteiras do Estado e das distâncias geográficas; sim, "a guerra mais justa é aquela que se trava contra as bestas ferozes e, depois,

---

[88] Grotius, 1973, p. 107.
[89] Grotius, 1973, p. 106.
[90] Grotius, 1973, p. 107.

a que se faz contra homens semelhantes às bestas ferozes" (lib. II, cap. XX, § XL, 1-4 e § XLIV, 1).

É a ideologia que preside a conquista do Novo Mundo. Juntamente com essa implícita justificação das práticas genocidas já em ato, emerge a legitimação explícita e insistente da escravidão. Essa é, às vezes, a punição necessária de um crime. Mas, isso não vale só para os indivíduos: "também os povos podem ser reduzidos a uma subjugação pública para a punição de um crime público" (lib. II, cap.V, § XXXII). Além de o fato de serem "rebeldes" contra o Rei do universo, os habitantes da América e da África podem ser reduzidos à escravidão também por uma "guerra justa", conduzida por uma potência européia. Os prisioneiros feitos no decorrer de um conflito armado, proclamado solenemente e "nas formas" que cabem a uma suprema autoridade de um Estado, são legitimamente escravos (lib. I, cap. III, § IV, 1 e lib. III, cap. III, § IV). E escravos legítimos são também seus descendentes: que interesse teria diversamente o vencedor em manter o derrotado em vida? (lib. III, cap.VII, § II e §V, 1-3). A propriedade dos escravos se transmite por via hereditária e pode ser objeto de compra e venda, exatamente como "a propriedade das coisas" (lib. III, cap.VII, §V, 2).

Naturalmente, tudo isso não vale para "aquelas nações onde o direito de escravidão derivado da guerra não vigora mais" (lib. III, cap. XIV, § IX, 1), não vale para os países "cristãos", que se limitam a trocar seus prisioneiros (lib. III, cap. VII, § IX). Eliminada dos conflitos intra-europeus, a escravidão por direito de guerra continua sendo uma realidade quando a Europa cristã e civil enfrenta os povos coloniais, bárbaros e pagãos. Por outro lado, independentemente de seu comportamento concreto, não se deve esquecer a lição de um grande Mestre: "Como disse Aristóteles, há homens naturalmente escravos, nascidos para serem servos, assim como há povos cuja natureza é saber melhor obedecer do que governar" (lib. I, cap. III, § VIII, 4). É uma verdade confirmada também pelos textos sagrados: "o apóstolo Paulo" conclama indivíduos e povos reduzidos eventualmente à escravidão, "por uma causa legítima", a suportar serenamente sua condição e a não se subtrair nem com a rebelião nem com a fuga" (lib. II, cap. XXII, § XI).

Conclusão: de um lado Grotius celebra o "povo livre" (lib. II, cap. XVI, § XVI, 1) e teoriza o direito de resistência "contra um príncipe que se declare inimigo da totalidade de seu povo", ou seja, de um de seus povos, que ele pretenda reduzir a condição colonial (lib. I, cap. IV, § XI), como havia tentado fazer Filipe II de Espanha contra seus súditos dos Países Baixos; por outro lado, o grande teórico do jusnaturalismo não tem dificuldade em justificar a escravidão e até aquela espécie de caça às "bestas selvagens" em ato na América contra os peles-vermelha.

Passemos, agora, à Revolução Gloriosa. Os *Dois tratados sobre o governo* podem ser considerados momentos essenciais da preparação e consagração ideológica desse acontecimento que marca o nascimento da Inglaterra liberal. Estamos na presença de textos todos perpassados pelo *pathos* da liberdade, pela condenação do poder absoluto, pelo apelo a se insurgir contra aqueles infelizes que quisessem privar o homem de sua liberdade e reduzi-lo à escravidão. Mas, de vez em quando, no âmbito dessa celebração da liberdade, se abrem fendas assustadoras, pelas quais passa na realidade a legitimação da escravidão nas colônias. Para confirmar mais essa instituição, Grotius evoca o exemplo dos Germanos que, conforme o testemunho de Tácito, "jogavam sua liberdade com um último lance de dados" (lib. II, cap. V, § XXVII, 1). Aos olhos de Locke, os "prisioneiros capturados no decorrer de uma guerra legítima" (por parte dos vencedores) chegaram "por assim dizer a jogar (*forfeited*) sua vida e com isso sua liberdade". Eles são escravos, "pela lei da natureza sujeitos ao domínio *absoluto* e ao *incondicionado* poder de seus donos (II, 85).

Certamente, a sorte reservada aos índios não é melhor. Além do tráfico dos negros, como acionista da *Royal African Company*, o filósofo inglês está interessado na marcha expansionista dos colonos brancos enquanto secretário do *Council of Trade and Plantations* em 1673-74. Foi justamente observado:

"O fato de tantos exemplos citados por Locke no *Segundo Tratado* remeterem à América mostra que sua intenção era a de fornecer aos colonos, para os quais havia operado de tantas maneiras, um poderoso argumento baseado sobre a lei natural mais do que sobre decretos legislativos para justificar suas depredações"[91].

Repetidamente o Segundo Tratado faz referência ao "índio selvagem" (*wild indian*) (II, 26), que ronda "ameaçador e letal nas florestas da América" (II, 37). Ignorando o trabalho, o que só confere o direito de propriedade, e ocupando uma terra "não fecundada pelo trabalho" (II, 41), ou seja, "amplos espaços que ficam inutilizados" (II, 45), ele habita em "territórios que não pertencem a ninguém" (II, 74), "*in vacuis locis*" (II, 121). Sim, "também entre nós uma terra deixada inteiramente ao estado natural, não utilizada por pastagem, cultivo ou plantação, é considerada e é, terra de ninguém" (*wast*) (II, 42). Além do trabalho e da propriedade privada, os índios ignoram também o dinheiro: de modo que eles resultam não apenas alheios à civilização, mas também não "associados ao resto da humanidade" (II, 45). Pelo seu próprio comportamento, são objeto de uma condenação que não deriva só dos homens: sem dúvida, "Deus prescreve o trabalho" (II, 35), não pode certamente querer que o mundo por ele criado permaneça "para sempre informe e inculto" (II, 34).

---

91 Pagden, 1998, p. 43.

Quando, depois, tenta impedir a marcha da civilização, opondo-se com a violência à transformação mediante o trabalho das terras incultas por ele ocupadas, o índio, junto com todo criminal, é bem assimilável a "bestas selvagens com as quais o homem não pode viver em sociedade ou segurança" e, portanto, "poderá ser destruído como um leão ou um tigre" (II, 11). Locke não cansa de insistir sobre o direito que todo homem tem de aniquilar os que são reduzidos ao nível de "bestas de caça" (*Beasts of Prey*) (II, 16), de "bestas selvagens" (*Savage Beasts*) (II, 11), ao estado de "uma besta selvagem e voraz (*savage ravenous Beast*), perigosa à existência alheia" (II, 181).

Trata-se de expressões que lembram as utilizadas por Washington sempre em relação aos índios. Mas, antes de passar aos Pais Fundadores e aos documentos solenes que marcam o nascimento dos Estados Unidos, convém examinar uma outra macroscópica cláusula de exclusão que caracteriza a celebração da liberdade de Locke. Os "papistas" – declara o *Ensaio sobre a tolerância* – são "como serpentes, nunca vai se conseguir com um tratamento gentil que abram mão de seu veneno"[92]. Mais do que aos católicos ingleses, uma declaração tão dura é formulada tendo os olhos voltados para a Irlanda, onde, nesses anos, quando não são punidos com penalidades mais severas ou com a morte, os padres não registrados são marcados com fogo[93]. Dos irlandeses, em desesperada endêmica revolta contra a espoliação e a opressão impostas pelos colonos anglicanos, Locke fala em termos de desprezo como de uma população de bandidos (Tratado, I, 137). Depois, reafirma:

"Os homens [...] estão prontos a ter compaixão de quem sofre, e a considerar pura aquela religião, e sinceros seus fiéis que se dispõem

---

92 Locke, 1977, p. 111.
93 Lecky, 1883-1888, vol. I, p. 296-97.

a superar aquela perseguição. Mas eu acho que as coisas estejam de maneira bem diferente no caso dos católicos, que são menos suscetíveis do que os outros de serem compreendidos enquanto não recebem outro tratamento do que aquele que a crueldade de seus príncipes e de suas práticas notoriamente lhes dedicam"[94].

O alerta contra o sentimento da "compaixão" esclarece que aqui, em primeiro lugar, estamos diante da Irlanda. Locke não parece ter objeção alguma em relação à impiedosa repressão que se abate sobre os irlandeses, cuja sorte (em todo caso no que diz respeito à política de sistemática expropriação) leva a pensar à do além-Atlântico reservada aos peles-vermelha.

Podemos assim passar a examinar os documentos que presidem a terceira revolução liberal e a fundação dos Estados Unidos. À primeira vista a Declaração de independência e a Constituição de 1787 parecem inspiradas e permeadas por um *pathos* universal de liberdade:"Todos os homens foram criados iguais" – é a proclamação solene do primeiro documento; é necessário "salvaguardar para nós mesmos e para nossos descendentes o dom da liberdade" – é a declaração não menos solene do segundo. Mas, basta uma leitura um pouco mais atenta para esbarrar, já no artigo 1º da Constituição na contraposição entre "homens livres" e "resto da população" (*other persons*). Sim, trata-se dos escravos, cujo número, reduzido a três quintos, deve ser levado em consideração para ser somado ao das *free persons* e calcular assim o número de deputados na Câmara dos Representantes, ao qual têm direito os estados em que existe a instituição da escravidão.

A essa situação se refere, com diferentes eufemismos, todo um conjunto de outros artigos: "Pessoa alguma submetida

---

94 Locke, 1977, p. 112.

a prestações de serviço ou de trabalho em um dos estados, conforme as leis nele vigentes, e que tenha se refugiado em um outro estado, poderá, em virtude de qualquer lei ou regulamento aqui em vigor, ser isenta dessas prestações de serviço ou de trabalho; mas, a pedido do interessado, será devolvida à parte cujas prestações são devidas. Se antes o escravo procurava apagar suas pegadas entre o "resto da população", agora a relação de escravidão é pudicamente assumida na categoria geral de "prestações de serviço e de trabalho", que todo estado, em base aos princípios do autogoverno, tem o direito de regular como melhor acredita, enquanto a obrigação para cada estado de devolver o escravo fugitivo se configura como obrigação moral para garantir ao legítimo proprietário as "prestações" que lhe "são devidas". Com uma ulterior sutileza lingüística, sempre devida ao mesmo pudor, o tráfico dos escravos negros se torna "a imigração ou a introdução daquelas pessoas que os estados atualmente existentes podem achar conveniente aceitar": mas, esse "não poderá ser proibido pelo Congresso antes do ano 1808" e, antes daquela data, poderá ser submetido apenas a uma taxação muito modesta ("dez dólares por pessoa", ou seja, por escravo). De modo analogamente elíptico se expressam os artigos que chamam a União em seu conjunto a "suprimir as insurreições", ou seja, a "violência nas nossas fronteiras" (*domestic violence*), e, em primeiro lugar, a possível ou temida revolta dos escravos neste ou naquele estado[95].

Embora removida em virtude de uma censura lingüística, a instituição da escravidão revela uma presença subliminar no âmbito da Constituição americana. Nem está ausente na Declaração de independência, onde a acusação contra George III de

---

95 Cfr. Finkelman, 1996, p. 3-5.

ter apelado aos escravos negros se configura como a acusação já vista de ter "fomentado a revolta em nossas fronteiras" (*domestic insurrections*).

Na passagem de Grotius a Locke e desse aos documentos constitutivos da revolução americana, assistimos a um fenômeno sobre o qual vale a pena refletir: mesmo considerada legítima nos três casos, a instituição da escravidão é teorizada e afirmada sem alguma reticência apenas pelo autor holandês que vive entre '500 e '600. Em Locke, ao contrário, pelo menos nos *Dois tratados sobre o governo*, escritos e publicados na véspera e à conclusão da Revolução Gloriosa, a legitimação da escravidão tende a ser confinada nas dobras do discurso de celebração da liberdade inglesa. A reticência alcança seu ápice nos documentos que consagram a fundação dos Estados Unidos como o capítulo mais glorioso da história da liberdade.

As coisas são diferentes na relação com os índios. Seja Grotius como Locke e Washington falam deles como de "bestas selvagens"; com maior cautela verbal se apresenta um documento como a Declaração de independência, que se dirige à opinião pública internacional e que, como sabemos, entre os crimes mais graves de George III indica o de ter atiçado contra os colonos rebeldes os "cruéis índios selvagens". Resta o fato de que nas três revoluções liberais, reivindicação da liberdade e justificação da escravidão e até do extermínio dos bárbaros se entrelaçam estreitamente.

## 7. Um paradoxo a ser explicado

Em sua intervenção em abril de 1792 na Câmara dos Comuns sobre o tema da escravidão e do tráfico dos negros, Pitt, o jovem, reconhece que "nenhuma nação na Europa [...] está tão profundamente mergulhada nessa culpa como a Grã-Bretanha"[96]. Embora honre seu autor, essa confissão ainda é redutiva: não faz referência à sorte reservada aos irlandeses antes e aos índios depois. Por outro lado, a "culpa" de que aqui se fala não é o deslize ocasional em um comportamento prático inadvertido e irrefletido; não, esse comportamento, no que diz respeito à Inglaterra, encontra sua expressão teórica no pensamento de um grande filósofo como Locke.

Análogas considerações podem ser feitas também em relação à Holanda originada da revolução anti-espanhola e anti-absolutista e, mais uma vez, sem que a teoria possa estar em contraposição com a prática. De Ruggiero e Bobbio não estão errados quando destacam a importância do "grande movimento jusnaturalista da idade moderna", ou seja, da "difusão das doutrinas jusnaturalistas", com sua insistência sobre os "direitos do homem", no processo de formação do liberalismo[97]. Resta o fato de que a obra de Grotius está profundamente atravessada não apenas pela teorização da escravidão, mas também pela criminalização das populações coloniais, consideradas culpadas de graves crimes já em virtude da religião que professam.

Enfim, por razões ainda maiores, as considerações já desenvolvidas valem para os Pais Fundadores e para a revolução americana, cujos documentos constitutivos resultam profundamente permeados pela justificação da escravidão e pelo apelo à cruzada contra os índios "selvagens".

Conclusão: os países protagonistas das três grandes revoluções liberais são ao mesmo tempo os protagonistas de dois trágicos capítulos da história moderna (e contemporânea). Mas, então,

---

96 In Thomas, 1997, p. 237.
97 De Ruggiero, 1971, p. 24 ss.; Bobbio, 1989, p. 112.

pode ser considerada ainda válida a habitual representação em base à qual o que caracteriza a tradição liberal é o amor à liberdade enquanto tal? Voltemos à pergunta inicial: O que é o liberalismo? Ao verificar a dissolução das anteriores, presumidas, certezas nos vem à mente uma grande afirmação:

"O que é notório, justamente porque é *notório*, não é *conhecido*. No processo do conhecimento, a maneira mais comum de enganar a si próprios e aos outros é pressupor algo notório e aceitá-lo como tal"[98].

(TRADUÇÃO: GIOVANNI SEMERARO)

---

98 Hegel, 1969-1979, vol. III, p. 35.

# Bibliografia

BLACKBURN, Robin, 1990 — *The Overthrow of Colonial Slavery 1776-1848* (1988), Verso, London-Nova York.

_____, 1997 — *The Making of New World Slavery. From the Baroque to the Modern 1492-1800*, Verso, London-Nova York.

BLACKSTONE, William, 1979 — *Commentaries on the Laws of England* (fac-símile da primeira edição de 1765-1769), introdução de Thomas A. Green, The University of Chicago Press, Chicago & London.

BOBBIO, Norberto, 1989 — *Il terzo assente. Saggi e discorsi sulla pace e la guerra*, org. Pietro Polito, Sonda, Torino.

FOX BOURNE, Henry Richard, 1969 — *The Life of John Locke* (London 1876), re-impressão Scientia, Aalen.

BURKE, Edmund, 1826 — *The Works. A new Edition*, Rivington, London.

CALHOUN, John C., 1992 — *Union and Liberty. Antologia dos escritos*, org. Ross M. Lence, Liberty Classics, Indianápolis.

CALLOWAY, Colin G., 1995 — *The American Revolution in Indian Country. Crisis and Diversity in Native American Communities*, University Press, Cambridge.

COMMAGER, Henry S. (org.), 1963 — *Documents of American History* (VII ed.), Appleton-Century-Crofts, Nova York.

CONDORCET, 1968 — *Sur l'esclavage des negres* (1781 e 1788), in

*Oeuvres*, org. A. Concorcet O'Connor e M. F. Arago (Parigi 1847), re-impressão, Frommann-Holzboog, Stuttgart-Bad Cannstatt, vol. VII.

DAVIS, David B., 1971 — *The Problem of Slavery in Western Culture* (1966), tr. it., de Maria Vaccarino, *Il problema della schiavitù nella cultura occidentale*, SEI, Torino.

_____, 1975 — *The Problem of Slavery in the Age of Revolution 1770-1823*, Cornell University Press, Ithaca and London.

_____, 1986 — *Slavery and Human Progress* (1984), Oxford University Press, Nova York-Oxford.

ROSTKOWSKI, Nelcya Delanoe-Joëlle, 1991 — *Les Indiens dans l'histoire américaine*, Presses Universitaires, Nancy.

RUGGIERO, Guido De, 1971 — *Storia del liberalismo europeo* (1925), Feltrinelli, Milano (III ed. Universale Economica).

DRESCHER, Seymour, 1987 — *Capitalism and Antislavery. British Mobilization in Comparative Perspective*, University Press, Nova York-Oxford.

_____, 1999 — *From Slavery to Freedom. Comparative Studies in the Rise and Fall of Atlantic Slavery*, Macmillan, London.

DUNN, Richard S., 1998 — The Glorious Revolution and America, in Nicholas Canny (ed.), The Origins of Empire. British Overseas Enterprise to the Close of the Seventeenth Century, University Press, Oxford.

FINKELMAN, Paul, 1996 — Slavery and Founders. Race and Liberty in the Age of Jefferson, Sharpe, Armonk/London.

FONER, Eric, 2000 — *The History of American Freedom* (1998), tr. it., de Annalisa Merlino, *Storia della libertà americana*, Donzelli, Roma.

FREDRICKSON, George M., 1982 — White Supremacy. A Comparative Study in American and South African History (1981), University Press, Oxford.

FREIDEL, Frank, 1968 — *Francis Lieber Nineteenth-Century Liberal* (1947), Peter Smith, Gloucester (Mass.).

FURET, François e Denis Richet, 1980 — *La Révolution française* (1965), tr. it., de Silvia Brilli Cattarini e Carla Patanè, *La rivoluzione francese*, Laterza, Roma-Bari.

GROTIUS, Ugo, 1913 — *De jure belli ac pacis libri tres* (reprodução da edição de 1646), "The Classics of International Law", org. James Brown Scott, Carnegie Institution, Washington. (A esta obra se remete diretamente no texto, indicando a divisão interna).

_____, 1973 — *De veritate religionis Christianae* (1639, tr. it., de Fiorella Pintacuda De Michelis, *Della vera religione cristiana*, Laterza, Roma-Bari.

HEGEL, Georg W. F., 1969-1979 — *Werke in zwanzig Bänden*, org. Eva Moldenhauer e Karl Markus Michel, Suhrkamp, Frankfurt a. M.

HILL, Christopher, 1977 — *Reformation to Industrial Revolution* (1967), tr. it., de Vittorio Ghinelli, *La formazione della potenza inglese. Dal 1530 al 1780*, Einaudi, Torino.

JEFFERSON, Thomas, 1984 — *Writings*, org. Merrill D. Peterson, The Library of America, Nova York.

JENNINGS, Francis, 2003 — *The Creation of America* (2000), tr. it., de Cristiana Mennella, *La creazione dell'America*, Einaudi, Torino.

LECKY, William E. H., 1883-1888 — *A History of England in the Eighteenth Century*, Longmans-Green (III ed), London.

LENCE, Ross M., 1992 — *Foreword* a J. C. Calhoun, *Union and Liberty* [cfr. Calhoun, 1992].

LOCKE, John, 1963 — *The Fundamental Constitutions of Carolina* (1669), in *The Works* (London 1823), re-impressão anastática Scientia, Aalen vol. X.

_____, 1970 — *Two Treatises of Civil Government* (1690), org. W. S. Carpenter, Everyman's Library, London-Nova York. (A esta obra se remete diretamente no texto, indicando a divisão interna).

_____, 1977 — *An essay concerning toleration* (1667), tr. it. in *Scritti sulla tolleranza*, org. Diego Marconi, UTET, Torino.

_____, 1981-82 — *The Correspondence*, org. E. S. de Beer, voll. VI e VII, Clarendon Press, Oxford.

Karl Marx e Friedrich Engels, 1955 — *Werke*, Dietz, Berlin, 1955 ss.

MILL, John Stuart, 1965 a — *Autobiography* (1853-70; I ed., 1873), in *Collected Works*, org. John M. Robson et alii, Routledge & Kegan Paul, University of Toronto Press, 1965 sgg., vol. I

_____, 1965 b — *The Slave Power* (1862), in *Collected Works* [cfr. Mill, 1965 a], vol. XXI.

_____, 1972 — *On Liberty* (1858), in Id., *Utilitarianism, On Liberty and Considerations on Representative Government*, org. H. B. Acton, Dent & Sons, London.

MILLAR, John, 1986 — *The Origin of the Distinction of Ranks* (1771; 1806; 4° ed.); Reprint, Scientia Verlag, Aalen.

MONTESQUIEU, Charles-Louis de Secondat de, 1949-51 a — *Notes sur l'Angleterre* (que remontam à estadia inglesa 1729-31 e publicadas póstumas em 1818), in *Oeuvres complètes*, org. Roger Caillois, Gallimard, Paris, tomo I.

_____, 1949-51 b — *De l'esprit des lois* (1748), in *Oeuvres complètes* [cfr. Montesquieu 1949-51 a], tomo II.

MORGAN, Edmund S., 1972 — *Slavery and Freedom: The American Paradox*, in "The Journal of American History", LIX (1972), 1, p. 5-29.

_____, 1975 — *American Slavery American Freedom, The Ordeal of Colonial Virginia*, Norton & Company, Nova York-London.

PAGDEN, Anthony, 1998 — *The Struggle for Legitimacy and the Image of Empire in the Atlantic to c. 1700*, in Nicholas Canny (ed.), *The Origins of Empire* [cfr. Dunn, 1998].

PAINE, Thomas, 1995 — *Collected Writings*, org. Eric Foner, The Library of America, Nova York.

POST, C. Gordon, 1953 — *Introduction* a John C. Calhoun, *A Disquisition on Government*, The Liberals Arts Press, Nova York.

POTTER, Janice, 1983 — The Liberty We Seek. Loyalist Ideology in Colonial Nova York and Massachusetts, Harward University Press, Cambridge (Mass.)-London.

RYERSON, Egerton, 1970 — The Loyalists of America and their Times: from 1620 to 1816 (Toronto 1880), Haskell, Nova York.

SARTORI, Giovanni, 1976 — *Democrazia e definizioni*, Il Mulino (IV ed.), Bologna.

_____, 1978 — *The Theory of Democracy Revisited*, Chatham, New Jersey.

SHAIN, Barry Alan, 1994 — *The Myth of American Individualism. The Protestant Origins of American Political Thought*, Princeton University Press, Princeton.

SCHLESINGER JR., Arthur M., 1973 — *History of United States Political Parties*, org. A.M.S. jr., Nova York-London, Chelsea House e Bawker.

SLOTKIN, Richard, 1994 — The Fatal Environment. The Myth of the Frontier in the Age of Industrialization 1800-1890 (1985), Harper Perennial, Nova York.

SMITH, Adam, 1982 — *Lectures on Jurisprudence*, (1762-3 e 1766), Liberty Classics, Indianapolis (=vol.V da edição de Glasgow, 1978, Oxford University Press).

_____, 1987 — *Correspondence*, org. Ernest Campbell Mossner e Ian Simpson Ross, Liberty Classics, Indianapolis.

SOMBART, Werner, 1987 — *Der moderne Kapitalismus* (1916-27), dtv reprint, München.

THOMAS, Hugh, 1997 — *The Slave Trade. The Story of the Atlantic Slave Trade*, Simon & Schuster, Nova York.

Voltaire, 1982 — *Candide, ou l'optimisme* (1775; primeira ed. 1759), tr. it., de Piero Bianconi, *Candido ovvero l'ottimismo* (1974), Biblioteca Universale Rizzoli, Milano, 6ª edição.

WALLERSTEIN, Immanuel, 1982 — *The Modern World-System*. II. *Mercantilism and the Consolidation of the European World-Economy,*

*1600-1750* (1980), tr. it., de Davide Panzieri, *Il sistema mondiale dell'economia moderna*, vol. II, *Il mercantilismo e il consolidamento dell'economia-mondo europea 1600-1750*, Il Mulino, Bologna.

WASHINGTON, George, 1988 — *A Collection*, org. William B. Allen, Liberty Classics, Indianapolis.

ZILVERSMIT, Arthur, 1969 — *The first emancipation. The abolition of slavery in the North* (1967) The Universitry of Chicago Press, Chicago and London, III edição.

ZIMMER, Anne Y., 1978 — *Jonathan Boucher Loyalist in Exile*, Wayne State University Press, Detroit.

## Capítulo II

# O educador político e o político educador

GIOVANNI SEMERARO

> *"Se os colonizados não se erguerem em massa, não haverá na Metrópole nenhuma força organizada que defenda sua causa."*
> (Sartre, 1998)

## 1. Educação política popular e o poder governamental

Ao longo de mais de meio século, a educação popular brasileira esteve voltada, substancialmente, para objetivos políticos chegando a criar condições para a construção de uma hegemonia popular alcançada "antes de conquistar o poder governamental" (Gramsci Q 19, 2010-2011).

Não é sem razão que Frei Betto tem afirmado, em diversas ocasiões, que um dos maiores responsáveis da vitória de Lula nas eleições de 2002 tem sido P. Freire. Uma observação que, em parte, faz sentido se considerarmos o trabalho inovador, político, arduamente cultivado no meio popular pelo educador mais conhecido do Brasil. Evidentemente, nesta avaliação, está incluída a incalculável legião dos que, na esteira dele, com mais ou menos visibilidade, fizeram da educação um "ato político" dedicado a "conscientizar" e mobilizar consideráveis setores populares.

Em uma amálgama que coadunou marxismo e cultura popular, militância política e Teologia da Libertação, transformações sociais e anseios por novas relações intersubjetivas, a condição dos "oprimidos" foi tomada como ponto de partida e referência constante nas experiências político-pedagógicas populares dando origem a um fenômeno singular de fecunda reciprocidade entre educação e política.

Um número considerável de educadores-militantes provenientes dessas "atividades instituidoras de sujeitos", direta ou indiretamente, tem fornecido quadros para movimentos populares, organizações da sociedade civil, partidos de esquerda, instituições públicas e políticas governamentais. Uma das características comum a todos é a recusa de uma educação abstrata, elitista, alheia a um projeto de sociedade e de Estado que deveriam ser re-fundados sobre a formação política e a participação ativa das classes subjugadas, dos mais pobres e espoliados.

Portanto, a vitória de Lula e do Partido dos Trabalhadores nas eleições de 2002 foi saudada como coroamento de tantas lutas pedagógicas que, junto com outras forças sociopolíticas, vinham representando um projeto alternativo ao modelo dominante na história do Brasil.

No entanto, depois de mais de um ano de governo, há muitas perguntas angustiantes que pairam no ar: Os projetos desenhados nas lutas populares mudam quando se chega ao poder governamental? Passam a ser considerados imaturidade do passado, adolescência política, sonhos e ilusões? O exercício do poder governamental obedece inevitavelmente a uma outra lógica e deve seguir um outro modo de ser? Será que as práticas educativas populares preparam, de fato, para os embates da política governamental? O mundo imaginado na educação popular é compatível com a realidade que se encontra no governo? Ou será que a formação política de muitas organizações populares não passava de pragmática e a intelectualidade era só epidérmica e demagógica?

Sinais sem conta, de fato, vêm mostrando que o preço a pagar quando se ocupa o poder central é o abandono de projetos alternativos. A acomodação, o enredamento em contradições e concessões, o "esquecimento" dos ideais populares parecem inevitáveis e indicam que uma maldição se abate sobre os que "usurpam" a política às classes dominantes. Muitos, frustrados, chegam à conclusão de que, em circunstâncias excepcionais pode-se até conquistar respaldo popular e deter certa hegemonia política, mas o poder efetivo permanece nas mãos das elites econômicas.

Sem condições de interferir no poder econômico, de fato, um grupo social proveniente de segmentos populares que chega ao poder político se depara diariamente com a força esmagadora dos bancos, dos empresários, das corporações nacionais e internacionais, dos magnatas da mídia etc., que convidam, adulam, disponibilizam recursos, sabem usar de trato e, principalmente, de chantagem. Com o tempo, o "realismo político" e a "governabilidade" obrigam a compromissos e levam à conclusão de que, afinal, o diabo não é como se pintava. Ainda mais quando no processo eleitoral e no exercício das funções executivas as movimentações econômicas jogam um papel determinante e a política passa a ter um manejo essencialmente empresarial e midiático. Insensivelmente, as constantes disputas eleitorais acabam substituindo a luta de classe com as guerras intestinas e fratricidas.

Por outro lado, não se pode perder de vista que, na concepção burguesa, a intelectualidade e a política são "conquistas", instrumentos de distinção e de ascensão social. "Chegar ao poder", portanto, é visto como prêmio depois de tantas lutas e "investimentos". De modo que para quem esteve longamente na oposição a passagem da sociedade civil para sociedade política pode adquirir o sabor de promoção para um nível superior. Nessas condições, não é difícil passar a enxergar o mundo "ex parte principi" e não mais "ex parte populi" (Bobbio, 1985, p. 53ss). A própria organização e manutenção de um partido de expressão leva ao profissionalismo da política e ao manejo dos jogos parlamentares. E, hoje, a tecno-política e o ingresso no ciber-espaço abrem ainda mais o caminho para o populismo eletrônico e para a sensação de uma hegemonia sem necessidade efetiva de uma interlocução com as aspirações concretas da população e com as propostas dos "sujeitos políticos" reais.

Uma vez no governo, a gestão da máquina administrativa exige demonstração de eficiência, agilidade nas decisões, alianças *ad hoc*, fisiologismo e parcerias pontuais. Então, julga-se que a excessiva "democratização" pode enfraquecer as próprias conquistas e comprometer a manutenção do poder, ainda mais quando se percebe que métodos pragmáticos trazem resultados mais rápidos e efetivos. Ao dispor dos aparelhos do Estado, de fato, muitos governantes não ficam tão preocupados com a difícil, demorada e incerta procura da educação política e da 'direção' intelectual. Se a negociação pragmática (bargain) garante mais rapidamente o "equilíbrio" dos interesses, por que dedicar-se ao árduo trabalho de persuasão (arguing) que exige tempo, diálogo com as organizações populares, coerência com princípios fundamentais, transparência e posições políticas conseqüentes?

A história da filosofia política moderna mostra à exaustão que estipular um contrato entre indivíduos presumidamente livres é mais prático do que construir um consenso entre sujeitos sociais organizados em busca de valores públicos e de projetos coletivos de sociedade. São profundas, de fato, as diferenças entre as teorias do contrato e as que visam a elaboração de um consenso ético-político. Dentro de uma visão atomística e competitiva de livre jogo das forças econômicas, pela necessidade de garantir interesses privados em um ambiente ameaçado e inseguro, procura-se um contrato de convivência pelo cálculo, pela troca, por acordos circunstanciais e transitórios. Nesse caso, os indivíduos se associam pelo medo em torno de um Estado policial que concentra a manutenção da ordem, assegura o respeito das "diferenças" e incute "disciplina" como mal menor. Trata-se, abertamente, de firmar convenções e artifícios jurídicos para um pacto que não necessariamente significa coesão social, convicção profunda e adesão interior. Contrariamente, para se chegar ao consenso, são necessárias permanentes, democráticas, conflitivas e pedagógicas condições de diálogo e de argumentação pública, estritamente vinculadas a práticas que garantem também direitos universais e visam repartir trabalho, riquezas sociais e responsabilidades coletivas. Recusando a uniformidade e a imposição pelo alto, a construção permanente do consentimento democrático exige participação ativa e coletiva, transparência nas relações, amadurecimento livre de idéias e criação de valores ético-políticos. O que implica não apenas garantias das liberdades de expressão e reconhecimento da diversidade, mas também a necessidade de construir um Estado popular e democrático que universaliza direitos e confere coesão social.

Ora, quando do mundo popular se passa a governar um sistema jurídico-administrativo modelado pela burguesia, torna-se inevitável o confronto entre o modelo de política parlamentar sedimentado pela democracia liberal e os métodos de democracia participativa vivenciados na educação popular. No embate, a concentração de poder nas mãos dos que controlam os pontos estratégicos da produção, da ciência, da tecnologia e dos meios de comunicação, acaba asfixiando os que na educação política popular almejaram a ruptura da dominação e um outro projeto de sociedade e de poder. Quantas teorias políticas e projetos revolucionários naufragaram no teste da administração burguesa! Assim, somos tentados a acreditar que a 'potência' do "poder constituinte" se esfacela diante do "poder constituído", cuja função é ser guardião da ordem e do funcionamento do sistema (Negri, 1998). Halloway chega a afirmar que: "Não se pode mudar o mundo por meio do Estado" (2002, p. 39) e que "o Estado, qualquer Estado, está tão integrado na rede global de relações sociais capitalistas que, qualquer que seja a composição do governo, está obrigado a promover a reprodução dessas relações" (1997, p. 24).

Deve-se concluir, então, como Platão, que "é difícil administrar o Estado e permanecer honestos"? Que o desfecho da democracia é o despotismo? Que a educação pode até se tornar política, mas esta nunca vai ter condições de transformar-se em "relação pedagógica", como Gramsci chegou a vislumbrar (Q 10, 1320ss)? Será que M. Weber não estava certo quando separou a "ética da convicção" (dos princípios) da "ética da responsabilidade" (dos resultados) (1980, p. 109)? Devemos admitir, então, que a educação política inspirada em P. Freire não passa de uma idealização, de uma utopia ingênua incapaz de lidar com a complexidade da política institucional, com o "realismo" e a ferocidade do poder governamental?

Para não circunscrever essas questões apenas no âmbito da subjetividade e da esfera ética, é preciso examinar como, nestas últimas duas décadas, sob a forte influência do neoliberalismo e da pós-modernidade, a política, a educação e muitos intelectuais foram gradualmente deslocados do chão da fábrica e dos movimentos de massa para o campo do privado, do marketing, do gerenciamento e do fantasmagórico cenário da "vídeo-esfera".

## 2. A re-configuração pós-moderna do educador e do político

Entre outros reflexos, a crise do socialismo real e o fortalecimento da hegemonia neoliberal que eclodiram no último quartel do século XX, provocaram tanto nos países centrais como nos periféricos a re-configuração do político e do intelectual. A função sociopolítica desses parecia ainda clara nos anos 60 e 70. Tratava-se de alertar criticamente as sociedades massificadas do Primeiro Mundo e "conscientizar" os oprimidos das colônias a se insurgirem contra os mecanismos alienadores do capital e a exploração dos opressores que se serviam principalmente da cultura e da educação em seus projetos de dominação.

A insurreição juvenil de '68, as manifestações contra a guerra do Vietnã, a deflagração de novas lutas em múltiplas frentes na "era dos direitos" (Bobbio, 1990) conferiram aos intelectuais politizados tarefas mais definidas. Eram os anos da rebeldia contra toda forma de "autoritarismo" e de repressão da vida afetiva e cultural, tempos de "engajamento" do "intelectual orgânico" com grupos populares e de busca de autenticidade da "existência" em sintonia com as reivindicações dos países dependentes. É nesses anos que chegam ao auge os grandes partidos de massa, as poderosas organizações sindicais, as campanhas de liberação e as mobilizações pela democratização. No Brasil, especificamente, a resistência dos intelectuais contra a ditadura foi fundamental na busca da cidadania, na insurgência de uma vigorosa sociedade civil e na constituição de instituições democráticas (Lahuerta, 2001).

A partir da segunda metade dos anos 70, no entanto, o capitalismo entra em um novo ciclo de crise e sua contraditória recomposição provoca profundas transformações. No decorrer dessa metamorfose, as condições em que se desenvolvem os processos produtivos, as práticas políticas e as expressões da intelectualidade são profundamente afetadas por um capitalismo que orienta maciçamente a ciência e a tecnologia para o mercado, transformando-se em um poder irresistível e mais globalizado. A preponderância do trabalho informático-mental desmaterializa a configuração de sua dominação e desconcerta as formas tradicionais de enfrentamento dos trabalhadores (Hardt-Negri, 1995, p. 49ss). Sofisticado, flexível, difuso universalmente, nunca sua hegemonia foi tão abrangente, subsumindo, praticamente, todas as esferas da sociedade, tanto dos que produzem como dos que consomem. Presente por toda parte, o capital hoje chega a realizar seu sonho mais ambicioso: tornar-se impessoal, "inconsciente social" (Finelli, 2003, p. 104), feito máquina que marcha por sua conta, separado do trabalho vivo e do incômodo das agitações operárias. Longe dos problemas da emancipação humana e imune às investidas da política, o capital encontra sua lógica mais acabada na cultura pós-moderna que aprofunda o processo de esvaziamento do concreto pelo abstrato e o reduz à invisibilidade e ao simulacro (Jameson, 1996).

Nesse contexto, fala-se cada vez menos de políticos das "classes" trabalhadoras, de educadores populares e intelectuais militantes e "orgânicos". Em seu lugar despontam gestores, políticos pragmáticos e intelectuais céticos. As convicções de princípio, a visão de conjunto e a revolução são substituídos pela incerteza, pelo "pensamento fraco", pelo gosto do particular e o narcisismo privado.

Diante da invisibilidade e da difusão do poder do capital, a figura do intelectual político popular vinculado a grupos 'terrestres' e reivindicações sociais concretas aparece obsoleta não apenas pela "revolução tecnológica", mas também pela dissolução de sujeitos coletivos, pela relativização dos valores públicos, pela indistinção entre esquerda e direita, pela derrota do comunismo, pela crítica das revoluções clássicas. Sem rosto e sem lugar, o poder que hoje se impõe como oráculo hermético e sobrenatural é o das bolsas de valores, dos 'humores' dos investidores, dos indicadores econômicos anunciados todos os dias, a todo momento, em todos os meios de comunicação

Assim, ao longo dessas últimas duas décadas, vimos emergir como onda avassaladora uma crescente categoria de intelectuais que se disseminaram na mídia, na publicidade, no entretenimento, em Ongs, em serviços administrativos e controle do sistema. Ficamos sabendo que havíamos ingressado na "sociedade do conhecimento", da informação "just in time", na época do "capital cultural", onde o saber deve ser servido como mercadoria nas formas folhetinescas e divertidas para garantir a atração do "grande" público. O emblema político moderno do "Príncipe" (Maquiavel, 1978), re-configurado depois pelo "Moderno Príncipe" (Q 13), nestas últimas décadas passou a ser desempenhado pelo "Príncipe eletrônico" que redesenha um novo, imenso, complexo e contraditório palco da política e da formação cultural (Ianni, 2003, p. 141ss). Em um mundo em que a imagem conta mais do que o produto, alastra-se a convicção de que o que não passa na mídia não existe. As tecnologias informáticas, eletrônicas e cibernéticas dominadas por gigantescos conglomerados internacionais tomam conta não apenas de todas as esferas da vida humana, mas do próprio político que para se afirmar precisa receber a investidura da mídia. Entidade ubíqua e sedutora, o "príncipe eletrônico" difunde habilidosamente a visão de mundo prevalecente nos centros mundiais de poder, penetrando sutilmente no inconsciente da multidão cada vez mais desagregada entre a sobrevivência cotidiana e as "viagens" no mundo encantado do imaginário e do espetáculo oferecidos diariamente pela mídia.

De modo que, hoje, para sua formação, o intelectual e o político são compelidos a tornarem-se especialistas da imagem, do som, dos jogos de linguagem, das virtualidades eletrônicas. No mundo das sensações, das modas e dos rápidos contágios de massa, é fundamental que se aprenda, acima de tudo, a ser malabarista da palavra, a manejar a arte do ilusionismo cultural, econômico e político. Por isso, chega-se a falar no fim do intelectual político-pedagógico vinculado à escrita, à escola, ao partido, às organizações populares. O que, agora, se celebra é o advento da inteligência na "vídeo-esfera", no simbolismo e nas criações instantâneas, nos 'spots' comerciais e nos 'insigth' (Bastos-Ridenti-Rolland, orgs, 2003). O intelectual "clássico", cultor da razão e da cosmovisão, da paciência histórica e da pedagogia política popular, é suplantado pela "inteligência emocional", pela fruição estética, pelos recursos tecnológicos. O objetivo da "vídeo-esfera" não é a educação – ranço iluminista – mas o entretenimento e a sedução. A busca da verdade, da justiça, a dialética, a história, a totalidade, etc. tornaram-se meta-narrativas e produtos autoritários. Em seu lugar, entram o regozijo da desconstrução, a elucubração sobre o fragmento, o gosto pela indefinição, a preocupação estilística e ornamental. Vangloriando-se de sua impotência, o intelectual entrega-se a narrar qualquer coisa sem meta e sem sentido, na busca de infinitas variações. Contraditoriamente, no entanto, o infinito das interpretações leva a significado nenhum, assim como o consumo ilimitado leva ao esgotamento, a flexibilização permanente à pior escravidão, o hibridismo ao bizarro, o nomadismo sem meta à dissolução social, o discurso das diferenças ao apartheid, o cotidiano à chatice e mesmice. A própria democracia, nesse contexto, torna-se um problema de gestão não uma questão de socialização, deixa de ser uma esperança coletiva para se tornar um acerto técnico-administrativo.

Depois dos clérigos dogmáticos na era da cristandade e dos cientistas de saber prático no mundo moderno, a maior parte dos intelectuais funcionais à classe dominante de nossa época precisa conformar o conhecimento às necessidades dos novos donos do poder. Assim, temos hoje uma legião de intelectuais midiáticos e evanescentes em conformidade com a natureza do capital financeiro, dos fluxos da mercadoria e da comunicação. Ao capital especulativo que quer lucrar sem se comprometer, sem estar ligado à produção social e que dissemina desemprego e miséria, corresponde o "intelectual ficcional" que vagueia sem se amarrar, que discursa sem se envolver com mudanças deixando um rastro de frustração e depressão com sua compulsão comunicacional.

Em uma sociedade do "management" (gerenciamento) que mercantilizou todas as relações e permeou todos os domínios da vida humana, o profissional das idéias também tem de ser ágil, eficiente e... tabelado. A comunidade, a sociedade, o partido, a escola, as organizações sociopolíticas, etc., lentos e pesados como o povo, não se constituem mais como lugares do saber e do conhecimento. Agora, é a empresa (a auto-empresa!), o mais alto ícone do pós-moderno, o parâmetro da "cultura de ponta" e o modelo a ser reproduzido em todos os outros segmentos da vida humana. O enaltecimento desse modelo faz com que a democracia seja identificada com o mercado, a cidadania com o consumismo e o político avaliado pelos critérios da publicidade e da venda de imagem.

Assim, podemos ver que no discurso, os políticos pragmáticos e os "intelectuais do gerenciamento" se apresentam como os inovadores que se opõem aos dogmas, às utopias, ao romantismo, às concepções essencialistas e coletivistas. Na verdade, o que eles reproduzem e fortalecem, de acordo com a liberdade total exigida pelo capital globalizado, é a flexibilização, a volatilidade, a instantaneidade das relações sociais, solapando a estrutura do trabalho social e a coesão da sociedade.

Estaríamos assistindo à decadência dos intelectuais político-pedagógicos que de militantes, críticos e pesquisadores estariam passando a intérpretes, gerentes e divulgadores? Será que a dissolução nos fragmentos do cotidiano não estaria em sintonia com a diluição do intelectual na evaporação pós-moderna?

Ao perder o contato com os problemas reais e as duras condições que afetam a maioria da população, os intelectuais e os políticos abdicam não apenas de sua capacidade crítica, mas também de sua "organicidade" a outros projetos de sociedade. De modo que, hoje, passa-se a pensar que há um único intelectual "orgânico" ao projeto vigente de sociedade, perseguindo políticas de manutenção nos mais variados setores do mesmo sistema. Um dos efeitos da globalização, onde os países mais avançados econômica, tecnológica e militarmente seriam os modelos a serem imitados, se faz sentir no interesse de uma multidão de intelectuais por um profissionalismo acrítico e hiper-concorrencial. O mesmo efeito pode ser sentido na política onde foi desqualificado o pensamento crítico e proliferaram os "cientistas", onde os humanistas se eclipsaram diante dos gestores, os estadistas diante dos estatísticos, os midiáticos substituíram os educadores, as sondagens de opinião tomaram o lugar dos debates democráticos, os *lobbies* dispensaram as organizações sociais. Na nova ordem imposta pelo capital só serve a formação de uma inteligência tecnológico-utilitarista não uma concepção ético-política.

É possível, então, falar ainda em "intelectual orgânico" às classes populares em uma sociedade onde se desintegram os impactos da oposição e não parecem existir alternativas? Onde qualquer dissenso se dispersa na voragem do sistema? Onde as próprias organizações de classe, os próprios partidos e os sindicatos custam a se justificar?

## 3. Organicidade ao projeto de democracia popular local e mundial

Entregue só às armas da crítica e das palavras, o intelectual pode ser silenciado na sociedade do barulho como a nossa. Se quiser a ruptura e a transformação, é fundamental que, além de percorrer os caminhos da ciência e descobrir as contradições de seu tempo, assuma a ousadia da práxis política. A partir de Marx, de fato, o compromisso do intelectual não se limita apenas à elaboração de teorias críticas e à ciência da história, mas se decide primordialmente na intervenção política. Marx percebeu que para compreender a sociedade onde se vive não é suficiente o esforço da reflexão e a fabricação de conceitos, é necessário, acima de tudo, organizar e pôr em movimento a revolta que os injustiçados carregam. Para isso, é preciso que o político-intelectual se coloque no lugar das vítimas do sistema, tome posição ao lado dos desapropriados. É a práxis comum com as classes defraudadas que integra o intelectual-político no "movimento real que abole o estado de coisas existentes" (Marx-Engels, 1998, p. 37). Só as classes exploradas e os povos saqueados, de fato, possuem, para Marx, a inteligência objetiva, o ponto de vista mais concreto e radical proveniente da violência sofrida, do trabalho alienado, das necessidades elementares desatendidas, das relações sociais e humanas dissolvidas. Pois, é na humanidade desfigurada e nos territórios colonizados que se encontra a verdade da sociedade burguesa (Marx, 1978, p. 265). Envolver-se com os desumanizados significa romper com o sistema de dominação implantado pelo capitalismo e não se limitar a levantes eventuais da "multidão" que, incomodada, pode reivindicar mudanças ou buscar ansiosamente a modernização, favorecendo, assim, o contínuo reajuste do sistema.

Sem um projeto alternativo apontado pelas classes populares e a constituição de sua hegemonia, para o marxismo, não há compreensão plena da realidade nem vida democrática efetiva (Abensour, 1998, p. 71-100). Ao desmascarar o caráter ideológico da teoria dominante e sua funcionalidade à violência e à manutenção do poder, Marx recria a atividade político-intelectual.

Partindo desse desenho, Gramsci mostra que a filosofia, tal como a educação, devem tornar-se 'política', prática socializadora, para continuar a ser filosofia e educação (Q 8, 208). Por isso, aprofunda uma estreita ligação que deve existir entre intelectual, política, economia, educação, Estado, conhecimento, cultura.

Consciente da centralidade dos intelectuais no mundo contemporâneo, Gramsci não apenas vivenciou como poucos a figura do intelectual militante, mas em suas reflexões reservou um espaço preponderante a essa questão (Frosini, 2000, p. 117). Em seus escritos, além de uma ampla gama de tipos de intelectuais (urbanos, industriais, rurais, burocráticos, acadêmicos, técnicos, profissionais, pequenos, intermediários, grandes, coletivos, etc.), encontra-se uma caracterização original do intelectual. Gramsci, de fato, rompe com o lugar comum de entender os intelectuais como um grupo em si, "autônomo e independente" (Q 12, 1513). Deixando de considerá-lo de maneira abstrata, avulsa, como uma casta separada dos outros, Gramsci considera o intelectual como qualquer ser humano, constituído por suas relações sociais, pertencente a um grupo social que se apresenta com um projeto específico de sociedade: "Todo grupo social, ao nascer do terreno originário de uma função essencial no mundo da produção econômica, cria também, organicamente, uma ou mais camadas de intelectuais que conferem homogeneidade e consciência da própria função não apenas no campo econômico, como também no social e político: o empresário capitalista gera junto consigo o técnico da indústria, o cientista da economia política, o organizador de uma nova cultura, de um novo direito, etc." (Q 12, 1513).

Contra a tradição idealista que definia o intelectual a partir de sua qualificação interior, Gramsci observa que: "O erro metodológico mais difundido, ao que parece, consiste em ter buscado esse critério de distinção no que é intrínseco às atividades intelectuais, ao invés de buscá-lo no conjunto do sistema de relações em que essas atividades (e, portanto, os grupos que as personificam) se encontram, no conjunto das relações sociais" (Q 12, 1516).

Daqui, a designação de intelectual "orgânico" distinto do intelectual tradicional. Esse, erudito e enciclopédico, preso a abstratos exercícios teóricos e acadêmicos, fica alheio às questões centrais da própria história e permanece empalhado dentro de uma realidade já superada. Fora de seu tempo e acima das vicissitudes do mundo, cultiva uma aura de superioridade com seu saber livresco, mas é incapaz de compreender o sistema da produção e das lutas hegemônicas, onde ferve o jogo determinante do poder econômico e político, onde se decidem os rumos da sociedade e a afirmação do projeto dominante.

"Orgânico", ao contrário, é o intelectual estritamente ligado às dinâmicas produtivas, políticas e culturais que grupos sociais desencadeiam para assumir a direção da sociedade. Ao desempenhar funções ativas e avançadas no âmbito da produção material e simbólica, o intelectual "orgânico" está consciente de sua interligação com um projeto global de sociedade que exige um tipo de Estado capaz de operar a "conformação das massas ao nível de produção" material e cultural exigido pela classe no poder. Então, é orgânico o intelectual que além de especialista em sua profissão, que o vincula profundamente ao modo de produção de seu tempo, tem uma concepção política que o habilita a exercer funções organizativas para assegurar a hegemonia social e o domínio estatal da classe que representa (Q12, 1518). Sua atividade intelectual torna-se orgânica em diversas frentes: no campo da produção como técnico e especialista, na sociedade civil para construir o consenso em torno do projeto da classe que defende, na sociedade política para garantir as funções jurídico-administrativas e o exercício do poder.

Como Gramsci o entendeu, desde os tempos de "L'Ordine

Nuovo", o modo de ser do novo tipo de intelectual, orgânico à dinâmica da sociedade, não pode mais consistir "na eloqüência" e nos ímpetos da "emoção" mas na interpenetração entre conhecimento científico, filosofia e ação política. O intelectual deve ser um "construtor, organizador, educador permanente", de modo que "da técnica-trabalho se chegue à técnica-ciência, à concepção humanista histórica, sem a qual se permanece 'especialista' e não se chega a 'dirigente' (especialista+político)" (Q12, 1551). A interconexão, portanto, do mundo do trabalho com o universo da ciência, com as humanidades e a visão política de conjunto formam, em Gramsci, o novo princípio educativo e a base formativa da nova classe hegemônica.

De modo que, embora distintos, economia, política, cultura e filosofia, para Gramsci, são partes inseparáveis da mesma realidade (Q13, 1591), a tal ponto que: "Uma reforma intelectual e moral não pode não estar ligada a um programa de reforma econômica. Pelo contrário, o programa de reforma econômica é exatamente a maneira concreta pela qual toda a reforma intelectual e moral se apresenta" (Q 1561).

Mas, Gramsci, acima de tudo, não imagina o intelectual separado do povo, da cultura, da história e da política das classes subalternas que querem construir uma nova civilização. Entre as páginas mais célebres dos escritos do cárcere estão as que descrevem a relação entre intelectual e povo (361-2; 1505-6; 1042ss; 1382-7; 1635).

Aqui, além da osmose profunda do intelectual com o povo, reconhecido como sujeito ativo, Gramsci insiste também sobre a universalização da capacidade intelectual, quer dizer sobre a capacidade de todos de pensar e agir, portanto, sobre a relação de reciprocidade entre sujeitos que aprendem e ensinam ao mesmo tempo. O exercício da intelectualidade, portanto, é sempre da inteira coletividade e, embora, alguns tenham funções mais especificamente teóricas na sociedade, o grau de atividade intelectiva é sempre quantitativo nunca qualitativo.

Mas, acima de tudo, Gramsci insiste sobre a transformação pessoal e social, sobre a catarse, a subjetivação ético-política que deve caracterizar o conhecimento. São essas componentes que, além da distinção entre intelectual orgânico e tradicional, nos permitem chegar a uma distinção mais importante: a que se estabelece entre o intelectual orgânico da burguesia e o intelectual orgânico das classes populares. O reconhecimento universal da capacidade intelectual, a construção conjunta do conhecimento e sua orientação para criar um "Estado social de trabalho e solidariedade" (Q 5, 42) se tornam os elementos distintivos que separam o modo de ser dos intelectuais funcionais à elite dominante e os intelectuais que procuram formar um "bloco" com as classes subalternas. Os primeiros revelam-se preocupados com a centralização do poder, a mistificação da ideologia, a coerção direta ou indireta, enquanto os intelectuais populares dedicam-se a criar uma filosofia da práxis que por um lado subverte a concepção de dominação, de autoritarismo, de burocratismo, de nacionalismo estreito e, por outro, cria uma nova concepção de política fundada sobre um novo conceito de hegemonia, de democracia, de 'dirigente' (Semeraro, 2003, p. 270-271), de projeto nacional-internacional-popular (Baratta, 2000, p. 161ss). Por meio não de um universalismo abstrato e restrito (Losurdo, 1999), como quer a neoglobalização liberal, mas pela emancipação concreta de países colonizados como o Brasil.

Nesse sentido, combatendo a noção abstrata, aristocrática e restrita de intelectual, Gramsci afirma que: "Todos são intelectuais... Porque não existe atividade humana da qual se possa excluir toda intervenção intelectual" (Q 12, 1516). Até no trabalho mais mecânico e alienado há sempre uma componente reflexiva, assim como todo ser humano tem uma cultura e forma-se uma concepção de mundo no interior de seu ambiente social e de seu grupo. A capacidade intelectual, portanto, não é monopólio de alguns, mas pertence a toda a coletividade, tanto no sentido diacrônico que se estende ao longo da história como no sentido sincrônico que interconecta a inteira sociedade em uma determinada época. Essas interconexões, no entanto, não ocorrem de forma natural, harmônica e genérica, mas se manifestam como disputa de classes em torno de projetos diferentes de sociedade e, portanto, adquirem uma orientação ético-política.

A atividade intelectual, portanto, é mais abrangente e profunda do que a classe dominante tenta difundir e adquire uma função ético-política decisiva na constituição das identidades sociais. Daqui, o grande interesse de Gramsci pela cultura, a linguagem, a arte, a religião, o conhecimento criado e difundido nas camadas sociais. De modo que em consonância com a concepção de "Estado ampliado", que articula em torno da hegemonia sociedade política e sociedade civil, Gramsci pode afirmar que: "Eu amplio muito a noção de intelectual, não me limitando à noção corrente que se refere aos grandes intelectuais... Justamente na sociedade civil operam os intelectuais" (LC, 7/09/1931). É esse, de fato, o imenso, criativo e conflitivo campo da inteligência política moderna e contemporânea aberto a todos.

Mas, ao ampliar e popularizar sua função, Gramsci não pulveriza e banaliza os intelectuais populares, caindo assim no erro da vulgarização em curso que fortalece ainda mais a classe dominante. Não apenas, de fato, Gramsci defende o rigor científico, a disciplina, a escola, a seriedade e a complexidade dos estudos e da pesquisa, mas mostra concretamente que sua identidade política foi se formando na trama das relações sociais e das lutas de classe com as quais se comprometeu.

Como o próprio Gramsci chegou a vivenciar, não é só do conjunto de suas reflexões, mas da própria experiência militante

Capítulo II — O educador político e o político educador

que emerge um intelectual de novo tipo, orgânico às massas populares, profundamente compromissado com a realidade concreta dos subalternos, impregnado por suas causas e por um projeto de sociedade radicalmente diverso do intelectual orgânico da burguesia, porque não visa apenas a modernização, mas luta por transformações estruturais, não joga com variações e disfarces, mas se envolve pessoalmente na democratização das relações econômicas, políticas, sociais e intersubjetivas.

A distinção que Gramsci faz entre intelectuais orgânicos e tradicionais, hoje, pode estar superada se considerarmos que vivemos em uma sociedade onde estes últimos, ainda preponderantes na época dele, praticamente desapareceram. O que, no entanto, hoje se aprofunda cada vez mais é a distinção interna entre intelectuais orgânicos ao sistema e os orgânicos às vítimas do sistema, entre os intelectuais que se colocam à disposição da sociedade gerenciada e os que lutam para construir uma democracia popular.

Os primeiros, "intelectuais devotos", aduladores e funcionários do grupo dominante, incapazes de criarem uma autoconsciência cultural, uma autocrítica da classe no poder (Q 634) são "agentes imediatos" que optaram pela manutenção do poder dominante, se colocaram à serviço da máquina para lubrificar suas engrenagens e obter interesses corporativos. Na versão pós-moderna, imbuídos de uma concepção pragmatista de partido e de política, esses intelectuais aprenderam técnicas mais sofisticadas da dominação que tenta evitar ao máximo o uso da força bruta para se concentrar na violência invisível e silenciosa.

Ao contrário, os intelectuais que formam a consciência crítica de seu grupo social são orgânicos a ele porque capazes de construir não apenas um "bloco histórico" (uma articulação) entre estrutura e superestrutura (economia e cultura), entre sociedade civil e sociedade política, entre governantes e governados, mas principalmente porque sua atuação rompe com a concepção de poder-dominação e se dedica a elevar intelectual e socialmente as camadas populares conduzindo à hegemonia de uma efetiva democracia.

Diante de dinâmicas sócio-político-culturais em fermentação em seu tempo, Gramsci não se fecha, mas amplia a noção de intelectual-político em compasso com o quadro histórico em curso. Tratava-se de superar o mundo agrário, provincial, fixo e essencialista posto em xeque pela aceleração da história e das sociedades estruturadas pelo "americanismo e fordismo". Mas Gramsci, embora reconheça as novas fronteiras do conhecimento e das transformações em movimento não as aceita acriticamente nem se deixa enganar pelas novas formas de escravidão e alienação. A visão que propõe é profundamente diferente da atitude pragmatista do intelectual fabulador e holístico em que se transformam muitos políticos de oposição (não de esquerda!) que chegam ao poder. Pois, assim como o trabalhador deve se modernizar, tornando-se cientificamente especializado e tecnicamente habilidoso até as fronteiras mais avançadas do conhecimento e da produção sem cair na mecanização e na escravidão do sistema, também o intelectual deve se manter atualizado e desenvolver pesquisas inovadoras sem se deixar "taylorizar" e comprar. Para superar o risco de revolução passiva inerente a toda reforma, Gramsci deixa claro que o intelectual popular orgânico é quem nunca perde a referência da realidade dos subjugados e transforma as práticas dos trabalhadores em terreno de disputa política para romper com o sistema dominante e criar uma hegemonia sócio-político-econômica popular e democrática.

Contrariamente ao que se divulga, em Gramsci, a organicidade e a fidelidade dos intelectuais não estão vinculadas às diretivas do partido, à sobrevivência de organizações sociais ou à administração do Estado. A grande vinculação dos intelectuais, que os torna ao mesmo tempo e de forma contínua educadores e alunos, é acima de tudo com as classes subalternas. Como "quadros" da produção, das organizações sociais, dos partidos e do Estado, tornam-se orgânicos ao projeto dos subjugados quando consideram eles como sujeito não como objeto. Seu compromisso não é com as eleições, a reeleição, o programa de partido, a manutenção do poder de políticos que se profissionalizaram, mas com a hegemonia das classes populares em vista de uma sociedade democrática e auto-regulada.

Marx e Gramsci não traçam o perfil do intelectual-político válido para todos os tempos e lugares. Mas, neles, há elementos de sobra para entendermos que hoje nossos maiores desafios não consistem só em derrubar um Estado autoritário e ter uma constituição escrita.

Superando a autocracia, o formalismo, a tecnocracia e os modelos de "vanguarda iluminada" de direita e de esquerda, no Brasil e no mundo, chegou a hora dos novos político-intelectuais se associarem à insurgência de audaciosos sujeitos populares que se organizam para enfrentar os enclaves mais resistentes e decisivos para uma verdadeira democracia: o poder econômico, científico e militar dos grupos dominantes.

# Bibliografia

ABENSOUR, M., *A democracia contra o Estado. Marx e o momento maquiaveliano*, Belo Horizonte, Ed. UFMG, 1998.
BASTOS-M. Ridenti-O Rolland (orgs.), E., *Intelectuais: sociedade e política*, São Paulo, Ed. Cortez, 2003.
BOBBIO, N., *Stato, governo, società*, Torino, Einaudi, 1985.
_____, *L'età dei diritti*, Torino, Einaudi, 1990.
BARATTA, G., *Lê rose e i quaderni*, Roma, Gamberetti, 2000.
HALLOWAY, J., *Cambiar el mundo sin tomar el poder*, Buenos Aires, Herramienta-Univ.de Puebla, 2002.
_____, "La revuelta de la dignidad", in: *Chiapas*. México, Instituto de Investigações Econômicas, 1997, n. 5.
HARDT-A. Negri, M., *Il lavoro di Dioniso. Per la critica dello Stato postmoderno*, Roma, Manifestolibri, 1995.
FINELLI, R., "O 'pós-moderno': verdade do moderno", in C.N. Coutinho-A de Paula Teixeira (orgs), *Ler Gramsci ler a realidade*, Rio de Janeiro, Civilização Brasileira, 2003.
IANNI, O., *Enigmas da modernidade-mundo*, Rio de Janeiro, Civilização Brasileira, 2003.
JAMESON, F., *Pós-modernismo. A lógica cultural do capitalismo tardio*, São Paulo, Ed. Ática, 1996.
LAHUERTA, M., "Intelectuais e resistência: vida acadêmica, marxismo e política no Brasil", *Caderno AEL,* n. 14-15. IFCH, Unicamp, 2001.

LOSURDO, D., "L'universalità difficile. Diritti dell'uomo, conflitto sociale e contenzioso geopolitico", in G. Cotturri (org), *Guerra individuo*, Angeli, Milano, 1999.

MARX, K., *Il Capitale,* Roma, Ed. Riuniti, 1978.

MARX-F. Engels, K., *A Ideologia alemã*, São Paulo, Martins Fontes, 1998.

NEGRI, A., *O poder constituinte. Ensaio sobre as alternativas da modernidade.* Rio de Janeiro, DP&A, 1998.

SARTRE, J. P., *Em defesa dos intelectuais,* São Paulo, Ed. Ática, 1994.

SEMERARO, G., "Tornar-se 'dirigente': o projeto de Gramsci no mundo globalizado", in C.N. Coutinho-A de Paula Teixeira (orgs.), *Ler Gramsci ler a realidade,* Rio de Janeiro, Civilização Brasileira, 2003.

VATTIMO, G., *O fim da modernidade. Niilismo e hermenêutica na cultura pós-moderna,* São Paulo, Martins Fontes, 1996.

WEBER, M., *Il lavoro intellettuale come professione,* Torino, Einaudi, 1980.

## Capítulo III

# Projetos políticos pedagógicos das escolas públicas: onde está o político?

JOÃO BAPTISTA BASTOS
ELZA DELY MACEDO

> *"Não é privilégio de nosso projeto pedagógico em marcha possuir caráter ideológico e político explícito. Todo projeto pedagógico é político e se acha molhado de ideologia. A questão a saber é a favor de quê e de quem, contra quê e contra quem se faz a política de que a educação jamais prescinde."*
>
> (Paulo Freire)

ESTE artigo procura contextualizar os projetos pedagógicos na história recente da educação brasileira, buscando seus determinantes políticos, sociais e culturais. Analisa as diferentes concepções de projeto pedagógico, destacando a introdução do qualificativo político. Busca então definir política e sob que perspectiva se definirá o que é político em educação. Encerra apontando para a possibilidade de que o processo de elaboração do projeto pedagógico das escolas constitua-se em espaço/tempo de formação política dos que dele participam.

## Introdução

A mobilização de professores/as, funcionários/as, alunos/as, pais e mães e comunidades em torno da construção do projeto pedagógico, em parte resultante da autonomia das escolas, em parte resultante de determinações legais, constitui um fato político nas lutas pela consolidação de uma educação pública de qualidade. Em algumas escolas públicas, essa luta em torno de projetos pedagógicos poderá alterar as relações verticais de poder no cotidiano escolar, promovendo participação na gestão, favorecendo o diálogo entre conhecimentos escolares, saberes e culturas populares, suscitando o interesse por questões até então não discutidas no âmbito da escola.

Embora essa mobilização tenha características e justificativas próprias, é preciso admitir que a escola pública sempre se orientou por um projeto pedagógico, declarado ou não, ora construído em função do compromisso de cada professor(a), ora mediante orientações e determinações das Secretarias de Educação, ora resultante de uma composição mimetizada de práticas observadas em outros professores e escolas, percebidas como válidas, úteis ou desejáveis. Esse projeto freqüentemente reproduzia, até certo ponto, como qualquer proposta de educação, a concepção de sociedade em que estava inserido, mesmo que supostamente se apresentasse neutro, como se fosse possível garantir uma dissociabilidade da política.

Hoje, apesar do desmonte da escola pública e das dificuldades que os trabalhadores da educação pública enfrentam, presencia-se em algumas escolas uma mobilização em torno do pensar e do fazer uma proposta pedagógica.

## Planejamento como política educacional

A conjuntura política e econômica atual pode favorecer a

construção de um projeto político de educação, em escolas cujas comunidades tenham uma reflexão coletiva acumulada. Mas essa mesma conjuntura pode favorecer certo conformismo com medidas pontuais assumidas explicitamente pelos atuais governantes como "novas" políticas de educação, mas que não passam de continuidade de "velhas" políticas de desmonte programado da educação pública, acelerado a partir dos governos da década de 1990.

Durante os anos 80, a vitória dos partidos progressistas em algumas eleições municipais e estaduais trouxe para o interior dessas administrações intelectuais oriundos das Universidades, dos próprios partidos políticos e dos movimentos sociais responsáveis por boa parte da produção crítica sobre educação. Foi um período em que se buscou dar forma e conteúdo a um desejado projeto nacional de educação, recorrente à década de 1920 com a criação da Associação Brasileira de Educação em 1924, conforme relata Romanelli (1978)[99], até os eventos de grande repercussão na comunidade educacional do país, como as Conferências Brasileiras de Educação, realizadas bienalmente, espaços privilegiados de debate, crítica e formulação, que propiciaram o delineamento desse projeto. A exemplo observe-se que a Carta de Goiânia, documento final da CBE de 1986, foi o suporte básico para o capítulo da Educação na Constituição Cidadã de 1988.

Algumas Secretarias de Educação de estados e municípios em que esses partidos ganharam as eleições, passaram a investir em educação destinando mais verbas, abrindo concursos públicos, construindo novas escolas, criando fóruns de discussão e construindo novos projetos de educação para a escola pública. Entre os prin-

---

99 Romanelli, Otaíza de Oliveira. História da Educação no Brasil. Petrópolis: Vozes, 20ª Ed. 1998, p. 128-130. Consultar também Teixeira, Anísio. Educação não é privilégio. S. Paulo: Companhia Editora Nacional, 3ª Ed. 1971, p. 63-80.

cipais projetos podem ser citados o Projeto Especial de Educação dos Centros Integrados de Educação Pública (CIEPs) no Rio de Janeiro, a Escola Cidadã em Porto Alegre, a Escola Plural em Belo Horizonte, a Escola Candanga no Distrito Federal, a Escola Cabana em Belém, as Escolas Participativas em várias cidades, destacando-se as de Ipatinga (MG) e de Angra dos Reis (RJ).

Interessante processo tem vivido o Movimento dos Trabalhadores Rurais sem Terra (MST), que a partir da mobilização nos estados e do debate com a sociedade vem articulando nacionalmente um projeto para a Educação do Campo em que pleiteia seja oferecido aos trabalhadores(as) o direito ao conjunto de processos formativos já constituído pela humanidade e, que o direito à escola pública do campo compreenda a escolarização desde a educação infantil até a Universidade.[100]

Caracterizada pela disputa entre dois projetos de sociedade e educação, a década de 1990 foi um tempo de embate entre, por um lado, os trabalhadores em educação, a defesa de seu direito de pensar e agir, sua liberdade de ensinar e pesquisar, sua autonomia e sua coragem de repensar e refazer uma escola pública, popular e cidadã para todos e, de outro lado, governantes ansiosos em responder afirmativamente aos imperativos da associação submissa do país ao processo de globalização neoliberal que, infiltrando-se insidiosamente desde a década de 70, adquiriu então um aprofundamento sem precedentes.

No setor educacional, o consenso quanto à necessidade de uma educação pública, gratuita e de qualidade, vai cedendo espaço a novos consensos em torno do discurso da necessidade de integração

---

100 Caldart, Roseli Salete. Educação em Movimento. Formação de educadoras e educadores no MST. Petrópolis: Vozes, 1997, p. 39-47; e consultar também da mesma autora, Pedagogia do Movimento Sem Terra. Petrópolis: Vozes, 1999, p. 185-199.

do país à economia globalizada, à aceitação das normas do mercado internacional, à uma política educacional a ser implementada internacionalmente pelo conjunto de países de economia dependente como o nosso, cuja principal demanda é a subordinação da escola aos interesses empresariais da pós-modernidade.

Esses novos consensos dos anos 90 sustentam-se na premissa de que é inútil opor-se às mudanças, já que elas expressariam legítimas e profundas transformações no sentimento da população, cujo senso comum teria se rendido finalmente à dura e incontestável facticidade da economia (Shiroma et allii. 2002)[101]. Em conseqüência a planificação da educação assume centralidade como instrumento de política educacional e o MEC, tomado aqui como principal gestor dessa política, introduz a racionalidade financeira no projeto educacional brasileiro. O Plano Decenal de Educação paraTodos (1993) desdobramento nacional da Conferência Mundial de Educação paraTodos, realizada naTailândia em 1990, representa a sinalização do país aos organismos multilaterais quanto à responsabilidade pela implantação do projeto educacional por eles prescrito.

Enquanto isso, o Fórum Nacional em Defesa da Escola Pública (FNDEP), e outros setores da sociedade, acompanhava diligentemente a consolidação do que viria a ser o arcabouço legal de seu projeto de educação – o PL 1258-C/88, que deveria tornar-se a nova Lei de Diretrizes e Bases da Educação Nacional (LDBEN).

Boa parte da década foi tomada pelo histórico embate entre correntes publicistas e privatistas, dessa vez com a balança pendendo para os últimos, uma vez que o governo, antes e após a aprovação da lei, impingiu seu projeto educacional por meio de decretos, resoluções e medidas provisórias.

---

101 Shiroma, Eneida et allii. Política Educacional. Rio de Janeiro: DP&A Editora, 2002, 2ª ed., p. 54.

Com a aprovação da Lei n. 9.394/96 a formulação de um Plano Nacional de Educação passa a ser exigência legal (art. 9, I e 87, 1). Os setores da sociedade que viram na sanção da LDBEN a derrota de seu projeto educacional, visam retomá-lo, aproveitando-se dessa possibilidade. Resultante das formulações do I e II Congressos Nacionais de Educação (CONEDs) apresenta-se um projeto político pedagógico alternativo – o Plano Nacional de Educação (PNE) – Proposta da Sociedade Brasileira que reitera a idéia de plano como instrumento de política educacional mas "uma política que, visando atender efetivamente às necessidades educacionais da população como um todo, buscará introduzir a racionalidade social, isto é, o uso adequado dos recursos de modo a realizar o valor social da educação" (Saviani, 1999).[102]

O PNE – Proposta da Sociedade Brasileira resultou de um amplo e longo debate, numa iniciativa inédita, com a participação de diferentes segmentos da sociedade civil organizada, entidades sindicais e estudantis, associações acadêmicas e científicas e demais setores comprometidos com uma proposta de educação para a maioria da população brasileira. Sua dinâmica incluiu seminários temáticos nacionais, regionais e locais. Tendo como pressupostos "Educação, Democracia e Qualidade Social" constitui-se num projeto político pedagógico que reflete a defesa clara de princípios éticos voltados para a busca de igualdade e justiça social. Suas concepções de homem, mundo, sociedade, democracia, educação, escola, autonomia, gestão, avaliação, currículo, são bastante distintas daquelas que os setores sociais, hoje hegemônicos, se utilizam para manter o *status quo*. As visões que subjazem a esse Plano indicam seu referencial maior: mudar o modelo social vigente, transformar

---

102 Saviani, Dermeval. Da Nova LDB ao Novo Plano Nacional de Educação: Por uma Outra Política Educacional. Campinas (SP): Associados, 1999, p. 123.

a sociedade, tornando-a de fato democrática. Como projeto que é, permanece como referência para os educadores brasileiros que a cada novo CONED (em maio de 2004, em Recife/Olinda – PE, ocorreu o V) o endossam e reiteram.

O PNE – Proposta da Sociedade Brasileira cumpre pois o papel de ser o documento síntese dos projetos pedagógicos progressistas a serem construídos pelas escolas e como tal assim se apresenta:

"A sociedade vem discutindo e se organizando para intervir nessa situação, promovendo um amplo debate das pesquisas e experiências educacionais, bem como construindo propostas concretas em oposição às que os sucessivos governos, cada vez mais privatistas, vêm implementando ou tentando implementar. Tais propostas são alternativas ao modelo vigente e se constituem em um projeto político pedagógico para a educação brasileira, pautado na ética e na participação democrática. [...]

Este Plano Nacional de Educação tem como ponto de partida um DIAGNÓSTICO de possibilidade e limitações, construído com base na realidade nacional e através de comparações com o que ocorre ou ocorreu em diferentes países. Como conseqüência desse diagnóstico, são apresentadas propostas para a ORGANIZAÇÃO DA EDUCAÇÃO NACIONAL, particularmente para a configuração do Sistema Nacional de Educação, para a Gestão Democrática da Educação Brasileira e para o Financiamento da Educação. São analisados aspectos significativos dos NÍVEIS E MODALIDADES DA EDUCAÇÃO, sendo apresentadas diretrizes e metas para a Educação Básica, aí incluídas a Educação Infantil, o Ensino Fundamental, a Educação de Jovens e Adultos, com vistas, sobretudo, à Erradicação do Analfabetismo, e o Ensino Médio e Educação profissional, e para a Educação Superior. Finalmente, são analisados os problemas relativos à FORMAÇÃO DE PROFISSIONAIS DA EDUCAÇÃO, tanto para o magistério como para as áreas técnica e administrativa, nos diversos níveis e modalidades de ensino, apresentando-se um conjunto de diretrizes e metas específicas". P. X

Chegando às escolas pela via legal, artigos 12, 13, 14 e 15 da Lei de Educação vigente, a necessidade de construção de um projeto pedagógico pelas escolas é percebida por alguns educadores como transferência de responsabilidade do poder público, o que parece uma questão impertinente, uma vez que conceber uma proposta política educacional para o país, o estado, o município ou a escola são fazeres distintos, cabendo a cada instância sua própria autonomia.

Suscita também controvérsia entre os educadores a encomenda legal de que as escolas construam seus projetos, em parte porque, em muitos casos, como já mencionado, as escolas já os faziam, em parte porque, vêem uma ambigüidade entre a valorização de sua autonomia e sua "imposição por decreto". Assim, mesmo com a LDB oficializando as tarefas das escolas em relação à construção do projeto pedagógico, às vezes no texto legal designado proposta pedagógica, é preciso que os vários sujeitos, a partir do diálogo e sem perder de vista o verdadeiro sentido do coletivo, façam surgir da *autonomia outorgada* uma outra, a *autonomia construída* (Souza e Corrêa, 2002)[103], o que não é tarefa simples, dadas as dificuldades de ordem burocrática, pedagógica e histórico-cultural.

A história da escola pública tem demonstrado que essa autonomia é relativa e depende da articulação política dos coletivos de cada escola. Essa autonomia pode ser contraditória, na medida em que se constrói a partir do abandono das escolas pelo poder

---

103 Souza, José Vieira de e Corrêa, Juliane. Projeto Pedagógico: a autonomia construída no cotidiano da escola. In Vieira, Sofia Lerche (Org.) Gestão da escola: desafios a enfrentar. Rio de Janeiro: DP&A, 2002, p. 72.

público no que toca ao financiamento, no entanto, as Secretarias de Educação estão sempre atentas às mobilizações de comunidades escolares em direção à autonomia administrativa. O surgimento de coletivos escolares em torno da reflexão sobre o projeto pedagógico propicia o surgimento de novos intelectuais, que, por sua vez, poderão interferir nas relações de poder dentro e fora da escola.

É desse chão, o cotidiano das escolas públicas, marcado, definido e de certo modo tutelado, que podem emergir novas relações solidárias que propiciem o trançar das redes de sujeitos e coletivos críticos, criativos e comprometidos com a reinvenção não só da escola pública, mas também da sociedade e da política. Imersos no cotidiano da escola os(as) educadores(as) não podem perder de vista a dimensão política mais ampla da administração da educação proposta pela União, pelos estados e pelos municípios, em sintonia fina com os organismos multilaterais de financiamento. Assim, reafirmando com Chaui (1987):

"Um poder democrático não se inventa a partir dos poderes instituídos, mas contra eles. Enfim, porque as lutas democráticas passadas e presentes evidenciam que o desejo de liberdade e de igualdade pode ser bloqueado, reprimido e impedido pelas instituições existentes, mas não pode ser destruído por elas, a menos que nisto consintamos, abdicando desses direitos e aceitando a servidão voluntária" (A invenção democrática, p. 7).[104]

## O que é projeto político pedagógico?

A concepção de projeto pedagógico é múltipla e complexa.

---

104 Chaui, Marilena. Apresentação da coleção. In: Lefort, Claude. A invenção democrática – Os limites da dominação totalitária. S. Paulo: Brasiliense, 1987, p. 7

A publicação sobre o tema, organizada por Ilma P. Veiga[105] apresenta as contribuições de diferentes autores para a conceituação de projeto político pedagógico. Foram selecionadas duas que enfatizam aspectos diferenciados. A da Coordenadora Geral de Projetos do MEC, professora Carmen M. C. Neves, que focaliza a dimensão instrumental do projeto:

"O que é um projeto político pedagógico? É um instrumento de trabalho que mostra o que vai ser feito, quando, de que maneira, por quem, para chegar a que resultados. Além disso, explica uma filosofia e harmoniza as diretrizes da educação nacional com a realidade da escola, traduzindo sua autonomia e definindo seu compromisso com a clientela. É a valorização da identidade da escola e um chamamento à responsabilidade dos agentes com a racionalidade interna e externa. Esta idéia implica a necessidade de uma relação contratual, isto é, o projeto deve ser aceito por todos os envolvidos, daí a importância de que seja elaborado participativa e democraticamente".[106]

Já a do professor Moacir Gadotti focaliza uma concepção histórica e crítica e explicita sua posição ideológica:

"Todo projeto supõe rupturas com o presente e promessas para o futuro. Projetar significa tentar quebrar um estado confortável para arriscar-se, atravessar um período de instabilidade e buscar uma nova estabilidade em função da promessa que cada projeto contém de estado melhor do que o presente. Um projeto educativo pode ser tomado como promessa frente a determinadas

---

105 Veiga, Ilma Passos A. (Org.) Projeto Político-Pedagógico da Escola, Uma construção possível. S. Paulo: Papirus, 12ª 1995.
106 Neves, Carmen Moreira de Castro. Autonomia da Escola Pública: um enfoque operacional. In Veiga, Ilma Passos A. Projeto Político-Pedagógico da Escola, Uma construção possível. Campinas (SP): Papirus, 1995, p. 95-129.

rupturas. As promessa tornam visíveis os campos de ação possível, comprometendo seus atores e autores".[107]

Consoante com essa conceituação reafirma-se, com Paulo Freire (1991)[108], que toda educação é um ato político, logo todo projeto pedagógico é inerentemente político, de tal forma que a explicitação dos dois adjetivos soa quase redundante, justificando-se porém como deslize semântico menor ou como recurso à tradição simplista de transformar o reiterado em verdadeiro, o que, neste caso, acaba sendo positivo. O projeto é político quando se compromete com a formação do cidadão para um tipo de sociedade que se almeja. É pedagógico quando explicita e qualifica as ações educativas necessárias para que a escola cumpra seus propósitos e intencionalidade (Veiga, 1995).

Mais importante que procurar uma definição ideológica de projeto pedagógico é conhecer como os educadores e a comunidade o concebem. Com a escola e seus profissionais convivendo no cenário de globalização neoliberal, estão também convivendo com o desmonte da escola pública, com o esgotamento das políticas sociais públicas e o surgimento do Estado Mínimo. No momento atual, se a avaliação da escola e seus profissionais está se tornando um ritual, é provável que ganhe destaque nos projetos pedagógicos. O mesmo pode ocorrer com os Parâmetros Curriculares Nacionais, que estão se tornando referência nacional, não obstante a percepção obliterada de seus limites e contradições. O que afirmamos é que as escolas precisam muita coragem nessa

---

107 Veiga, Ilma Passos Alencastro. Projeto Político-Pedagógico da Escola: uma construção coletiva. Idem. Projeto Político-Pedagógico: Uma Construção Possível. p. 12.
108 Freire, Paulo. A Educação na Cidade. S. Paulo: Cortez, 1991, p. 41-48.

"projeção para o futuro", imersas que estão nessas condições adversas do presente.

É ilusão pensar que a concepção de um projeto pedagógico seja consensual e harmoniosa. Os momentos de construção tornam-se ricos quando discrepâncias vêm à tona. Neste sentido, os/as educadores/as não têm uma concepção acabada sobre o mesmo. Lançam-se para diante, buscando o possível. Para ajudá-los a enfrentar tal desafio recorrem a referenciais teóricos que realimentem sua prática pedagógica. É preciso, contudo, que a mesma nasça do próprio "chão da escola", não podendo ser inventada por alguém de fora dela e de sua luta. Retomando Paulo Freire (1970) em sua obra "Pedagogia do Oprimido":

"Na verdade, só os oprimidos são capazes de conceber um futuro radicalmente distinto de seu presente, na medida em que atinjam a consciência de classe dominada. Os opressores, como classe dominante, não conseguem conceber o futuro, a menos que seja a preservação de seu presente como opressores. Deste modo, enquanto o futuro dos oprimidos consiste na transformação revolucionária da sociedade, sem a qual não se verificará sua libertação, o futuro do opressor consiste na simples modernização da sociedade, que lhe permite a continuação da supremacia de sua classe".

## O que é política?

No senso comum a noção de política se constrói na vivência das práticas sociais e na luta pelos direitos individuais. Para construir um conceito de política que instrumentalize na teoria e na prática as lutas pela transformação da sociedade e as práticas escolares de educadores comprometidos buscam-se aqui as contribuições de Gramsci e Freire.

Política, objeto de estudo e análise de Gramsci, perpassa todas as suas obras. Do Caderno 13 (1932-1934) "Breves Notas sobre a Política de Maquiavel" é a citação, de significativa importância para os/as educadores/as:

"A política é ação permanente e dá origem a organizações permanentes, na medida em que efetivamente se identifica com a economia. Mas esta também tem sua distinção, e por isso pode-se falar separadamente de economia e de política e pode-se falar de paixão política como um impulso imediato à ação, que nasce no terreno permanente e orgânico da vida econômica mas supera-o, fazendo entrar em jogo sentimentos e aspirações em cuja atmosfera incandescente o próprio cálculo da vida humana individual obedece a leis diversas daquelas do proveito individual (...)" [109]

No Brasil as elites econômicas sempre procuram manipular a política em todas as esferas com o objetivo de proteger e defender seus interesses. Empreendem uma luta para neutralizar a força de todos os movimentos populares. Nesta correlação de forças desiguais, os trabalhadores e as classes populares algumas vezes conseguem se potencializar o suficiente para criar suas organizações e direcionar suas lutas.

De acordo com Coutinho (1999) Antonio Gramsci concentrou na política todas as esferas do ser social: *"São freqüentes, nos Cadernos, referências ao fato de que 'tudo é política', seja a filosofia, a história, a cultura ou mesmo a práxis em geral"*. Conclui Coutinho (1999): *"... a política é um elemento inelimnável de toda práxis humana"*.[110]

Na teorização de Freire, é fundamental que a construção do

---

109 Gramsci, Antonio. Cadernos do Cárcere 13 (1932-1934). Breves Notas sobre a Política de Maquiavel. Rio de Janeiro: Civilização Brasileira, 2000, p. 14.
110 Coutinho, Carlos Nelson. Gramsci. Um estudo sobre o seu pensamento político. Rio de Janeiro: Civilização Brasileira, 1999, p. 13-14.

projeto político pedagógico sinalize sua direção político-ideológica. Esses projetos podem ser contra ou a favor das classes populares. Por isso, reafirmando o acima exposto, é preciso saber se os pais e se os alunos participam dessa construção, se eles conseguem opinar sobre o que é ensinado:

"(...) a questão fundamental é política, tem que ver com: que conteúdos ensinar, (...) como ensinar. Tem que ver com quem decide sobre conteúdos a ensinar, que participação têm os estudantes, os pais, os professores, os movimentos populares na discussão em torno da organização dos conteúdos programáticos".[111]

A intenção dessa reflexão é explicitar as implicações políticas do trabalho de construção dos projetos pedagógicos, enquanto ruptura com a postura da neutralidade. A comunidade escolar precisa caminhar no sentido de perguntar e responder: A quem interessa esse projeto político pedagógico? Os educadores não podem fugir da luta pela hegemonia. Ou estão comprometidos com a formação das classes trabalhadoras para se tornarem dirigentes, ou se acomodam como dirigidos atrasando a história.

Construir uma proposta pedagógica não é uma questão de escolher conteúdos curriculares, projetos culturais, sistemas de avaliação e livros didáticos, mas uma questão política que implica na participação de toda a comunidade escolar na opção por princípios, valores, processos, objetivos, concepções de sociedade, de homem e de educação.

Uma proposta pedagógica tende a reproduzir a sociedade e os paradigmas hegemônicos de um determinado momento histórico. No entanto, essa reprodução não é determinada. Existem espaços de produção e de novas determinações. Pode acontecer numa escola

---

[111] Freire, Paulo. A Educação na Cidade. S. Paulo: Cortez, 1991, p. 45.

que a construção do projeto pedagógico ocorra sem aparência de lutas. Provavelmente aquela proposta pedagógica apresentada como mais uma atividade escolar, esteja num estágio em que aquela comunidade não tenha ainda se despertado para sua potencialidade política. A proposta surge e se esgota como atividade administrativa. Pode também ocorrer, nessa mesma escola, que um alto nível de mobilização produza transformações fazendo com que aquela atividade meramente administrativa se transforme numa atividade política da maior importância para a história da escola.

Não há dúvida de que toda proposta pedagógica seja portadora de uma ou várias lutas internas. A escola, como totalidade, muitas vezes não consegue perceber e participar desta ou daquela luta. Esta é uma questão complexa perpassada por muitos fatores como o tempo, o estágio de conscientização e sobretudo a rede de relações que a escola estabelece com certos grupos da comunidade, do bairro, da cidade, das administrações centrais. Essas lutas não fazem o barulho de grandes lutas sociais, elas não chegam às ruas, elas permanecem no âmbito do cotidiano escolar, elas ganham expressão nas conversas, nas reuniões, na aproximação dos pais e mães a certos/as professores/as, no posicionamento comprometido da direção da escola. Tratam-se de lutas que assumem formas distintas e complementares.

A construção de um currículo do interesse das classes populares deverá necessariamente incluir saberes populares locais e regionais. *"O que proponho, afirmava Paulo Freire (1991), é um trabalho pedagógico que, a partir do conhecimento que o aluno traz, que é uma expressão da classe social à qual os educandos pertencem, haja uma superação do mesmo, não no sentido de anular esse conhecimento ou de sobrepor um conhecimento a outro."*[112] Podem ser espaço de contenda as relações desiguais de poder entre aqueles que dominam

---

112 Freire, Paulo. A Educação na Cidade. S. Paulo: Cortez, 1991, p. 83.

os conhecimentos tradicionalmente reconhecidos e aqueles que convivem e valorizam também os saberes e culturas populares. Essa luta é travada permanentemente, mas ganha dimensão especial nos momentos de organização do projeto pedagógico.

Outra luta freqüente acontece na escola entre uma administração tradicional centralizada na direção da escola e o movimento de gestão participativa. O projeto pedagógico pode ampliar a participação nas estruturas pedagógicas e administrativas. Há ainda muitos outros embates, como por exemplo os que ocorrem em torno do desenvolvimento de projetos e eventos culturais cuja seleção prende-se a critérios nem sempre discutidos com os alunos e as pessoas da comunidade. Muitas vezes esses projetos são impostos pelas Secretarias de Educação, por força de uma legitimação formal dos mesmos, não raro sustentada apenas em costume ou modismo.

Contradições em torno do ensino da linguagem culta e preconceitos contra a linguagem popular constituem outra fonte de embates. Freire (1991), advertindo que não é possível pensar a linguagem sem pensar o poder, a ideologia, reitera que os alunos das classes populares ao aprenderem *"por direito seu, o padrão culto, percebam que devem fazê-lo não porque sua linguagem é feia e inferior, mas porque, dominando o chamado padrão culto, se instrumentalizam para sua luta pela necessária reinvenção do mundo"*.[113]

É um processo de amadurecimento político esse em que as escolas públicas se dispõem a repensar os limites e as possibilidades de construção de seu próprio projeto como um coletivo de trabalho que explicita o caráter político ideológico de sua proposta pedagógica. É um desafio no sentido em que estabelece uma nova correlação de forças no interior das escolas. Novos intelec-

---

113 Freire, Paulo. A Educação na Cidade, p. 46.

tuais surgem no processo. Além do mais, a reflexão coletiva exige certa disponibilidade para além dos trabalhos escolares cotidianos. Essa disponibilidade implica um custo social e econômico. Essas dificuldades, porém, podem ser compensadas na medida em que a construção do projeto pedagógico provoca um novo tipo de relação profissional: os professores passam a se ouvir mutuamente, os funcionários descobrem novos canais de comunicação, os alunos e a comunidade sentem-se mais valorizados em função dos saberes e culturas populares presentes na escola.

Em síntese, além de propiciar um trabalho mais prazeroso, essas experiências e esses movimentos de construção constituem um sinal vivo das lutas de inúmeros educadores e educadoras, comprometidos/as com as transformações da escola e da sociedade.

## Construção do projeto pedagógico como espaço/tempo de formação política

Até que ponto o cotidiano escolar pode tornar-se um espaço/tempo de cidadania, vital e estratégico onde educadores/as e classes populares, driblando os artifícios ditos "democráticos" mas no fundo "burocráticos" de participação, consigam reinventar na dimensão micro e local, não só uma gestão mais democrática, mas novos conhecimentos, nova cultura, novo ensino, nova aprendizagem e a cidadania da resistência e da construção? Se a escola pública é um espaço possível de organização das classes populares, porque é nela que sistematizam sua própria experiência, conforme afirma Freire (1991), da mesma forma é possível criar um espaço de organização e formação política para os/as educadores/as a partir da construção do projeto pedagógico. Esse espaço não pode ser resultado da espontaneidade tampouco da imposição de um grupo iluminado das Secretarias ou Departamentos de Educação.

Em outras palavras, quem trabalha na produção do projeto pedagógico acaba aprendendo a se organizar profissionalmente e a trabalhar coletivamente na escola. Esse aprendizado acontece no e pelo trabalho. Nesse sentido, Gramsci, numa das cartas[114] que escreveu a seu professor Berti do Cárcere de Milão, em 4 de julho de 1927, se referiu à formação dos profissionais da educação, nos seguintes termos:

"Uma das atividades mais importantes, segundo penso, a ser programada pelo corpo docente, seria a de registrar, desenvolver e coordenar as observações pedagógicas e didáticas; deste trabalho ininterrupto só pode nascer o tipo de escola e o tipo de professor que o ambiente requer. Que grande livro se poderia fazer, e quão útil, sobre essas experiências" (p. 73).

Esse processo de criação envolve primeiramente a formação política para a vivência democrática em que participação implica na produção de reflexões, ações coletivas e individuais, onde o outro possa ser reconhecido como tal, conforme explica Maturana (2001)[115]:

"A tarefa de criar uma democracia começa no espaço da emoção com a sedução mútua para criar um mundo no qual continuamente surja de nossas ações a legitimidade do outro na convivência, sem discriminação nem abuso sistemático..."

"A conspiração democrática não requer um ser humano novo, requer apenas sinceridade na participação conspiratória democrática, e tal sinceridade não é difícil se cada um de nós sabe que é efetivamente parte dessa tal conspiração."

---

114 Gramsci, Antonio. Cartas do Cárcere. Rio de Janeiro: Civilização Brasileira, 1985, p. 73.
115 Maturana, Humberto. Emoções e Linguagem na Educação e na Política. Belo Horizonte: Ed. UFMG, 1998, p. 77 e 78.

Um depoimento da professora Denise Monteiro, vice-diretora da Escola Municipal Aracy Muniz Freire sintetiza e exprime bem esses sentimentos e o clima organizacional dessa escola na vivência desse:

"Aqui todos opinam, independente dos cargos que ocupam, resguardando as funções de cada um. Há espaço para ponderações, divergências, concordâncias e contradições. As posições políticas, religiosas, administrativas e pedagógicas diferenciam-se em alguns aspectos, mas convergem para um único objetivo, o de construir uma escola crítica, de qualidade, apontando para uma sociedade mais democrática e justa".[116]

Um cotidiano que se constrói democrático, não só na perspectiva da gestão, mas para além, na organização do trabalho educativo, na produção e socialização do conhecimento, no aguçamento da capacidade de leitura, interpretação e intervenção da e na realidade, é também um espaço de crescimento político de todos os que ali atuam. Essa intervenção cultural contínua e permanente é um processo uno e múltiplo, construído e desconstruído por redes plurais de sujeitos individuais e coletivos que permanentemente estão reinventando novas relações de poder e de saber. É um movimento de "criação ininterrupta de novos direitos, a subversão contínua do estabelecido, a reinstituição permanente do social e do político" (Chaui,1987)[117] para o que um elevado nível de consciência política é ao mesmo tempo condição e resultado.

A formação política a partir desse trabalho traduz-se na capacidade não só de se transformar em cidadão dono de sua

---

116 Monteiro, Denise. Uma escola democrática. Texto escolar produzido em 20 de outubro de 2001.
117 Chaui, Marilena. Apresentando o livro de Lefort. In: Lefort, Claude. A Invenção Democrática. S. Paulo: Brasiliense, 1987. P.11

própria história, mas também um/a educador/a pesquisador/a que é capaz de reinventar a escola que atenda os interesses e as reivindicações das classes populares. Daí que a saída da neutralidade política é consciência e ação de uma comunidade escolar que não apenas constrói um projeto pedagógico oposto ao projeto pedagógico neoliberal, mas que produz um outro projeto pedagógico de acordo com as correlações de força entre as elites, trabalhadores e classes populares. Os/as educadores/as podem exercer o papel de intelectuais orgânicos progressistas quando contribuem para que as classes populares conquistem uma consciência crítica e uma nova concepção de sociedade. Podem também exercer o papel de intelectuais conservadores quando permitem que a escola pública não cumpra sua função transformadora na sociedade capitalista.

Alguns argumentos podem justificar a construção do projeto pedagógico como espaço de formação política. O primeiro é que essa construção pode ajudar tanto a comunidade escolar quanto seus sujeitos a produzirem sua identidade política, na medida em que essa comunidade se torna um coletivo autônomo e cidadão. A identidade política da escola não é uma fotografia, mas um filme que vai se produzindo coletiva e individualmente. Cabe ao coletivo quanto aos sujeitos capturar o movimento de construção e buscar envolver toda a comunidade escolar nessa participação.

O segundo é que essa construção acontece em meio às lutas e aos embates que a comunidade escolar enfrenta para organizar sua proposta curricular a partir da questão do conhecimento tendo, de um lado, conteúdos curriculares, e de outro, saberes, artes e culturas das classes populares. A cada ano, a comunidade escolar é instada ao movimento circular: avaliação, construção, registro e desenvolvimento de uma proposta pedagógica. Na produção desse projeto é fundamental transformar as relações de oposição entre saberes e culturas populares e conteúdos curriculares.

Não se faz um diálogo real entre a comunidade e a escola sem sensibilidade e paixão. Se não houver esse comprometimento a participação será formal e burocrática. Por ilustrativo, reproduz-se o registro da professora Fátima Lima, diretora da Escola Municipal Aracy Muniz Freire da cidade do Rio de Janeiro, sobre o sentimento dos sujeitos desse coletivo (professoras, profissionais de apoio, alunos (as), pais e mães, na vivência do repensar a escola na perspectiva de sua transformação:

"É impossível ler os textos produzidos, que tendem a se transformar numa publicação, sem perceber o quanto a escola está dentro de cada um, é como se percorresse suas veias, fazendo parte de suas emoções, de suas construções pessoais. E ainda, o quanto está sendo criado por iniciativa desse coletivo, sem que haja a tutela, ou a organização, ou ainda o planejamento de suas ações pelos órgãos oficiais. O vínculo é com a aliança que foi instituída e da qual não se quer abrir mão".[118]

Um terceiro argumento é que a construção do projeto pedagógico pode levar a escola a procurar suas raízes em programas de partidos políticos, em seminários de formação promovidos por associações profissionais sindicais e/ou acadêmicas, em fóruns de discussão e reflexão de diferentes espaços sociais. A intervenção de partidos, de sindicatos, de congressos de educação, de associações de moradores, do Movimento dos Trabalhadores Rurais sem Terra e de outros integrantes das comunidades, como as Igrejas, constituem elementos ocultos numa proposta pedagógica. Buscar coletivamente essas inter-

---

118 Lima, Maria de Fátima. Sujeitos Coletivos e Gestão Democrática: do instituído ao instituinte. Comunicação realizada no Aniversário da Faculdade de Educação da UFF em 10 de julho de 2003.

venções é descobrir como um projeto pedagógico incorpora elementos aparentemente insignificantes, mas significativos para a compreensão de uma proposta pedagógica.

Finalmente, a construção coletiva do projeto pedagógico pode introduzir e aperfeiçoar o debate sobre a democracia no cotidiano da escola. Observar as relações de classes sociais no cotidiano escolar é uma chave para a compreensão dos conflitos que podem silenciar sujeitos e grupos, paralisar atividades ou podem reinventar a escola pública. A discussão sobre democracia e formação política pode contribuir para que a comunidade escolar se reencontre e descubra um novo contrato, capaz de fecundar o cotidiano.

# Bibliografia

APPLE, Michael W., *Educação e Poder*. Porto Alegre: Artes Médicas, 1989.
APPLE, Michael W. *Conhecimento Oficial. A educação Democrática numa Era Conservadora*. Petrópolis: Vozes, 1993.
BOBBIO, Norberto. Verbete Política. *Dicionário de Política*. Brasília: Ed. Universidade de Brasília, 1992.
BOSI, Alfredo. *Dialética da Colonização*. S. Paulo: Companhia das Letras, 1993.
COMÉNIO, João Amós. Didáctica Magna. *Tratado da Arte Universal de Ensinar Tudo a todos*. Lisboa: Fundação Calouste Gulbenkian, 1957.
COUTINHO, Carlos Nelson. Gramsci. *Um estudo sobre seu pensamento político*. Rio de Janeiro: Civilização Brasileira, 1989.
FREIRE, Paulo. *Pedagogia do Oprimido*. Rio de Janeiro: Paz e Terra, 1970.
_____, *Educação como Prática da Liberdade*. Rio de Janeiro: Paz e Terra, 1981.
_____, *A Educação na Cidade*. S. Paulo: Cortez, 1991.
_____, *Pedagogia da Esperança. Um reencontro com a Pedagogia do oprimido*. Rio de Janeiro: Paz e Terra, 1992.
GINZBURG, Carlo. *Mitos, Emblemas, Sinais Morfologia e História*. S. Paulo: Companhia das Letras, 1989.

GRAMSCI, Antônio. *Cartas do Cárcere*. Rio de Janeiro: Civilização Brasileira, 1987.

_____, *Cadernos do Cárcere*. Vol. 2. Rio de Janeiro: Civilização Brasileira, 2000.

_____, *Cadernos do Cárcere*. Vol. 3. Rio de Janeiro: Civilização Brasileira, 2000.

MATURANA, Humberto. *Emoções e Linguagem na Educação e na Política*. Belo Horizonte: Ed. UFMG, 2001, p. 77 e 78.

RIBEIRO, Maria Luisa Santos. *A formação política do professor de 1º e 2º graus*. S. Paulo: Cortez e Associados, 1984.

SANTOS, Theotonio dos. *Conceito de Classes Sociais*. Petrópolis: Vozes, 1983.

SAVIANI, Dermeval. *Da Nova LDB ao Plano Nacional de Educação: Por uma outra política educacional*. Campinas/SP: Editora Autores Associados, 1999, p. 123.

SEMERARO, Giovanni. *Gramsci e a Sociedade Civil. Cultura e Educação para a Democracia*. Petrópolis: Vozes, 1999.

SHIROMA, Eneida et alii. *Política Educacional*. RJ: DP&A Editora, 2002, p. 14.

TORRES, Carlos Alberto e Maria Del Pilar O'Cadiz e Pia Lindquist Wong. *Educação e Democracia. A práxis de Paulo Freire em São Paulo*. S. Paulo: Cortez e Instituto Paulo Freire, 2003.

VEIGA, Ilma Passos A. (Org.) *Projeto Político-Pedagógico da Escola. Uma construção possível*. S. Paulo: Papirus, 2001.

VIEIRA, Sofia Lerche. (Org.) *Gestão da Educação: desafios a enfrentar*. Rio de Janeiro: DP&A, 2002, p. 72.

## Capítulo IV

# História, memória e educação política: conexões e desafios

### MARTHA D'ANGELO

Este trabalho trata de questões de filosofia da história, e de suas implicações na educação. Seu principal objetivo é investigar como os indivíduos se transformam em sujeitos históricos e que importância pode ter a memória para a educação. A primeira e segunda parte do trabalho reproduzem, de modo bastante sucinto, as respostas de alguns dos mais importantes filósofos e historiadores do século XIX e XX a duas perguntas básicas: Quem faz a história? Como se articulam história e memória? Em torno dessas preocupações vão se delineando os elementos que sustentam a reflexão sobre as práticas educacionais.

> *"Quem faz a história?*
> *Quem construiu a Tebas de sete portas?*
> *Nos livros estão nomes de reis*
> *Arrastaram eles os blocos de pedra?"*
> (Bertold Brecht)

O primeiro pensador moderno que problematizou de forma radical a questão do sujeito na história foi Hegel. Mas Hegel não rompeu totalmente com as concepções burguesas de sua época.

Rejeitou a tese de que são os indivíduos que fazem a história, porém manteve-se fiel à idéia da história como progresso. A partir dela ele explicou o encadeamento temporal dos acontecimentos como o percurso dialético necessário (não contingente) na luta do homem pela liberdade. Apesar de estar ligada a uma lógica altamente sofisticada que vincula a estrutura da razão ao tempo, a filosofia da história de Hegel nunca se diferenciou claramente do conceito de progresso usado pela burguesia para interpretar a história da humanidade como pré-história de seu próprio domínio. No hegelianismo, a conexão entre passado, presente e futuro é justificada a partir da *Idéia* universal que orienta o *espírito* em sua busca de liberdade. A lei da história, representada pelo espírito do mundo (*Weltgeist*), atuando sob a forma de um poder anônimo irresistível, submete os indivíduos a seus desígnios. Os indivíduos são usados pelo espírito do mundo para que a razão imponha seu domínio na história e a *Idéia* possa triunfar. O sujeito pessoal da história é o espírito do mundo. Em sua luta para encarnar os interesses da razão e concretizar a liberdade, ele sacrifica e abandona os indivíduos. O homem, movido pela paixão, pelo interesse particular, entra em choque com o poder racional, que governa o mundo. Os indivíduos morrem e fracassam, mas a *Idéia* triunfa e é eterna. Por isso mesmo, *a História não é o palco da felicidade. Períodos de felicidade são páginas em branco na História* (Hegel apud Marcuse, 1978, p. 216). O espírito do mundo, tal como Hegel o descreve, aparece de forma poética nos versos memoráveis do compositor Cartola da Mangueira num samba onde ele diz: "Preste atenção, o mundo é um moinho, vai triturar seus sonhos tão mesquinhos, vai reduzir as ilusões a pó..."

A revisão da dialética idealista de Hegel feita por Marx reduz a saga humana em direção à liberdade à mera "pré-história"; uma história verdadeiramente humana só começará com o fim da sociedade de classes e a exploração do homem pelo homem. E quem são, para Marx, os verdadeiros sujeitos dessa pré-história? Preservando de Hegel a noção de racionalidade da história e a lógica dialética, Marx dirá que são as classes sociais em luta que até hoje fizeram a (pré) história humana. O papel dos indivíduos na história, e sua relação com as classes, nunca foi suficientemente avaliado por Marx. Ele próprio reconheceu isso ao admitir: "não vejo o homem, vejo apenas operários, burgueses, intelectuais".

Numa passagem bastante conhecida de *O Dezoito Brumário de Luiz Bonaparte*, Marx menciona, mas não aprofunda, o problema das relações necessidade/liberdade e sujeito/estrutura:

"Os homens fazem sua própria história, mas não a fazem como querem; não a fazem sob circunstâncias de sua escolha e sim sob aquelas com que se defrontam diretamente, legadas e transmitidas pelo passado. A tradição de todas as gerações mortas oprime como um pesadelo o cérebro dos vivos" (Marx, 1968, p. 15).

A partir do século XIX, grande parte das deduções tiradas do legado de Marx a respeito das relações sujeito/estrutura foram dicotomizando cada vez mais esses dois pólos. O século XX foi palco de disputas acirradas em torno desse binômio, mas a polêmica só veio a emergir como uma questão vital para o marxismo no início da década de 1950, na França, num contexto de grande turbulência política. Sartre, Merleau-Ponty e Simone de Beauvoir são figuras centrais no início desse debate, que teve como resultado a tentativa de resolver o problema das relações entre sujeito e estrutura através de uma síntese entre marxismo e existencialismo. O trabalho mais fecundo desse momento foi a *Crítica da Razão Dialética*, publicada por Sartre em 1960.

O ataque mais violento às posições de Sartre veio logo em seguida, em 1962, com a publicação de *O Pensamento Selvagem*, de Lévi Strauss. Como observou Perry Anderson (1984, p. 42), foi em nome das propriedades invariantes de todas as mentes e da dignidade igual de todas as culturas que as idéias próprias à razão dialética e à dinâmica da história construídas por Sartre foram identificadas por Lévi-Strauss com a mitologia do pensamento "civilizado" em oposição ao "selvagem", sem nenhuma superioridade intrínseca. O reforço a essa tentativa de ruptura entre sujeito e estrutura veio com a leitura de Marx feita por Althusser, que reduziu os sujeitos a efeitos ilusórios de estruturas ideológicas.

O debate entre marxistas e estruturalistas se desdobrou, assim, numa querela entre marxistas, o que veio a fortalecer a posição estruturalista no plano mais geral e enfraquecer a influência das correntes teóricas representadas por Sartre, Lefebvre e Lucien Goldmann, sobretudo. Nesse ínterim, o confronto mais direto entre marxistas e estruturalistas aparece nas entrevistas de Foucault e Sartre publicadas nas revistas *La Quinzaine Littéraire* (n. 5) e *L'Arc* (n. 30), em 1966. O alvo central de Foucault é, como ele próprio admite, o humanismo e o historicismo de Sartre. Tomando como referências teóricas básicas as teses de Lévi-Strauss, no que se refere à sociedade, e as teses de Lacan, no que diz respeito aos indivíduos, e ao modo de estruturação do inconsciente, Foucault admitiu na entrevista de *La Quinzaine Littéraire*:

"Em todas as épocas, a maneira como as pessoas refletem, escrevem, julgam, falam (até na rua as conversações e os escritos mais cotidianos), e mesmo a maneira como as pessoas experimentam as coisas, como sua sensibilidade reage, todo o seu comportamento é dirigido por uma estrutura teórica, um *sistema*, que muda com as épocas e as sociedades — mas que é presente a todas as épocas e a todas as sociedades. (...) Pensa-se no interior de um pensamento anônimo e constringente que é o de uma época e de uma linguagem. A tarefa da filosofia atual e de todas as disciplinas teóricas que eu nomeei é a de pôr a claro esse pensamento de antes do pensamento, esse pensamento, esse sistema de antes de todo sistema... Ele é o fundo donde nosso pensamento 'livre' emerge e sobre o qual cintila durante um instante".

A questão que perpassa a relação sujeito/estrutura em Foucault é o problema do grau de autonomia entre os dois termos, ou os pontos vitais dos sistemas que precisam ser atingidos para que ocorram mudanças na história. Há uma homologia inevitável nos sistemas? Como eles se sucedem? O desaparecimento do homem no interior dos sistemas não significa, precisamente, o fim da história? Essas e outras perguntas não chegaram a ser consideradas por Sartre, pois ele não considerava o pensamento de Foucault uma contribuição importante no debate sobre a história. Tratava-se, para ele, apenas de *uma ideologia nova, a última barragem que a burguesia podia ainda erguer contra Marx*. Segundo Sartre, nenhum historiador do século XX poderia entender a história humana sem por em primeiro plano os elementos materiais da vida dos homens, por maior que seja o grau de autonomia que se queira atribuir às estruturas. Para Sartre, a estrutura é o resultado de uma "práxis" que excede seus agentes. Mais precisamente, a relação sujeito/estrutura é definida na entrevista publicada na revista *L'Arc* nos seguintes termos:

"O homem é, para mim, o produto das estruturas, mas na medida em que as ultrapassa. Se se quiser há estases da história que são as estruturas. O homem recebe as estruturas — e nesse sentido pode dizer-se que elas o fazem. Mas ele recebe-as enquanto está comprometido na história e comprometido de tal maneira que não pode deixar de destruí-las, para construir novas que, por seu turno, o condicionarão. (...) O essencial não é o que se fez do homem, mas *o que ele faz do que fizeram dele*. O que fizeram do homem são as estruturas, os conjuntos significantes que as ciências humanas estudam. O que ele faz é a própria história, a superação real dessas estruturas numa *práxis* totalizadora".

Sartre também fez questão de contestar a tese de Althusser, de que o homem faz a história sem o saber e sem nenhum controle sobre o processo, considerando-a um escândalo lógico. Por outro lado, não se deve confundir o sujeito com um "eu" substancial ou uma categoria racional central, a partir da qual se desenvolveria o movimento da história. Para Sartre, esse sujeito, evidentemente, não existe.

O papel dos sujeitos individuais e coletivos na história pode ser pensado também a partir das preocupações de Lenin e Trotski em definir a função dos partidos operários na luta de classes. O que torna a contribuição de ambos ao debate distinta de a produzida nos meios acadêmicos é a experiência num processo revolucionário. A linguagem direta, o modo de articular teoria e prática revelam uma vitalidade intelectual bastante peculiar. Apesar disso, ou talvez por isso, a produção teórica desses autores tem sido pouco estudada na academia. Eles estão entre os malditos, são considerados "bárbaros", ao contrário de Marx e Gramsci, que foram parcialmente assimilados e podem ser lidos como "clássicos". Esse tabu intelectual se explica, em parte, porque a perspectiva de ambos é incompatível com o *ethos* acadêmico. Em Trotski questões relativas à relação indivíduo/história são tratadas com riqueza de detalhes em alguns trabalhos, como demonstra este pequeno trecho, reproduzido de um texto sobre a Guerra Civil Espanhola:

"A história é um processo de luta de classes. Mas as classes não nos deixam sentir todo o seu peso automática e simultaneamente. No processo da luta, as classes criam diferentes órgãos que exercem um papel importante e independente e estão sujeitos a deformações. Isso proporciona também a base para o papel das personalidades na história. (...) A direção política, nos momentos cruciais de viradas históricas, pode chegar a ser um fator decisivo, como o papel do comando supremo durante os momentos críticos de uma guerra. A história não é um processo automático. Se fosse, então para que os programas, para que os dirigentes, para que os partidos, para que as lutas teóricas?" (Trotski, 1978, p. 119).

Esse reconhecimento da importância dos indivíduos e dos dirigentes, na história, aparece, junto com outras preocupações, em Jean Chesneaux quando ele aborda a relação do historiador com a classe trabalhadora. Segundo Chesneaux (1995), se, por um lado, a crescente preocupação de muitos historiadores (nos últimos 20 anos) com a memória e a vida cotidiana das classes trabalhadoras, representa uma abertura e uma possibilidade de democratização das sociedades de classes, por outro, pode tornar-se apenas uma nova "especialidade", capaz tão-somente de renovar o repertório e consolidar a instituição universitária. É preciso, então, ir mais além, e não se contentar em trabalhar *sobre* as classes populares, e sim *com* as classes populares. A fórmula "são as massas que fazem a história" não diz muita coisa se não vier acompanhada da resposta à pergunta como? Antes de mais nada, responde Chesneaux, trabalhando. Por isso mesmo, o *efêmero* e o *descontínuo* caracterizam a intervenção delas na história, tanto a serviço das classes dirigentes quanto a serviço dos movimentos revolucionários de massa. *Em que momento, em que circunstâncias se faz a súbita adequação entre a atividade de um indivíduo e a corrente profunda da história? Em que momento e através de que mecanismos ela desaparece?*

Apesar de deixar muitos pontos em aberto a respeito dessas questões, Chesneaux aponta alternativas para a ultrapassagem da discreta contribuição das análises marxistas a esse respeito. Resumindo, trata-se, sobretudo, de construir uma nova história, feita pelas bases, em função de suas próprias necessidades. É preciso criar condições para que a História deixe de ser dominada por profissionais e especialistas e passe a ser escrita pelas massas. Inúmeros procedimentos teórico-metodológicos deverão ser introduzidos para que essa exigência seja atendida, um deles é a utilização da história oral.

## Como se articulam história e memória?

> *"Hoje, mais do que nunca, a história é uma disputa. Certamente, controlar o passado sempre ajudou a dominar o presente."* (Marc Ferro, 1989, p. 1)

Os estudos sobre a relação entre história e memória têm se desenvolvido a partir de enfoques os mais diversos. Entre os que vêm exercendo uma influência mais profunda e duradoura estão os de Walter Benjamin, Halbwachs e Paul Thompson. O trabalho desses intelectuais vem contribuindo também para uma revisão do significado da história e dos processos de aprendizagem que envolvem a prática política.

O trabalho de articulação história/memória, até mesmo quando centrado em experiências individuais, pode adquirir um caráter de resistência política e cultural. Na obra filosófica de Walter Benjamin, a compreensão sobre a gênese e o desenvolvimento de um processo progressivo de empobrecimento da memória e da experiência dos indivíduos na modernidade se desdobra numa crítica radical à cultura burguesa. A grande dificuldade de trocar experiências em nossos dias resulta do isolamento do indivíduo, pois, como ressaltou Benjamin, "onde há experiência no sentido estrito do termo, entram em conjunção a memória, certos conteúdos do passado individual com outros do passado coletivo" (Benjamin 1989, p. 107) Por isso mesmo, é precisamente da análise das determinações históricas da experiência que podemos extrair conclusões sobre suas dificuldades em nossa época. As divisões que fomentam diferentes culturas entre classes sociais e entre gerações, o ritmo cada vez mais rápido do desenvolvimento técnico e o caráter fragmentário do trabalho industrial se opõem ao ritmo artesanal da experiência e da memória humana. Paradoxalmente, a distância entre as pessoas parece aumentar na mesma proporção em que se inventam meios de comunicação capazes de aproximá-las.

O empobrecimento da experiência e da memória, segundo as análises benjaminianas, está diretamente relacionado ao conceito de tempo e de história introduzido pela burguesia. Contrapondo ao historicismo burguês uma historiografia alegórica que enfatiza uma concepção construtivista da história, Benjamin introduz a idéia de descontinuidade e a valorização das rupturas na história. Nas teses "Sobre o conceito de História", a tarefa do materialista histórico é definida como exigência teórica e de interpretação capaz de revelar o momento de perigo em que a classe dominante tenta encobrir a verdade e a verdadeira imagem do passado, suprimindo a possibilidade da ruptura revolucionária. A transposição temporal, essencial ao construtivismo de Benjamin, visa, principalmente, a ruptura com o *continuum* da história, que garante a ordem dos dominadores. O passado deixa de ser algo morto e opressor do presente quando o historiador conecta passado e presente, reabilitando os acontecimentos soterrados e silenciados pela história oficial. Para isso, é preciso construir uma nova memória dando voz aos vencidos. O que chamamos bens culturais, atribuídos aos vencedores, são vistos com distanciamento pelo materialista histórico porque todos eles têm uma origem sobre a qual não se pode refletir sem horror. "Devem sua existência não somente ao esforço dos grandes gênios que os criaram, como à corvéia anônima de seus contemporâneos. Nunca houve um monumento da cultura que não fosse também um monumento da barbárie. E, assim como a cultura não é isenta de barbárie, não o é, tampouco, o processo de transmissão da cultura. Por isso, na medida do possível, o materialista histórico se desvia dela. Considera sua tarefa escovar a história a contrapelo" (Benjamin, 1994, p. 225).

Distante do referencial teórico materialista e dialético que serviu de suporte ao pensamento de Benjamin, Maurice Halbwachs relaciona história e memória fundamentado na tradição sociológica francesa, mais especificamente na sociologia de Durkheim. Procurando identificar os diferentes pontos de referência que estruturam nossa memória e que a inserem na coletividade, Halbwachs destaca o papel das tradições e costumes, e das manifestações da cultura (desde suas produções mais sofisticadas até a culinária) na formação da memória individual. Reconhecendo a importância desses fatos sociais, Michael Pollak resumiu a contribuição de Durkheim a Halbwachs da seguinte maneira:

"Na abordagem durkheimiana, a ênfase é dada à força quase institucional dessa memória coletiva, à duração, à continuidade e à estabilidade. Assim também Halbwachs, longe de ver nessa memória coletiva uma imposição, uma forma específica de dominação ou violência simbólica, acentua as funções positivas desempenhadas pela memória comum, a saber, de reforçar a coesão social, não pela coerção, mas pela adesão afetiva ao grupo, donde o termo que utiliza de *comunidade afetiva*" (Pollak, 1989, p. 3)

Mas a memória coletiva não se confunde com a história. Segundo Halbwachs, a história começa onde a memória coletiva acaba e a memória coletiva acaba quando não tem mais um grupo para lhe dar suporte. Na história não existe a mesma intimidade entre os fatos narrados e os que entram em contato com eles. Aprofundando a compreensão de Halbwachs a respeito da relação história/memória, Pierre Nora explicita a distinção entre "história vivida" e "história-conhecimento". A primeira requer sentimento, empatia, convivência, enquanto a segunda requer distanciamento, reflexão, registro. Toda "história-conhecimento" pretende ser crítica e analítica. O vivido é seu objeto de estudo, porém, quando essa história dirige seu olhar não mais para o vivido e sim para suas próprias análises, abre-se espaço para a construção de uma nova história.

Atento às possibilidades críticas da história oral e ao caráter problemático da memória coletiva, Michael Pollak chama a atenção para os processos de constituição de ambas:

"Numa perspectiva construtivista, não se trata mais de lidar com os fatos sociais como coisas, mas de analisar como os fatos sociais se tornam coisas, como e por quem eles são solidificados e dotados de duração e estabilidade. Aplicada à memória coletiva, essa abordagem irá se interessar portanto pelos processos e atores que intervêm no trabalho de constituição e de formalização das memórias. Ao privilegiar a análise dos excluídos, dos marginalizados e das minorias, a história oral ressaltou a importância de memórias subterrâneas que, como parte integrante das culturas minoritárias e dominadas, se opõem à "memória oficial", no caso a memória nacional (Pollak, 1989, p. 4).

A empatia com os excluídos torna-se, assim, uma regra metodológica. Essa perspectiva, ao contrário de a perspectiva de Halbwachs, destaca o aspecto uniformizador e opressor da memória, ao mesmo tempo que reconhece o trabalho de subversão da memória e a disputa entre memórias concorrentes. Sempre que os silêncios e os esquecimentos da memória coletiva e da história oficial afloram através do trabalho de memórias individuais, a sociedade torna-se mais democrática.

As tentativas de articular indivíduo/história e memória individual/memória coletiva em Walter Benjamin, Michael Pollak e Jean Chesneaux têm em comum com o trabalho de Paul Thompson a perspectiva política e social. A partir de experiências práticas com a história oral, Thompson reflete sobre o papel do historiador na sociedade e o valor da experiência vivida como fonte de pesquisa. A maior contribuição de seu trabalho *A Voz do Passado — História Oral* talvez seja a alteração profunda por ele operada no próprio enfoque da história e, em conseqüência, a abertura de novos campos de investigação para os pesquisadores. Preocupado em elaborar uma memória mais democrática do passado, Thompson se utiliza da história oral para dar voz, freqüentemente, às pessoas comuns e aos que foram silenciados. Isso amplia a compreensão da história e das pessoas sobre suas próprias vidas, ao mesmo tempo que as situa no fluxo das transformações sociais. Há uma aproximação entre Chesneaux e Thompson sobretudo em relação ao significado da história. Ambos admitem que ela é importante demais para ser relegada aos historiadores profissionais, acadêmicos e especialistas. A democratização da cultura histórica está diretamente associada à luta política e a um combate ao conformismo nos termos descritos por Copans:

"Conhecemos o lenga-lenga: devemos transformar a sociedade sim! Devemos transformar as funções intelectuais sim! Mas devemos permanecer como estudantes e pesquisadores, sempre sim! Resta para os outros serrar a árvore e, para nós, ficar em nossa mesa de trabalho" (*apud* Chesneaux, 1995, p. 199).

## Que importância tem a memória na educação política?

> *"Quando eu penso no futuro*
> *Não esqueço meu passado."*
> (Paulinho da Viola)

O reconhecimento da vida individual como veículo concreto da história, e as conexões entre memória e história, presentes nos trabalhos de Thompson, são fundamentais na abordagem de dois problemas básicos: qual o poder do passado em relação ao presente e vice-versa, e que processos podem levar as pessoas comuns a compreenderem as mudanças porque passam suas próprias vidas e as vidas de milhões de pessoas? Por meio de exemplos práticos, e experiências de pesquisas bem-sucedidas em escolas, sindicatos e associações as mais diversas, Thompson procura responder a essas perguntas, sempre reforçando a identidade entre democratização da história e politização da sociedade. A importância da história oral é realçada porque a mudança introduzida por ela no modo de escrever a história repercute no próprio conteúdo da história. A indissociabilidade forma/conteúdo, neste caso, torna a re-construção da história e das memórias um processo muito mais amplo, no qual os não-profissionais devem desempenhar um papel crucial.

O entendimento da memória e do esquecimento, como formas de controle social auxiliares da história, tem como desdobramento a necessidade de se repensar as prioridades de estudo, os recortes e as representações a serem interpretadas. A necessidade de manter o controle sobre o passado foi apontada por Stuart Hall como estratégia discursiva de construção das identidades nacionais, e responsável pelo surgimento do que Hobsbawn e Ranger chamam de invenção da tradição:

"Tradições que parecem ou alegam ser antigas são muitas vezes de origem bastante recente e algumas vezes inventadas... *Tradição inventada* significa um conjunto de práticas..., de natureza ritual ou simbólica, que buscam inculcar certos valores e normas de comportamentos por meio da repetição, que, automaticamente, implica continuidade com um passado histórico adequado". Por exemplo, "nada parece ser mais antigo e vinculado ao passado imemorial do que a pompa que rodeia a monarquia britânica e suas manifestações cerimoniais públicas. No entanto..., em sua forma moderna, ela é o produto do final do século XIX e XX" (Hobsbawn e Ranger apud Hall, 2001, p. 54).

Dentro da escola, a politização da memória enfrenta como obstáculo a forma canônica das atividades regulares de ensino. Tudo o que vem a constituir "matéria" das disciplinas escolares perde as marcas de humanidade. Em parte, é dessa desumanização que resulta a autoridade do saber pretensamente científico que a escola veicula. Quando o professor organiza seu programa, e seleciona o que vai ser transmitido aos alunos, ele exerce um papel de agente da memória coletiva. O professor pode recuperar/incorporar as memórias dos grupos sociais marginalizados, ou simplesmente ignorá-las, reforçando, assim, as tradições inventadas ou as memórias dos grupos sociais dominantes. Além das marcas deixadas na seleção dos conhecimentos, o professor também marca a memória dos alunos por meio das atitudes e posturas assumidas em sala de aula. A ênfase em certas linguagens, por exemplo, pode favorecer a inserção de alguns grupos, e dificultar a de outros, na instituição escolar. Essas particularidades do trabalho do professor fazem com que ele conserve traços do antigo narrador das sociedades orais. A impossibilidade de atuar como narrador transformam o professor num mero locutor, mas isso não isso é muito visível quando o texto "lido" é muito sofisticado.

A desvalorização do trabalho do professor em nossa sociedade está, em parte, relacionada ao fato de ele não poder se dissociar completamente da figura "antiquada" do narrador. Grande parte das propostas de modernização no magistério hoje não leva em conta que o trabalho de reelaboração do conhecimento feito pelo professor o transforma em agente da memória social. A legitimação do trabalho intelectual, segundo o princípio de desempenho e eficiência (performatividade), constitui o cerne do que veio a ser definido por Lyotard como o *pós-moderno*. O lance mais alto visando *adaptar* (segundo o princípio do desempenho) a educação às necessidades da globalização e das

Capítulo IV — História, memória e educação política: conexões e desafios        119

transformações tecnológicas, foi dado pela OMC (Organização Mundial do Comércio), por meio da proposta de classificação da educação como mercadoria. Apesar de muitas organizações universitárias de grande expressão em todo o mundo terem emitido uma nota conjunta, em setembro de 2001, contra as pretensões da OMC, a iniciativa está sendo levada adiante. Houve uma primeira rodada de negociações em março de 2003, quando os países participantes apresentaram suas propostas para a abertura dos setores de serviços. A segunda rodada está prevista para janeiro de 2005. A possibilidade de os países que controlam a OMC levarem de roldão os demais nessas negociações é bastante grande. Vários aspectos são preocupantes nas propostas do GATS (acordo geral sobre o comércio e serviços), em especial a regulamentação das patentes e o controle do acesso aos conhecimentos patenteados, e a exigência de reconhecimento internacional dos diplomas por meio de uma central global de diplomação controlada pela OMC.

Desse modo o mercado procura impor sua lógica ao trabalho acadêmico, instrumentalizando-o, reforçando os modismos e os processos de colonização. Como observou Milton Santos (2000, p. 154): "Essa instrumentalização acaba por transformar jovens promissores em carreiristas, uma enorme ameaça de dentro que devemos conjurar. Essa busca permanente e frenética de publicar, comparecer, e aparecer é, a médio prazo, danosa (...) Cada dia nos pedem que sejamos produtivos e que entreguemos relatórios em prazos cada vez menores e boa parte dos colegas o aceitam tranqüilamente, deixando que o sistema burocrático acabe por ser reitor dentro da vida acadêmica".

A burocratização da vida intelectual, a perda da memória, a identificação com os interesses do mercado e seu mascaramento por meio de uma retórica modernizadora são grandes desafios colocados para os educadores hoje. Em contraposição a essas tendências, e apontando caminhos para superar a ideologia do progresso que a perpassa, ficamos com as palavras de Simone Weil (1996, p. 418) e suas indicações sobre o valor do passado para a educação do presente e do futuro:

"Seria em vão voltar as costas ao passado para só pensar no futuro. É uma ilusão perigosa acreditar que haja aí uma possibilidade. O futuro não nos traz nada, não nos dá nada; nós é que para construí-lo, devemos dar-lhe tudo, dar-lhe nossa própria vida. Mas para dar é preciso ter, e não temos outra vida, outra seiva, a não ser os tesouros herdados do passado e digeridos, assimilados, recriados por nós".

# Bibliografia

ANDERSON, Perry. *A crise da crise do marxismo*. São Paulo: Brasiliense, 1984.
ANPUH. *Revista Brasileira de História*, vol. 13, n. 25/26, setembro 92/agosto 93. São Paulo: Marco Zero.
ARENDT, Hannah. *Entre o Passado e o Futuro*. São Paulo: Perspectiva, 1992.
BENJAMIN, Walter. *Magia e técnica, arte e política*: ensaios sobre literatura e história da cultura / Walter Benjamin. São Paulo: Brasiliense, 1994 (Obras escolhidas vol. I).
BENJAMIN, Walter. *Charles Baudelaire, um lírico no auge do capitalismo*. São Paulo: Brasiliense, 1989 (Obras escolhidas vol. III).
BETTO, Frei. *Alfabetto. Autobiografia Escolar*. São Paulo: Ática, 2002.
BODEI, Remo. *A História tem um sentido?* Bauru (SP): EDUSC, 2001.
BOSI, Ecléa. *Memória e Sociedade*: Lembrança de Velhos. São Paulo: T.A. Queirós, 1979.
BRAGA, Elizabeth dos Santos. *A constituição social da memória: uma perspectiva histórico cultural*. Ijuí: Ed. UNIJUÍ, 2000 (Coleção educação).
BUENO, Belmira O.; CATANI, D.B.; SOUZA, C.P. e souza, M.C.C. "História, Memória e Autobiografia na Pesquisa Educacional e na Formação" In: CATANI et alii (orgs.) *Docência, Memória e Gênero*: estudos sobre formação. São Paulo: Escrituras, 1997.

CANETTI, Elias. *A Língua Absolvida. História de uma juventude.* São Paulo: Cia das Letras, 2000.

CHESNEAUX, Jean. *Devemos fazer tábula rasa do passado?* São Paulo: Ática, 1995.

COHN, Gabriel. "Razão e História" In:Vários autores. *Liberalismo e Socialismo: velhos e novos paradigmas.* São Paulo: Editora da Universidade Estadual Paulista, 1995.

D'ALESSIO, Maria Mansor. *Reflexões sobre o saber histórico. Pierre Vilar, Michel Vovelle, Madeleine Rebérioux.* São Paulo: Fundação Editora da UNESP, 1998.

ESPINHEIRA, Gey. "Branco na Memória" in: *Caderno do CEAS* n. 152, julho/agosto, 1994, Salvador.

FERNANDES, Florestan. "Revolução, um fantasma que não foi esconjurado", Revista *Crítica Marxista* V. São Paulo: Brasiliense, 1995.

FERNANDES, Maria Esther. "Para além da técnica: as fontes orais e a difícil arte da 'Dialética dos Saberes" in: *Estudos de História* (UNESP) Franca (SP) 1996.

FERRO, Marc. *A História Vigiada.* São Paulo: Martins Fontes, 1989.

FONSECA, Claudia. Quando cada caso NÃO é um caso. Pesquisa etnográfica e educação. *Revista Brasileira de Educação*, n. 10, 1999.

FOUCAULT, Michel. "História e Descontinuidade" in: SILVA, Maria Beatriz Nizza da (org.). *Teoria da História.* São Paulo: Cultrix, 1976.

FOUCAULT, Michel. Entrevista para a *Quinzaine Litteraire.* in COELHO, E.P. (org.) *Estruturalismo.* Antologia de Textos Teóricos. Lisboa: Portugália / Editora Martins Fontes, s/d.

GAGNEBIN, Jeanne Marie. *Os Cacos da História.* São Paulo: Brasiliense, 1982.

GRAMSCI, Antonio. *Concepção Dialética da História.* Rio de Janeiro: Civilização Brasileira, 1978.

HALBWACHS, Maurice. *A Memória Coletiva.* São Paulo: Edições Vértice, 1990.

HALL, Stuart. *A identidade Cultural na Pós-modernidade*. Rio de Janeiro: DP&A, 2001.

JOSSO, Marie — Christine. História de Vida e Projeto: a história de vida como projeto e as "histórias de vida" a serviço de projetos. *Educação e Pesquisa* (revista da Faculdade de Educação da USP), São Paulo, v. 25, n. 2 (jul./dez.) 1999.

KONDER, Leandro. *O Futuro da Filosofia da Práxis*. Rio de Janeiro: Paz e Terra, 1992.

KRAMER, S. e JOBIM, S. (orgs) *Histórias de Professores. Leitura, escrita e pesquisa em educação*. São Paulo: Ática, 1996.

LE GOFF, Jacques. "Memória" In: *Enciclopédia Einaudi*, v. I, Memória — História. Portugal/Porto: Imprensa Nacional/ Casa da Moeda, 1997.

LE GOFF, Jacques. *História e Memória*. Campinas: Editora da Unicamp, 1994.

LYOTARD, Jean-François. *A Condição Pós-moderna*. Lisboa: Gradiva, 1989.

MARCUSE, Herbert. *Razão e Revolução*. Rio de Janeiro: Paz e Terra 1978.

MARX, Karl. *O Dezoito Brumário*. Rio de Janeiro: Escriba, 1968.

MARX, Karl. *O Manifesto do Partido Comunista*. Petrópolis: Vozes, 1988.

NORA, Pierre. "O retorno do fato" In: LE GOFF, Jacques e NORA, Pierre (orgs.). *História: novos problemas*. São Paulo: Francisco Alves, 1979.

NOVOA, Antonio. (org.) *Vidas de Professores*. Porto (Portugal): Porto Editora, 1992.

ORLANDI, Eni P. *Língua e Conhecimento Lingüístico. Para uma História das Idéias no Brasil*. São Paulo: Cortez, 2002.

ORLANDI, Eni P. *Os Silêncios da Memória*. Campinas: Pontes, 1999.

POLLAK, Michael. Memória, Esquecimento, Silêncio. *Estudos Históricos*, Rio de Janeiro, v. 2, n. 3, 1989.

POMER, Leon. "Ha uma razão na história? in: Vários autores. *Liberalismo e Socialismo: velhos e novos paradigmas*. São Paulo: Editora da Universidade Estadual Paulista, 1995.

SANTOS, Milton. "A era da inteligência baseada na máquina" in: *Multiculturalismo. Mil e uma faces da Escola*. Rio de Janeiro: DP&A, 2000.

SANTOS, Myrian. "O pesadelo da amnésia coletiva: um estudo sobre os conceitos de memória, tradição e trações do passado". Revista Brasileira de Ciências? Estudos Sociais n. 23, outubro de 1993.

SARTRE, Jean-Paul. Entrevista para *L'Arc*. in COELHO, E.P. (org) *Estruturalismo*. Antologia de Textos Teóricos. Lisboa: Portugália / Editora Martins Fontes, s/d.

SILVA, Júlio Costa da. "Raça e gênero na tragetória educacional de graduandas negras da Unicamp" in: *Negro e Educacão: Presença do negro no sistema educacional brasileiro*. Ação Educativa/ANPED. São Paulo 2001.

SOUZA, Maria Cecília C.C. *A Escola e a Memória*. Bragança Paulista: IFANCDAPH. Editora da Universidade de São Francisco / EDUSF 2000.

THOMPSON, Paul. *A Voz do Passado — História Oral*. São Paulo: Paz e Terra, 1998.

TROTSKI, Leon. "Classe — Partido — Direção" in: *A Questão do Partido*. Marx, Engels, Lenin, Trotski. (Coletânea de textos) São Paulo: Kairós, 1978.

VEYNE, Paul. "Tudo é histórico, portanto a história não existe" (cap. II de *Comment on écrit l'histoire*) in Silva, Maria Beatriz Nizza da (ORG.). *Teoria da História*. São Paulo: Cultrix, 1976.

WEIL, Simone. *A Condição Operária e outros estudos sobre a opressão*. Rio de Janeiro: Paz e Terra, 1996.

## Capítulo V

# Política e Movimento Estudantil: a formação de subjetividades coletivas

SUELI CAMARGO

> "A prática da felicidade torna-se subversiva quando ela é coletiva."
>
> Félix Guattari (1987)

FALAR de *movimento estudantil* parece ser coisa do passado, como se os sentidos dessas palavras estivessem ligados a uma geração de jovens que viveram os anos sessenta e setenta do século vinte. Culpávamos, até pouco tempo, nossos alunos por não serem parecidos com os estudantes daquela época, que haviam conseguido marcar sua existência ao questionarem o poder, provocando abalo nos alicerces da sociedade.

Após um longo período de silêncio, passamos a assistir na década de noventa, aqui no Brasil, o surgimento de várias mobilizações estudantis. Os estudantes ganharam visibilidade nos movimentos de protesto contra os aumentos abusivos das mensalidades escolares, na luta pelo direito ao passe livre nos ônibus, junto aos professores na reivindicação por melhores escolas.

A última década do século vinte traz de volta inúmeros acontecimentos de grande mobilização social. O processo de redemocratização do país gera um sentimento de participação mais efetiva da população brasileira na luta pelos seus direitos. Um período marcado pelas mobilizações contrárias às privatizações das empresas estatais, a favor do *impeachment* do presidente da república, pelo surgimento de movimentos sociais organizados como o dos Sem Terra, dentre outros. Muitos desses acontecimentos contaram com a participação dos estudantes, que nessa época voltaram a se organizar buscando maior inserção na vida política do país.

Pensar nos acontecimentos de massa, mobilizadores de um grande contingente de pessoas, e pensar nas entidades estudantis, agregadoras dos interesses dos mais jovens, é querer pensar nos elementos que atuam na formação de subjetividades coletivas de caráter emancipatório. Que elementos estariam interferindo na formação política dos estudantes a ponto de levá-los a se envolver em ações sociais mais amplas? Muitos dos alunos que participaram dos movimentos nacionais de protesto, nos anos noventa, estavam envolvidos nas entidades estudantis, como os Diretórios ou Centros Acadêmicos e a União Nacional dos Estudantes, no nível superior, e os Grêmios Estudantis e a União Brasileira dos Estudantes Secundaristas, direcionadas aos alunos dos ensinos fundamental e médio.

Os movimentos estudantis são visibilidades que emergem da participação dos alunos nas entidades escolares caracterizadas como estruturas políticas de grupo. É na participação coletiva que vão sendo trabalhadas as instâncias internas do homem, de racionalidade e de sensibilidade, na formação do sujeito político, tanto pelos questionamentos que faz quanto por aquilo em que a realidade o afeta.

Não basta apenas a conscientização dos problemas sociais para que os indivíduos se engajem nas lutas por uma sociedade cada vez mais democrática, mas também é preciso que esse sentimento possa ser compartilhado na interação constante entre os homens, fazendo com que as perspectivas de mundo sejam objeto de diálogo e reavaliadas a cada momento do *fazer-pensar-fazer*. A participação coletiva permite, assim, maior envolvimento e organização dos estudantes na elaboração de estratégias de confronto que se estendem para além dos muros escolares. Esse estudo, portanto, busca refletir sobre os mecanismos que são postos em funcionamento na formação de subjetividades coletivas de caráter emancipatório.

## 1. Força e resistência no movimento estudantil

O movimento estudantil traz em si o espírito inconformado e contestador que aliado ao desejo de participar da sociedade constitui os traços marcantes dos jovens. Não há como negar ações da juventude que resultaram em interferências, principalmente nos períodos de crise, nos padrões de costumes e de valores da sociedade. Nos estudos dos movimentos em que os jovens haviam se insurgido, Levi e Schmitt (1996) e Luzzatto (1996) revelam que em diversos momentos da história eles se colocaram como protagonistas das mudanças ocorridas no meio social. No Brasil, desde o período colonial, os estudantes estiveram envolvidos em diversas manifestações de cunho político. Ainda sob o jugo de Portugal, os estudantes atuaram nos movimentos de luta pela independência da Colônia e pela Abolição da Escravatura, mais tarde estiveram a favor da Proclamação da República, demonstrando desde muito cedo o engajamento nas causas de interesse nacional.

Certamente que ao eclodir, o movimento estudantil vem carregado da energia que dá forma a um modo de ser e estar da juventude, porém ele não pode ser pensado como o somatório dos indivíduos que dele fazem parte. O movimento estudantil vai se configurando pelo desejo de muitos na reivindicação e luta de seus direitos. Por outro lado, os movimentos estudantis não podem ser confundidos com as entidades estudantis. Ao longo dos embates travados quase sempre os movimentos sociais acabam criando organizações mais bem estruturadas com o objetivo de continuar lutando pelos seus ideais, assumindo outras formas organizativas como associações, partidos e entidades. A constante participação dos estudantes em muitos momentos de nossa história levou-os a querer fundar entidades que pudessem representá-los.

Podemos dizer que as entidades estudantis são a cristalização das reivindicações e têm por finalidade atender os interesses de um grupo particular da sociedade que é o alunado. Já os movimentos estudantis possuem caráter mais amplo, pois conseguem ultrapassar o território escolar, ganhando a dimensão do social. Não são manifestações coletivas espontâneas, mas resultam, em parte, do trabalho de mobilização feito pelas entidades representativas. Isso não quer dizer que eles se constituam somente a partir da vontade de alguns indivíduos, que tendo consciência dos problemas existentes se lançam no caminho da luta. Há, neste caso, um processo que atinge os níveis da razão e os da sensibilidade dos sujeitos envolvidos. Esse processo tanto pode ser iniciado com a participação dos alunos nas atividades estudantis, promovendo o agenciamento de outros, quanto pela eclosão dos movimentos coletivos, que acaba gerando uma espécie de contaminação determinante para o engajamento de mais alunos nas questões sociais.

Mesmo os estudantes brasileiros estando envolvidos, desde o começo, em vários atos políticos de forma pouco organizada, foram se constituindo como força coletiva questionadora da ordem social, em busca de mudanças. A constante participação dos universitários foi sedimentando, por exemplo, o desejo dessa fração do estudantado em formar uma entidade que os aglutinasse, dando identidade as suas ações políticas. Para Fávero (1995), esse movimento passa a ganhar organicidade com a criação da

União Nacional dos Estudantes UNE, em 1937[119], ano de realização do I Conselho Nacional de Estudantes. Na percepção da realidade brasileira, no ano seguinte, os estudantes apresentaram no II Conselho ou Congresso, por meio de suas teses e do Plano de Reforma Educacional, *acentuada preocupação relativa aos problemas nacionais, como: a questão do analfabetismo, do ensino rural e da implantação da siderúrgica nacional* (1995, p. 18). Fica evidente que além de ter como finalidade a representação dos interesses dessa categoria, a entidade estudantil incorporou como suas as reivindicações dos trabalhadores. Desde sua fundação, a posição da União Nacional dos Estudantes tem sido a de fazer com que a defesa dos interesses maiores da sociedade brasileira esteja ligada à defesa dos interesses dos alunos.

Com a criação da UNE o movimento estudantil se fortalece como força política, permitindo maior interferência desse segmento nas questões educacionais e políticas do país. Foi assim que na Segunda Guerra Mundial, a entidade se posicionou contra o nazi-fascismo, numa demonstração de conscientização política e de seu papel no projeto de reforma social. Nesse período, sob o regime ditatorial de Getúlio Vargas, o país vivia uma conturbada disputa ideológica e em prol de sua democratização os estudantes organizaram várias passeatas contra o Estado Novo. Essas ações alcançaram a repercussão desejada porque o movimento estudantil aliou-se às forças progressistas da sociedade, tornando possível o acontecimento.

Podemos identificar, em um plano da sociedade, que como estrutura de poder, o Estado Novo era uma força resistente às

---

119 Para alguns, agosto de 1937 é a data da fundação da UNE, quando foi instalado, pelo Ministro Gustavo Capanema, o I Conselho Nacional de Estudantes. Outros entendem que a entidade só foi oficializada em 1938, quando da realização do II Conselho ou Congresso Nacional dos Estudantes.

possibilidades de mudança. A composição de sustentação do Estado Novo era dada por setores da área militar, das classes sociais beneficiadas com o novo modelo de capitalismo e dos recém-criados partidos políticos, como no caso do Partido Trabalhista, favorável ao presidente Getúlio Vargas. O movimento organizado dos estudantes formava uma nova força, que aceitou fazer alianças com os setores progressistas da sociedade, também interessados em remover o entrave autoritário do poder. É preciso entender que nenhum segmento isolado pode-se constituir numa força maior capaz de provocar rupturas na estrutura de poder. Assim, naquele momento, os estudantes se uniram a outras forças existentes na sociedade, aumentando o poder de pressão.

A vontade de fazer parte da história estava presente nas diretrizes que orientavam as ações da UNE, assim desde cedo os estudantes perceberam que isolados eram frágeis. Cresce a participação da entidade e nos anos cinqüenta os estudantes assumiram a bandeira em defesa do patrimônio e das riquezas nacionais, participando da Campanha "O Petróleo é Nosso". Nessa mesma época, procuraram interferir na própria formação acadêmica, propondo a Reforma Universitária. A UNE, pela sua organização e caráter mobilizador, tornou-se uma entidade marcante no cenário político e educacional do país. Mas é na década de sessenta que os estudantes se tornam protagonistas de inúmeras manifestações de protesto, acirrando a luta contra as forças reacionárias que dominavam o cenário político mundial. As mobilizações estudantis fizeram transparecer a imagem de um jovem radical e profundamente descontente com os fatos políticos e sociais.

Sabemos que o ano de 1968 foi marcado pelos movimentos de protesto da juventude, que eclodiram em várias cidades do mundo. Mas a situação brasileira também era favorável, pois havia uma realidade político-social que empurrava e aglutinava os jovens para a contestação. Aqui, o movimento estudantil se efetivou em manifestações de protesto muito antes do acontecimento chamado de "Maio de 68", colocando-se como vanguarda na luta pela liberdade. Hobsbawm (1996) enfatiza que nos países de ditadura, os estudantes se constituíam *nos únicos grupos de cidadãos capazes de uma ação política coletiva* (p. 292).

No Brasil, após o golpe militar de 1964, o movimento estudantil sofreu violenta repressão, conforme relata Poerner (1979). O momento político vivido pelo povo brasileiro permitiu que as forças repressivas atuassem diretamente sobre os diretórios acadêmicos e os grêmios estudantis, buscando anular pela força o desejo de participação dos jovens. O então governo militar sancionou a Lei Suplicy (n. 4464/64), decretando a extinção das entidades estudantis e proibindo qualquer tipo de manifestação ou propaganda de caráter político-partidária por parte dos estudantes. Mesmo com a crescente repressão, a UNE continuou a luta contra a Lei Suplicy, os Acordos MEC-USAID e o regime ditatorial. Em 1968, a morte de um estudante secundarista repercutiu na vida política do país, mobilizando os estudantes e criando novos fluxos de energia que atravessaram toda a sociedade.

O movimento estudantil tem se caracterizado como uma força que se coloca contrária às outras forças existentes na sociedade, de caráter conservador. Como o movimento representa um dos segmentos da sociedade, ele é apenas uma das forças que compõem a realidade social. Em luta estão forças que desejam manter o *status quo* e forças que desejam romper com o continuísmo. Uma força sempre deseja dominar as que lhe são antagônicas para, então, afirmar sua diferença. Como poder, a força age na apropriação de elementos de outras forças ou no estabelecimento de alianças. Nesse sentido, compreendemos a realidade social como algo constituído de inúmeras forças que tanto podem estar em conflito como podem estabelecer alianças, num devir da potência. O movimento estudantil é uma dessas forças em luta com outras forças estabelecidas hegemonicamente, buscando a afirmação do que o faz diferente frente ao outro. Para Deleuze (1976), a realidade social é formada por forças que estão em constante relação, por isso *toda força é apropriação, dominação, exploração de uma quantidade da realidade* (p. 3). Mas se as forças que dão sentido ao mundo estão em um permanente jogo de alianças e conflitos, não é possível determinar que conseqüências resultarão. Quem hoje domina, amanhã pode ser dominado, quem exerce hegemonia pode ceder espaço aos que lhe fazem oposição. Entretanto, a história revela que a luta do homem é a luta pela sua liberdade.

A visão mecanicista e dicotômica que tem prevalecido na explicação da realidade não consegue explicar as *revoluções moleculares* (Guattari, 1987) que tomaram conta do cenário social desde a década de sessenta. Na medida em que as minorias sociais experimentam níveis de opressão geradores de *revolta das subjetividades* (Sousa Santos, 1995), as revoluções moleculares acontecem nas conexões e alianças que vão se dando no nível micropolítico, engendrando a possibilidade do devir. Assim sendo, a discussão sobre a natureza das formas de organização necessárias aos recentes campos políticos e micropolíticos passa por uma nova abordagem da questão das entidades estudantis e dos jovens. Como Guattari coloca, *pode ser que tenhamos trocado as velhas classes operárias, bem educadas e urbanizadas, por um jovem classe média (ou proletário), precário, instável, estudante, marginal* (p. 70). Mas é preciso estar atento a todas as conseqüências que se abrem a partir das formas singulares de ser e estar no mundo atual.

Tomando por base o que Hobsbawm havia dito a respeito do papel político cumprido pelos jovens nos países de ditadura, podemos dizer que os estudantes brasileiros pareciam ser *os únicos grupos* que conseguiam se impor como força opositora ao regime ditatorial aqui instalado. O cenário se modifica com o episódio que envolve a morte de um estudante secundarista, em um restaurante universitário no Rio de Janeiro (Calabouço), que causou grande impacto, despertando na população a consciência de estar vivendo sob um poder opressor e provocando a formação de novos fluxos de energia a partir de conexões entre as forças contrárias ao regime militar. Esse fato levou os estudantes do Rio de Janeiro a entrarem em greve, ocupando-se da distribuição de panfletos em repúdio ao episódio, à repressão policial, e se declararem em luto. Na cidade de São Paulo, os estudantes organizaram a maior passeata do movimento estudantil, usando braçadeiras pretas em sinal de luto. Importante destacar a Marcha do Protesto realizada no Rio de Janeiro, com duração de seis horas, conhecida como a Passeata dos Cem Mil. As manifestações contagiaram membros notáveis da sociedade e entidades trabalhistas, que ampliaram o coro daqueles que almejavam o restabelecimento da democracia. Em apoio aos estudantes, juntaram-se populares, intelectuais, artistas e parlamentares, que lançaram um manifesto condenando a morte do aluno e em solidariedade aos estudantes, que acreditavam ser a vanguarda da resistência à ditadura.

O momento revelou o potencial do movimento estudantil como força capaz de mobilizar outras forças existentes na sociedade, causando medo ao poder ditatorial. Na reação do poder passaram a ser um dos alvos, pois outros segmentos que partilhavam o mesmo sentimento encontraram sentido nas ações estudantis. As forças mobilizadas entram em luta desejando impor uma outra lógica de governança, a lógica da democracia resguardada na livre participação de toda a sociedade. Para que possamos compreender as dimensões do poder precisamos investigar as formas de resistência que emergem, pois essas são lutas contra a submissão das subjetividades. Como afirma Foucault (1995), poder é relação. O *poder é um modo de ação que não age direta e imediatamente sobre os outros, mas que age sobre sua própria ação* (p. 243). Os movimentos de resistência não são algo externo, que se coloca *contra o poder*, mas uma ação na relação de poder entre grupos. Uma força que se opõe a uma outra força, caracterizada pelo uso dos mecanismos de dominação e exploração.

Como foco de resistência, aglutinador de alguns setores da população, o movimento estudantil se tornou uma ameaça presente, necessitando ser contido ou mesmo destruído pelo sistema opressor. Dessa maneira, a estrutura de poder mantida pelos militares agiu, primeiramente, na repressão extremada do movimento estudantil, prendendo e assassinando seus principais líderes. A violência é uma medida tomada quando o poder não tem controle da situação social. Depois de destruídos os focos de resistência, foram traçados estratégias de anulação dos modos que fortaleciam as práticas coletivas, implantando mudanças curriculares tanto no ensino superior, com a criação do sistema de créditos, quanto no ensino fundamental e médio, com a criação da disciplina de Educação Moral e Cívica.

Por quase vinte anos as entidades estudantis foram proibidas de funcionar. Na década de 80, com a redemocratização do país, elas voltam a ocupar um importante lugar na vida dos alunos. O funcionamento das entidades estudantis reacende a paixão do ser político e social inerente ao homem, portanto, aos jovens que voltam a se interessar pelas questões políticas do país. É nesse sentido, que nos anos noventa voltam à cena as manifestações estudantis propagadas no espaço vazio da crise política-econômica e moral que assolava o país. Mas o que leva os jovens estudantes a se organizarem em movimentos reivindicatórios e de protesto?

Na década de noventa as condições objetivas estavam dadas. Com a crise do país, falta de ética na política e um governo acusado de corrupto, as manifestações estudantis ganham uma nova vitalidade. Inicialmente, com os estudantes oriundos da classe média urbana, que solidários ao momento de recessão e desemprego enfrentado pelos pais, organizam inúmeras manifestações contra o aumento das mensalidades escolares. No ano de 1992, os estudantes saem em passeata a favor do *impeachment* do Presidente Fernando Collor de Mello, originando o movimento chamado de "Caras-Pintadas". De forma original, os estudantes apresentaram uma expressão cênica que podia ser comparada às pinturas feitas pelos índios no corpo, quando se preparavam para a guerra. Os jovens usaram o mesmo apelo visual numa demonstração de que estavam preparados para a luta contra a corrupção e a impunidade.

Os movimentos estudantis na década de noventa não surgiram de repente, embalados pela minissérie da Rede Globo, sem que houvesse certo amadurecimento e entrosamento entre os alunos. O espírito contestador é uma característica dos jovens, que estava ali presente em cada um, contido em energia. Esses movimentos se tornaram realidade com a reabertura das entidades estudantis (Grêmio Estudantil e Centro Acadêmico) sancionadas por leis federais, ainda na metade dos anos oitenta. Essas medidas asseguravam o direito dos alunos formarem organizações autônomas e representativas de seus interesses. Os estudantes voltam a participar dessas entidades, criando laços de convivência, de solidariedade e de troca, dialogando e formulando uma concepção de mundo. Nas passeatas contra as privatizações das empresas estatais, desejavam afirmar a condição de sujeitos da história, lutando para garantir outras perspectivas na sociedade brasileira. Por certo a participação coletiva é o elemento constitutivo da potência dos movimentos sociais.

No entanto, como vivemos numa época em que tudo é reapropriado e transformado em economia de mercado, o movimento dos caras-pintadas foi transformado num símbolo comercial utilizado tanto pelas organizações políticas quanto econômicas. A estética política foi esvaziada e o movimento perdeu espaço para dar lugar a uma outra *onda* explorada pela mídia. Segundo

Deleuze (1976, p. 3), *jamais encontraremos o sentido de alguma coisa... se não sabemos qual é a força que se apropria da coisa, que a explora, que dela se apodera ou nela se exprime.* Mesmo com a vitória das forças aliadas, que almejavam o mesmo destino para o país, o movimento estudantil continuava com sua potência, que o caracteriza numa multiplicidade de devires. Capturado, se fragmenta e perde parte de seu potencial. Essa também foi uma estratégia de despotencializar a força contida no movimento estudantil, capturando os processos de criação.

## 2. O coletivo na ruptura social

No atual nível de complexidade da sociedade, os movimentos coletivos reivindicatórios não decorrem unicamente das relações de produção, mas surgem da relação entre as diferentes posições que ocupa o sujeito no sistema sociopolítico. Emergem quando os indivíduos passam a ter consciência da condição de opressão a que estão submetidos, mas também quando chegam a se sentir como iguais nessa condição. Os movimentos sociais, segundo a definição do dicionário de Ciências Socais, são *tentativas coletivas de provocar mudanças, no todo ou em parte, em determinadas instituições sociais, ou de criar uma nova ordem social* (1987, p. 788). Assim eram chamados, no século dezenove, os movimentos organizativos da classe operária em busca da obtenção de conquistas trabalhistas ou da eliminação do sistema de exploração capitalista. Desde então, os movimentos de lutas reivindicatórias que igualmente se situam fora da área imediata da produção são considerados movimentos sociais, pois estão munidos do caráter político.

Como vimos anteriormente, no período do regime militar o movimento estudantil brasileiro sofre profunda repressão, desde o fechamento das entidades representativas e a proibição

## Capítulo V — Política e Movimento Estudantil: a formação de subjetividades coletivas

das manifestações dos alunos até a morte e prisão de seus líderes. Embora fosse integrado por jovens desprovidos de qualquer tipo de armamento, este movimento se caracterizou em uma ameaça ao poder autoritário que havia se instalado. Como um movimento de jovens pode vir a ser uma ameaça?

Os movimentos sociais são uma espécie de transbordamento, ou melhor, são explosões de insatisfações vividas e sentidas por um coletivo capaz de gerar uma força que clama por mudanças, por isso são ameaçadores. Ao constituir-se, o coletivo expande a potência que o transforma numa força que se coloca contrária ao poder.

O poder inerente ao coletivo já havia sido percebido nas mobilizações ocorridas no século dezenove, quando os chamados movimentos de massa colocavam em visibilidade as revoltas dos trabalhadores frente às condições de subsistência em que se encontravam. Os movimentos de massa passaram a ser objeto de interesse e investigação por parte das forças por eles ameaçadas, que pretendiam gerar conhecimentos que pudessem conter os possíveis perigos das insurreições. Entretanto, como afirma Deleuze (1976, p. 3), *um fenômeno não é uma aparência, nem mesmo uma aparição, mas um signo, um sintoma que encontra seu sentido numa força atual*. As revoltas que tomavam conta dos trabalhadores se apresentavam como conseqüência da revolução industrial, que instalou um intenso processo de transformação da relação homem-trabalho. Com o elevado nível de exploração da força de trabalho, cresce a população proletária, mas também crescem os movimentos de resistência, com as greves, destruição das maquinarias, lentidão na fabricação dos artefatos. Emerge pois um período em que aconteceram inúmeras insurreições operárias: os movimentos dos operários de Lyon (1831 e 1834); a fundação da Liga dos Comunistas (1847), permitindo melhor organização dos operários com a divulgação das idéias socialistas; as lutas entre burgueses republicanos e operários socialistas (1848); a Comuna de Paris (1871).

As massas desempenham importante papel como processo de resistência, avançando na obtenção das conquistas de melhorias salariais e das condições de trabalho. Entretanto, na modernidade, iniciam-se formas de conter as manifestações coletivas, instalando-se modos de individualização como dispositivos de manutenção do poder de opressão e exploração dos trabalhadores. Com a consolidação do capitalismo e a difusão das idéias Iluministas e liberais vai sendo produzido um modo de subjetivação individualista como princípio de organização econômica e política da sociedade.

Como medida impeditiva da organização dos trabalhadores, na França, em 1838, foram proibidas as aglomerações entre os operários em público. No ambiente da fábrica, por ser um espaço privado, não era consentido esse tipo de aproximação. Cada um executava sua tarefa nos postos determinados. Fora da fábrica havia as ruas e praças, que sendo públicos eram os lugares das reuniões entre os trabalhadores. A estratégia de proibição desses encontros em lugares públicos inviabilizava a interação entre eles, contribuindo para acentuar o isolamento já vivido nas fábricas e aumentar, ainda mais, o desgaste das relações sociais.

Além de as medidas de reorganização do espaço social, os estudiosos da época viam nos movimentos de massa a iminência do perigo, visto que o comportamento dos indivíduos no coletivo assumia formas irracionais de violência e de violação das normas, causando pânico a quem os observava. A nova estrutura socioeconômica formulou práticas e discursos que foram, ao mesmo tempo, desqualificando os comportamentos coletivos, apontados como algo primitivo, e instituindo um modo de subjetivação individualista. Começa a ser difundida a idéia de que cada indivíduo, por suas características inatas e esforços próprios, tem a possibilidade de ascender socialmente e garantir seu lugar na hierarquia social.

Assim, a sociedade moderna reforça como modelo a identidade do indivíduo burguês, que assume sua posição na recente estrutura social, valorizando o trabalho como marco divisor do antigo regime. A imagem desse indivíduo torna-se modelo da nova sociedade, numa autopromoção do trabalho e da capacidade racional, como justificativa da posição privilegiada que passa a ocupar. Surge o indivíduo como categoria a ser pensada na relação entre as classes, no fator produtivo e na relação com o Estado.

No entanto, a participação do sujeito fica cada vez mais restrita, pois são bloqueados os processos de autoria tanto pela via do trabalho quanto pela via política. O homem deixa de ser o mentor daquilo que produz como também de interferir na sociedade, delegando a outros sua decisão política, já que as sociedades democráticas são regidas pelo sistema político representativo. Anulando a participação dos homens, produz-se indivíduos atomizados, que progressivamente perdem a capacidade de convívio, tão importante para as relações de troca.

O século dezenove foi denominado por Le Bon (1938) como o da era das multidões, expressão que Hardt e Negri (2001) recuperam para o atual século, tentando compreender as grandes manifestações formadas em diversas partes do mundo, numa explosão das insatisfações contra as formas de dominação política, econômica e social exercidas pelo *Império*. As ondas de protesto contra as reuniões do G-8, a favor da paz e contra a guerra no Iraque são alguns exemplos que apontam para a face oculta da *multidão*. Negri (2003) percebe na multidão o sujeito coletivo da revolução em curso no interior do Império. Por sua capacidade de movimentação na superfície global e de conexões com as diversas formas de luta pela liberdade, essas manifestações se constituem num grande desafio, bastante perigoso, para o que aí está posto.

Certamente elas continuam sendo estudadas e esquadrinhadas para que possam ser dominadas, pois os movimentos de massa que antes eram comandados pelos operários colocam agora os excluídos como força política capaz de se rebelar.

Os fenômenos coletivos são forças que impõem mudanças no já instituído, por isso mesmo são sempre reprimidos. Entretanto, devemos reconhecer que as manifestações coletivas são facilmente realizadas em regimes democráticos, que tendo como princípio o governo da maioria, mantêm-se abertos à população. Na acepção da palavra, democracia é o regime político no qual o povo exerce a soberania. Nas sociedades ocidentais, os regimes democráticos são exercidos pela representatividade parlamentar, responsável pela criação de normas institucionais que formam os códigos que vão reger o funcionamento da sociedade. O sistema democrático não é algo acabado, a partir da regulamentação de um punhado de normas, mas um exercício constante em busca do acolhimento daqueles que ainda se encontram fora da realidade social.

A multidão surge quando suas reivindicações não estão contempladas pelo sistema. Negri (2002) concebe a multidão como força munida do *poder constituinte*, que age rompendo com o instituído. O que esse poder deseja é ser aceito ao ter as reivindicações que proclama regulamentadas. Na vitória de qualquer movimento, a energia que o impulsiona cessa, dando lugar ao *poder constituído*. A constitucionalidade, porém, acaba operando o governo do limitado, daquilo que pode ser enquadrado e previsto pelas leis, diferentemente da idéia de democracia como governo exercido por todos e para todos, que sugere o pleno exercício da liberdade pelos cidadãos. Na prática da cidadania, a potência contida na multidão leva à radicalização da democracia.

Como expressivo sintoma de um contingente populacional, a multidão inconformada impõe uma nova ordem às coisas. É nesse sentido que ela se torna responsável por instalar a crise no meio social, colocando em perigo a continuidade política. Para Negri (2002), na atual sociedade moderna figuram dois poderes que se mantêm em relação permanente, configurando a dinâmica social na ampliação dos direitos do homem e na busca por uma sociedade cada vez melhor. A multidão traz em si a potência que a transforma em *poder constituinte,* desejoso de revolucionar as práticas existentes. O *poder constituinte* é a força que irrompe e *desfaz todo equilíbrio preexistente e toda continuidade possível* (p. 21). Sendo o poder uma relação de força, à medida que os movimentos coletivos ganham visibilidade há uma reação do poder constituído, criando mecanismos de repressão na tentativa de anular as forças que emergem. No ordenamento da sociedade, o *poder constituído* vai proceder na regulação das normas, assumindo o caráter de controlar as ações revolucionárias.

Isso porque a multidão ao representar os anseios de muitos exige para si direitos que lhe são negados. Não se trata de alguns poucos indivíduos descontentes, buscando para si um lugar ao sol, mas de um contigente da população que se sente oprimido e excluído do modelo de sociedade vigente. Assim, a ordem que mantém o modo de funcionamento da sociedade não atende a uma parte significativa da população, que em certo momento se une, buscando romper com a dada continuidade. No entanto, é preciso esclarecer que as manifestações coletivas não têm a ver com o indivíduo como unidade isolada, mas com a dimensão dos diferentes processos vividos pelos homens nas relações de troca, de associação e de experimentação. Esses modos de viver são processos de *singularização,* que Guattari (1986) define como modos que o indivíduo encontra para se opor às condições preestabelecidas que atuam na opressão de suas expressões de criação. Segundo Guattari (1987, p. 58), *a prática da felicidade torna-se subversiva quando ela é coletiva.*

Sendo a expressão de uma coletividade, o movimento estudantil também necessita ser vigiado e controlado pelas forças que dão sustentação ao poder. O século vinte recoloca a idéia de juventude como fase de turbulência e de renascimento capaz de ser a força geradora de um futuro promissor. Ora, na década de sessenta, o conceito que se atribuiu à juventude passa a ser motivo de grande preocupação para os detentores do poder, frente ao estado de confronto ocorrido em 68, quando eclodem os movimentos estudantis.

O movimento estudantil repercutiu por quase todas as partes do mundo, balançando os alicerces das sociedades aparentemente tranqüilas ou acomodadas ao Estado de Bem-estar Social, realidade vivida nos países europeus. No caso brasileiro, embora os estudantes tenham puxado a mobilização de outros segmentos da sociedade, essa não atingiu a população como um todo e, portanto, não houve abalos mais significativos na estrutura do poder vigente. Segundo Hobsbawm (1996), o movimento estudantil não se tornou revolucionário em maio de 68, porque os estudantes não poderiam fazê-lo sozinhos. Seria preciso que outros segmentos da sociedade o fizessem, engrossando a massa dos descontentes. Os estudantes, nesse caso, já haviam feito o papel que lhes cabia, visto que *a afetividade política deles estava em sua capacidade de agir como sinais e detonadores para grupos maiores, mas que se inflamavam com menos facilidade* (p. 293).

Para o autor, a causa que contribuiu para esse fenômeno foi a *cultura juvenil*, que despontava naquela época. Com a inserção da mulher no mercado de trabalho, as famílias tinham a oportunidade de incentivar a formação acadêmica dos filhos. Os jovens deixaram de contribuir no orçamento familiar e passaram a viver num ambiente escolar, propício à reflexão, aos encontros e às trocas de experiência. Os *campi* universitários fervilhavam, os estudantes se reuniam em grupo para dialogar, contribuindo para a formação de uma identidade marcada pelo vestuário, hábitos e gostos compartilhados. Ao mesmo tempo, o modo como viam a vida, as críticas ao comportamento dos pais, às políticas dos governantes, o posicionamento contrário às guerras e ao sistema educacional francês foram sedimentando um sentimento de descontentamento e a vontade de mudar a sociedade, originando a eclosão do referido fenômeno. Embora os questionamentos fossem pontuais, não deixaram de produzir abalos no funcionamento do sistema autoritário.

Devemos ressaltar, no entanto, que a realidade dos universitários brasileiros era diferente. Aqui, os *campi* eram freqüentados por jovens provenientes das classes mais favorecidas, que não deixavam o mercado de trabalho para ingressarem nas universidades. Ao estudar a UNE, Fávero (1995, p. 16) afirma que, os estudantes formam uma categoria rejeitada, que quando *revoltada adere à radicalização dos que lutam por mudanças estruturais na sociedade*. Talvez esse seja um dos caminhos para a explicação do comportamento radical dos jovens. O que nos chamou a atenção, porém, na análise de Hobsbawm sobre os fatores determinantes na eclosão da onda de protesto em 1968, foram as condições favoráveis ao convívio próximo entre os jovens universitários. As universidades propiciavam um espaço de concentração de jovens que permitia o estar juntos e conseqüentemente o compartilhar das idéias e a troca de sentimentos a respeito do mundo.

É interessante perceber que a aproximação entre os jovens gerou um movimento de massa de cunho diferente dos movimentos classistas e políticos até então combatidos pelo capitalismo. Os jovens demonstraram o poder de quem queria a afirmação de seus ideais contra outra força política que insistia em "manter a ordem". Imediatamente, o poder instituído agiu na formulação de diversos mecanismos que atuassem no isolamento dos estudantes, reforçando a produção de subjetividades individualizadas.

Conforme as condições políticas e sociais de cada país afetado, as estratégias adotadas foram semelhantes. No Brasil, para evitar a formação de novos movimentos de resistência no meio acadêmico, as estratégias empregadas pelo governo militar se configuraram na reforma universitária e secundária. O Conselho Nacional de Educação criou o sistema de créditos, veiculando a idéia de que o aluno teria mais mobilidade para construir sua formação sem ter obrigatoriedade de seguir uma grade curricular seqüencial. Mas essa é apenas uma explicação entre as inúmeras possibilidades que um fato pode gerar, pois a medida promoveu a perda da identidade do aluno com sua turma, conseqüentemente contribuiu para dissolver os laços de camaradagem que permitiam a união em torno de protestos comuns.

## 3. Formação de subjetividades coletivas

Vimos, pelos acontecimentos das últimas décadas, que os estudantes desejam participar de atividades políticas nos vários meios em que habitam. Mesmo que essa não seja a imagem que a sociedade mantém dos jovens, quase sempre vistos como seres imaturos e inconseqüentes, há uma vontade política encarnada no ser aluno que faz com que alguns deles estendam suas ações para as agremiações estudantis.

Essa atuação, aparentemente inofensiva, pode significar no futuro um indivíduo mais bem preparado para assumir a liderança de um movimento social. Decerto que a formação de sujeitos dispostos a se envolver em organizações coletivas não agrada aos que detêm poder, por isso mesmo as instituições escolares freqüentemente não estimulam as ações de caráter coletivo. O que o poder constituído mais teme são os movimentos coletivos reivindicatórios ou de protesto, que podem originar-se das ações junto às organizações estudantis. Em vista disso, atua no sentido de pulverizar a energia que move essas ações, dirigindo aos jovens muitos apelos, numa aposta do enfraquecimento da força que eles têm. Exige dos jovens que sejam inteligentes, que aprendam informática, inglês, que tenham corpos saudáveis, que saibam se divertir, que entendam do mundo... Todavia, por ser coletivo, o movimento estudantil tem condições de superar a pulverização e se tornar uma força social capaz de agir de modo contrário aos interesses do poder constituído.

Portanto, não se trata simplesmente de uma ameaça ilusória comandada por jovens estudantes. Para o poder constituído, os indícios de perigo se confirmam no potencial contido em um coletivo, que irrompe o estabelecido e impõe uma outra lógica de funcionamento da sociedade. Quando isso se torna um acontecimento social, podemos dizer que houve perda do controle das massas, que não atendem mais aos apelos convincentes ou impositivos dos mecanismos do poder. Frente à perspectiva de ameaça que emana dos movimentos sociais, as forças que detêm o capitalismo foram avançando na construção de dispositivos que pudessem bloquear as expressões da *multidão*.

Aos poucos foram sendo ordenados modos de formação de subjetividades, que fortaleciam uma concepção de individualização, enfraquecendo os movimentos coletivos de resistência. O indivíduo passou a ser um efeito do capitalismo. Ainda na modernidade, para legitimar a estrutura social que emergia, saberes e práticas foram instituídos, produzindo o sujeito de uma época, que ainda persiste. Para Foucault (1986), a modernidade inaugurou uma tecnologia de funcionamento do homem na sociedade, controlando e dirigindo, a partir da *microfísica do poder*, corpos e mentes. Com a nova ordem social são produzidas subjetividades individualizantes, conformadas aos sistemas de valores, de hierarquização e de disciplinarização que dão sustentação a esse tipo de organização e ao enquadramento do indivíduo nos diferentes campos sociais.

O investimento na modelização de subjetividades individualizantes se fez necessário para o modelo de sociedade que perdura, pois embora a energia produtiva do homem tenha avançado em conhecimentos que permitam o enfrentamento dos desafios que hoje se apresentam, cada vez mais aumenta o contingente de miseráveis, indicando que a exploração e a expropriação das forças produtivas do capitalismo têm se intensificado.

No entendimento da sociedade, Guattari (1986) denuncia a *produção de subjetividade*, identificando que no mundo atual o capitalismo tem agido na produção industrial e globalizada do homem contemporâneo. Uma produção que irá forjar o homem e o meio onde está inserido. Sujeitos e objetos são produzidos ao mesmo tempo, fortalecendo as engrenagens do funcionamento da máquina capitalista. Essa produção não é uma forma de internalização dos valores que representam uma classe social, mas um modo de produção de subjetivação modelada pelo/no registro social.

Somente o sujeito racional não poderá se libertar das amarras de um sistema de opressão, pois a modelização do comportamento se dá por inteiro ao atingir não só as instâncias da razão, aprimorando certo tipo de lógica da racionalidade, mas também ao incidir na formação dos demais processos intra-psíquicos, como os da percepção, memória, imaginação, afetividade e sensibilidade, fazendo com que ele apreenda formas "corretas" de pensar, de trabalhar, de amar, de falar, de ensinar, de se relacionar... O resultado é um tipo de homem de natureza frágil, segregado e infantilizado, que não se reconhece, tampouco consegue enfrentar os desafios inerentes à vida.

Entendemos a subjetividade como estrutura que dá formação ao ser humano, que em sua totalidade compreende tanto os processos racionais quanto os processos de afetividade. O homem é razão e emoção na relação com o mundo e com os iguais. A efetividade das relações se dá no registro social a partir do qual passam a ser engendrados modos de subjetividades, prevalecendo as inscrições de certas marcas de aceitação ou de negação. Por serem essencialmente sociais, as subjetividades são construídas na existência particular de cada um, podendo ser vividas numa relação de alienação e opressão, quando incorporam sugestões e conteúdos de significações alheias, ou numa relação de expressão da criatividade, realizando *processos de singularização*.

Como chamamos a atenção, a produção de subjetividades não está somente no nível individual; mais do que isso, as subjetividades são construídas no coletivo e somente aí são capazes de se emancipar. Nessa vivência, os processos de ruptura, ou de singularização, somente podem dar-se no coletivo. Ninguém se emancipa sozinho, mas em comunhão com os outros homens. Segundo Guattari (1987), os processos de singularização são movimentos de protesto do inconsciente que escapam das modelações por meio da afirmação de outras maneiras de ser, de sentir e de perceber o mundo. Os homens experimentam a satisfação de outros modos de existir no mundo, de forma mais livre e criativa, dando lugar às subjetividades de natureza diferenciada.

Na medida em que fizeram transparecer o poder mobilizador capaz de desestabilizar o poder constituído, as manifestações estudantis ocorridas na década de sessenta colocaram em alerta as forças políticas e econômicas que agem no bloqueio dessas expressões. Essas forças atuaram, durante mais de vinte anos, no sentido de desmobilizar os estudantes. Assim, no Brasil, somente algum tempo depois das entidades estudantis terem sido reconstruídas, reapareceram no cenário os movimentos estudantis, na década de noventa.

Mas o que leva os jovens a querer participar de atividades coletivas, como as realizadas nas entidades estudantis, ou estar em manifestações reivindicatórias? O que a participação nessas atividades interfere na formação desses jovens?

Se as subjetividades de natureza capitalista são produzidas no/pelo social, a ruptura desse processo também se dá no social, por meio da sociabilidade, dos encontros, das trocas afetivas. Os fatos que influenciaram os acontecimentos de maio de 68, segundo Hobsbawm (1996), decorreram da convivência entre os jovens nos *campi* universitários. Naquele momento, havia uma massa de rapazes e moças num processo de convívio constante no espaço acadêmico, que passou a constituir um novo fato na cultura e na política. Criaram uma cultura particular, compartilhando idéias e sentimentos que os levaram a querer um novo mundo, diferente do que eles e os pais viviam. Assim, o aumento e a concentração de jovens num mesmo espaço favoreceu o levante mundial na época. O processo de constituição da subjetividade coletiva de caráter emancipatório vai adquirindo forma com as experiências que são desenvolvidas e compartilhadas no coletivo.

Não há coletivo sem a participação dialógica das individualidades. Cada ser humano carrega o mundo dentro de si, mas também é um ser único perante o outro. O estar com o outro é um modo enriquecedor de enfrentar os percalços da vida. Os alunos, quando assumem a responsabilidade pelas atividades de suas entidades representativas, desenvolvem inúmeras habilidades de convívio e de diálogo, reconhecendo no outro modos diferentes de ver o mundo. Na constante convivência, aprendem a estabelecer relações, a exercitar a capacidade de comunicação, assimilando formas argumentativas, principais armas de luta no confronto de opiniões.

No momento em que os estudantes decidem fazer parte de entidades representativas vão adquirindo confiança naquilo que realizam, aumentando o potencial de suas ações. O indivíduo não está sozinho numa aventura, conta com a colaboração do grupo no desenvolvimento das tarefas e isso o ajuda a não temer as conseqüências por eventuais enganos. Havendo falhas nos projetos que idealizaram, as discussões são reiniciadas, tendo de ser novamente assumida pelo grupo a reelaboração das estratégias.

O fenômeno social em que se transformaram os movimentos estudantis acabou por desnudar a capacidade organizativa dos jovens, a vontade de participar e de fazer algo, ampliando a condição que existe neles de serem sujeitos de uma história que desejam construir.

## Considerações finais

Os estudantes são forças que atuam na sociedade, reivindicando para si o direito de participar da vida política do país. Não querem ser tratados como crianças que nada sabem e que precisam amadurecer para tomar conhecimento das coisas que ocorrem no mundo. O modo como alguns vêem os jovens acaba favorecendo o projeto de anulação da energia política que há neles, enquanto coletivo.

No mundo de hoje, em que o avanço das tecnologias de ponta tem proporcionado o convívio isolado dos seres humanos, fica cada vez mais difícil aprender a lidar com o outro. Acreditamos que as novas tecnologias são importantes para a vida do ser humano, libertando-o de atividades corriqueiras e facilitando a vida, mas por outro lado a introdução do uso permanente da internet, do celular, dos jogos eletrônicos etc. acabam por secundarizar o encontro com o outro. O homem deixa de pensar em si como parte de um coletivo. O sistema político que comanda a ordem mundial passa a reforçar práticas individualizantes cunhando o homem contemporâneo. Assim, são constituídos certos modos de existir que agem na conformação de subjetividades, estimulando os valores individuais de liberdade, privacidade, direitos e verdades, inseridos numa racionalidade condizente com a época.

Os movimentos estudantis constituem-se em movimentos de resistência que se transformam em forças políticas capazes de se revoltarem quando se posicionam contrariamente aos modos de enquadramento do projeto predeterminado pela sociedade capitalista.

O mundo de hoje requer uma nova maneira de ensinar para que possamos formar não só homens inteligentes, mas também criativos, solidários e fraternos. A escola é marcadamente um dos lugares privilegiados de construção do conhecimento e também um dos espaços de convívio diário entre crianças e jovens. Por isso, pode constituir-se em *locus* de *desindividualização* por meio das possibilidades que o coletivo proporciona ao ser individual, num deslocamento de si mesmo para olhar o outro.

Portanto, ao incorporar as múltiplas formas de aprender, os movimentos estudantis se tornam instâncias importantes para a prática pedagógica. Mais do que o aprendizado tradicional, em que o aluno está numa posição atomizada e isolada, individualizado por carteiras fixas e tendo somente o professor como mediador do ato de conhecer, ele passa a aprender com o coletivo, numa dinâmica relacional de interconexões singulares.

# Bibliografia

ANDRÉ, João Maria. *Pensamento e afetividade*. Coimbra: Quarteto, 1999.

DELEUZE, Gilles. *Nietzsche e a filosofia*. Rio de Janeiro: Editora Rio, 1976.

_____; GUATTARI, Félix. *Mil Platôs: capitalismo e esquizofrenia*. Rio de Janeiro: Ed. 34, 1995. Vol. 1.

DICIONÁRIO DE CIÊNCIAS SOCIAIS. Rio de Janeiro: Fundação Getúlio Vargas, 1987.

ELIAS, Norbert. *A sociedade dos indivíduos*. Rio de Janeiro: Zahar, 1994.

FÁVERO, Maria de Lourdes. *UNE em tempos de autoritarismo*. Rio de Janeiro: UFRJ, 1995.

FOUCAULT, Michel. O sujeito e o poder. In: DREYFUS, Hubert. e RABINOW, Paul. *Michel Foucault, uma trajetória filosófica: para além do estruturalismo e da hermenêutica*. Rio de Janeiro: Forense Universitária, 1995.

_____. *Microfísica do poder*. Rio de Janeiro: Graal, 1986.

_____. *A verdade e as formas jurídicas*. Rio de Janeiro: Puc/RJ. Cadernos PUC/RJ, 1994, n° 6, junho de 94. (Letras e Artes).

GUATTARI, Félix. *Revoluções moleculares*: pulsações políticas do desejo. São Paulo: Brasiliense, 1987.

_____ ; ROLNIK, Sueli. *Micropolítica*: cartografias do desejo. Petrópolis: Vozes, 1986.

HARDT, Michael; NEGRI, Antonio. *Império*. Rio de Janeiro: Record, 2001.

HOBSBAWM, Eric. *Era dos extremos: o breve século XX – 1914-1991*. São Paulo: Companhia das Letras, 1996.

LE BON, Gustave. *Psicologia das multidões*. Rio de Janeiro: Briquiet e Cia, 1938.

LEVI, Giovanni; SCHMITT, Jean-Claude. *História dos Jovens 1*: da antiguidade à era moderna. São Paulo: Companhia das Letras, 1996.

_____. *História dos Jovens 2: a época contemporânea*. São Paulo: Companhia das Letras, 1996.

LUZZATTO, Sergio. Jovens rebeldes e revolucionários: 1789-1917. In: LEVI e SCHMITT. *História dos Jovens 2*: a época contemporânea. São Paulo: Companhia das Letras, 1996.

NEGRI, Antonio. *Cinco lições sobre Império*. Rio de janeiro: DP&A, 2003.

_____. *O poder constituinte*: ensaio sobre as alternativas da modernidade. Rio de Janeiro: DP&A, 2002.

POERNER, Arthur José. *O poder jovem*. Rio de Janeiro: Civilização Brasileira, 1979.

SOUSA SANTOS, Boaventura. *A crítica da razão indolente: contra o desperdício da experiência*. Porto: Afrontamento, 2000. Vol. 1.

_____. *Pela mão de Alice: o social e o político na pós-modernidade*. São Paulo: Cortez, 1995.

TARDE, Gabriel. *A opinião e as massas*. São Paulo: Martins Fontes, 1994.

## Capítulo VI

# O Sindicato Estadual dos Profissionais da Educação como sujeito político e formador: Trajetória, Problemas e Perspectivas

Jorge Najjar

> *"O inferno dos vivos não é algo que será: se existe, é aquele que já está aqui, o inferno no qual vivemos todos os dias, que formamos estando juntos. Existem duas maneiras de não sofrer. A primeira é fácil para a maioria das pessoas: aceitar o inferno e tornar-se parte deste até o ponto de deixar de percebê-lo. A segunda é arriscada e exige atenção e aprendizagem contínuas: tentar saber reconhecer quem e o que, no meio do inferno, não é inferno, e preservá-lo, e abrir espaço."*
> (Ítalo Calvino. *As cidades invisíveis*)

Ao fazermos uma análise da história dos últimos 25 anos das redes públicas de educação no estado do Rio de Janeiro, podemos notar que o Sindicato Estadual dos Profissionais da Educação — o SEPE/RJ — tem estado sempre presente nos principais momentos de sua definição, seja na resistência às políticas oficiais, seja na luta pela implementação de novos princípios e perspectivas para essas redes.

Entretanto, há hoje um sentimento – que se espalha entre muitos profissionais, alguns sindicalistas e diversos pesquisadores que se dedicam a analisar a atuação desse sindicato – de que ele tem perdido parte de sua potência de intervenção em função de um distanciamento, que cada vez mais estaria se alargando, entre seus dirigentes e a maioria da categoria que lhe dá sentido e sustentação.

Parte considerável dos discursos que expressam esse sentimento tenta explicar esse distanciamento a partir de causas internas ao próprio sindicato. O afastamento entre essa instituição e a categoria seria fruto de descaminhos institucionais, de formas equivocadas de organização e ação, levadas a cabo por lideranças mais preocupadas com suas vinculações políticas do que com o cotidiano da categoria e da escola.

Esse sentimento, difuso mas poderoso, acaba, muitas vezes, por levar parte da categoria a uma perspectiva de negação do próprio sindicato como espaço possível de ação, pois o vê como ultrapassado ou como necessariamente marcado por práticas e concepções que não expressam seus interesses.

Por acreditar na potência do sindicato como agente fundamental de intervenção tanto no sistema educacional quanto nas unidades escolares; por identificar na história do SEPE/RJ elementos interessantes e inovadores que fizeram e fazem desse sindicato uma instituição-chave na organização da educação no estado do Rio de Janeiro; por ter como princípio de análise o que hoje ocorre no interior do SEPE/RJ – e de muitos outros sindicatos – não pode ser descontextualizado do que ocorre na sociedade em geral; por acreditar, ao mesmo tempo, que esse princípio não deve impedir que façamos uma crítica rigorosa dos caminhos particulares trilhados por essa instituição; é que esse texto foi escrito. Creio ser uma das funções da pesquisa sobre o social ajudar no reconhecimento do *"quem e o que, no meio do inferno, não é inferno, e preservá-lo, e abrir espaço"*.

## Uma breve história do surgimento do SEPE

O Sindicato Estadual dos Profissionais da Educação do Rio de Janeiro não surgiu com esse nome, até porque, antes da Constituição Federal de 1988, era proibida a sindicalização de funcionários públicos.

A associação que deu origem ao atual SEPE foi a Sociedade Estadual de Professores do Rio de Janeiro (SEP/RJ), fundada em 1977. Desde o final de 1976, havia começado um movimento de professores de História, Geografia e Ciências Sociais contra as tentativas de implantação da disciplina "Estudos Sociais" nas redes de ensino. Ao grupo inicial de professores, começaram a se agregar outros, inclusive de disciplinas distintas daquelas que caracterizavam os que deram origem ao movimento. Novas discussões começaram a acontecer, extrapolando a temática inicial que os unia.

Dois grupos distintos podiam ser identificados (Alvarenga, 1991; Quintanilha[120] et al., 1997) entre aqueles que estavam se aglutinando ao movimento: professores com larga experiência profissional que se mobilizavam especialmente em função das condições precárias de trabalho a que estavam submetidos (note-se que o estado do Rio de Janeiro havia sido recentemente unificado, o que trazia enormes problemas para o funcionalismo); e jovens professores, recém-saídos da universidade, que já tinham uma história de vinculação com o também renascente movimento estudantil. Esses últimos possuíam uma formação de

---

120 Essa breve história do SEPE/RJ foi, em grande parte, baseada nesse trabalho de Quintanilha et al. Apesar de ser uma monografia de fim de curso de especialização, portanto um trabalho do qual não é requerido um maior aprofundamento, ele apresenta uma rigorosa reconstituição da história do sindicato, feita a partir, principalmente, de fontes primárias.

esquerda e visavam, principalmente, discutir as questões políticas mais gerais, em busca de uma democratização mais radical da sociedade brasileira.

Apesar de vários desses professores não quererem a institucionalização do movimento, com medo de burocratizá-lo, a SEP/RJ foi criada em meados de 1977, em uma assembléia com cerca de 150 participantes, na Casa do Estudante Universitário. Dentre os participantes, a grande maioria era proveniente dos municípios do Rio de Janeiro, de Niterói e de Campos. Era nesses municípios que o ainda incipiente movimento começava a se firmar.

A partir do ano seguinte a sua formação, a SEP/RJ começou a atuar, na prática, como um sindicato para os professores públicos do estado. Em março de 1978, por exemplo, lança uma campanha salarial, com passeatas e várias manifestações, demandando um aumento de 65% para esses profissionais. Membros da diretoria conseguem, inclusive, ser recebidos em audiência pela secretária de educação, mesmo não sendo a entidade reconhecida oficialmente.

Ainda em 1978, a SEP/RJ realizou o I Encontro Estadual de Professores, com cerca de 800 participantes. Essa participação, expressivamente superior à da assembléia que constituiu a entidade, pode ser explicada pela ação militante de suas lideranças frente à categoria e, também, pela conjuntura. Não só os movimentos reivindicatórios como um todo estavam recrudescendo, como, em especial, o movimento docente dava sinais de força em todo o país, com greves em andamento em diversos estados.

Em 3 de março de 1979, é realizada uma assembléia no auditório de Associação Brasileira de Imprensa, onde comparecem mais de mil professores. Nessa assembléia, é organizada a pauta de reivindicações ao Governo Faria Lima, que estava praticamente terminando. Em 11 de março, acontece em Niterói uma outra assembléia, agora com cerca de 5.000 participantes, que começa uma greve por tempo indeterminado, apesar das pressões e tentativas de cooptação (inclusive promessas de uma sede para a entidade) levadas a cabo pelo governo. Essa foi a primeira greve de professores no estado do Rio de Janeiro, depois do golpe militar de 1964.

O novo governador empossado (Chagas Freitas) compromete-se publicamente a atender as reivindicações do movimento, e apela para o fim da greve, o que é atendido pela categoria na assembléia de 25 de março.

Ainda em 1979, em junho, a SEP se funde em outras duas entidades de professores existentes no Rio de Janeiro: a União dos Professores do Rio de Janeiro – UPRJ (ver Andrade, 2001) e a Associação dos Professores do Estado do Rio de Janeiro —APERJ. Dessa fusão surgiu o Centro Estadual de Professores do Rio de Janeiro – CEP/RJ. Desse processo não participaram o Sindicato dos Professores — SINPRO e a União dos Professores Primários do Estado do Rio de Janeiro (UPPE).

Um pouco depois da fusão, em agosto de 1979, os professores retomam a greve, na medida em que o Governador Chagas Freitas não cumpre com a promessa realizada de acatar as reivindicações do movimento. Essa greve, entretanto, não teve a mesma mobilização da anterior. Além disso, a reação do governo estadual foi muito mais dura, com a prisão de membros da diretoria e com articulações com o governo federal para inviabilizar a existência da própria entidade. Em função dessas articulações, o presidente João Figueiredo editou o Decreto n. 8.383, que cassou o registro civil do CEP e proibiu suas atividades. Depois de 22 dias de greve, o movimento foi encerrado.

Apesar de ter sido posto na ilegalidade, o CEP continuou a funcionar. Em novembro de 1979, foram realizadas eleições para a diretoria da entidade, e dos cerca de 12.000 associados, 10.000 participaram das eleições.

Em agosto de 1980, foi realizado o II Encontro Estadual do

CEP, e entre setembro e novembro desse mesmo ano eclodiu a greve das professoras conveniadas da zona rural, com a participação de cerca de 5.000 professoras. Esta greve, que durou quatro meses foi plenamente vitoriosa, sendo as professoras efetivadas e seus salários quadruplicados. A vitória na greve deu grande visibilidade ao CEP/RJ nos municípios do interior, o que contribuiu para o fortalecimento dessa entidade em todo o estado do Rio de Janeiro.

Em junho de 1981, aconteceu o III Encontro Estadual de Professores e em dezembro desse mesmo ano foi realizada uma assembléia extraordinária, com a participação de 130 professores, que, dentre outras coisas, deliberou pela filiação do CEP/RJ à Confederação dos Professores do Brasil – CPB (entidade que posteriormente viria a se chamar Confederação Nacional dos Trabalhadores em Educação – CNTE).

Vale notar que dentre as diversas reivindicações levantadas por essa assembléia, a maioria de cunho material (melhores salários, etc.), constava a de eleições diretas para diretores de escolas, reivindicação essa que se torna recorrente no movimento.

Como primeiro governador eleito depois de 1965, toma posse Leonel Brizola. Seu governo se inicia com grande expectativa, pois encarnava a possibilidade de mudança. Particularmente na área educacional, as expectativas eram muitas, não só pela sua atuação anterior como governador do Rio Grande do Sul, como pelo teor de sua campanha, onde as questões relacionadas à educação tiveram grande destaque.

Em 1983, Brizola retira os entraves jurídicos, existentes desde 1979, e repõe o CEP/RJ na legalidade. Isso permite um grande impulso à entidade, que em 1984 já possuía 32 núcleos, em cerca de metade dos municípios do estado.

Em função do caráter marcadamente populista do governo Brizola, as relações com o CEP/RJ começam a azedar, chegando a ser de franca hostilidade. Houve, também, por parte do governo

– muito devido ao carisma de Darcy Ribeiro, que então desenvolvia o projeto dos CIEPs – a cooptação de vários elementos do movimento.

Em 31 de março de 1986, inicia-se a primeira greve dos professores no governo Brizola (antes já haviam se realizado algumas paralisações por tempo determinado), que conta com uma adesão massiva da categoria. Foi uma greve de grande mobilização, com assembléias de 20.000 professores (reunidos no Maracanãzinho), que paralisou praticamente toda a rede.

A greve não conseguiu vitórias materiais significativas. Entretanto, em termos políticos, ela foi muito rica, não só pela mobilização que causou, mas também pelas articulações que nela começaram a existir entre o CEP e as diversas entidades da sociedade civil preocupadas com a educação, como a União Brasileira de Estudantes Secundaristas – UBES, a Federação das Associações de Moradores do Estado do Rio de Janeiro – FAMERJ etc.

Em 13 de junho de 1987, já no governo Moreira Franco, uma outra greve é aprovada, em uma assembléia que reuniu 1.800 professores. Essa greve também é marcada por grande mobilização. Na primeira assembléia realizada no período de greve, comparecem 8.000 professores. Vários municípios tiveram a totalidade de suas escolas estaduais paralisadas. Só depois de 69 dias de greve, os professores da rede estadual decidiram-se pelo seu fim.

As avaliações da greve realizadas por membros da diretoria da entidade e por elementos da oposição à diretoria foram bastante diferenciadas. Elas revelam, dentre outras coisas, que as cisões internas à entidade estavam se agudizando.

Também em 1987, foi realizado o III Congresso do CEP/RJ. O Congresso é a instância máxima na estrutura dessa entidade, acima das Conferências Estaduais, das Assembléias Gerais, do Conselho Deliberativo e da Diretoria, e as decisões nele tomadas só podem ser modificadas por outro Congresso. Neles, as questões políticas, educacionais e organizativas são discutidas por delegados especialmente eleitos nas escolas para esse fim. São neles, portanto, que se expressam com mais intensidade as diversas concepções existentes no interior do movimento. A análise de suas "teses" (textos com considerações e propostas, escritos individualmente ou por grupos, em torno dos quais giram todas as discussões do Congresso), de suas atas e de suas deliberações nos ajuda a entender as relações de forças que condicionam as ações da entidade.

Os dois primeiros Congressos ocorreram em 1984 e em 1986. Dou, neste texto, especial atenção ao III Congresso, pois ele foi um marco na trajetória da entidade. Nesse congresso, em oposição ao que a diretoria apresentava, venceu a proposta de incorporação dos funcionários técnico-administrativos nos quadros da entidade (ver Chaves, 1998). Os ácidos embates entre a diretoria e a oposição e a derrota das propostas da primeira levaram à paralisação do Congresso e à renúncia de toda a diretoria.

Foi eleita, então, no interior do Conselho Deliberativo, uma Comissão Provisória, para conduzir a entidade até as eleições gerais que seriam, posteriormente, realizadas.

No dia 11 de julho de 1988, foi deflagrada outra greve na rede estadual de educação. Essa greve e as manifestações dela decorrentes foram alvo de constante acompanhamento de forte aparato policial, que em diversos momentos usou de violência contra os grevistas.

No meio da greve, entre 24 e 26 de junho, foi realizado um Congresso Extraordinário que, dentre outras resoluções, mudou o nome da entidade de Centro Estadual de Professores do Rio de Janeiro (CEP/RJ) para Centro Estadual dos Profissionais de Educação do Rio de Janeiro (CEPE/RJ), sacramentando no nome as mudanças ocorridas na base de sustentação da entidade.

Apesar de a designação de "trabalhadores da educação" ser a mais utilizada no interior do movimento, a expressão "profissionais da educação" foi incorporada ao nome da entidade no sentido de manter a sonoridade que o vinha marcando desde quando era ainda SEP/RJ (Sociedade Estadual de Professores do Rio de Janeiro) (Chaves, 1998).[121]

Em 12 de novembro desse mesmo ano, em função da nova Constituição Federal que estendeu o direito de sindicalização aos funcionários públicos, o CEPE/RJ passa a se tornar oficialmente um sindicato e seu nome muda para SEPE/RJ (Sindicato Estadual dos Profissionais da Educação do Rio de Janeiro), nome esse que mantém até hoje.

Finalizando este rápido histórico do surgimento da entidade, vale ainda citar que em agosto de 1992 ocorreu o I Congresso de Educação e Unificação, em que a Associação dos Supervisores Educacionais do Rio de Janeiro – ASSERJ e a Associação dos Orientadores Educacionais do Estado do Rio de Janeiro – AOERJ se incorporam ao SEPE/RJ, fazendo com que essa entidade passasse a representar todos os diferentes profissionais envolvidos nas redes públicas de educação do estado.

## O sindicato e o movimento dos profissionais da educação

Antes de abordar os problemas que hoje se abatem sobre o SEPE/RJ, gostaria de pelo menos apontar algumas de suas realizações. Normalmente, quando se tem uma posição crítica sobre algo, são pintadas cores tão fortes sobre seus problemas que as realizações são quase que esquecidas, o que tem levado muitos a uma postura por demais pessimista, às vezes imobilista.

---

121 Neste texto, uso indiferentemente ambos os termos.

O SEPE/RJ tem se mostrado, em suas mais de duas décadas e meia de existência, um agente ativo na constituição de políticas públicas em educação para o estado do Rio de Janeiro. As análises sobre essas políticas têm a tendência de se circunscreverem à ação governamental, olvidando o importante papel desempenhado pela sociedade civil e, assim, abandonando a idéia de que a contradição é elemento constituinte dos processos sociais e políticos. A participação do SEPE/RJ, como elemento de resistência ou de afirmação a processos de implementação de políticas em educação é inegável. Essa participação se dá em diferentes âmbitos, por uma ação militante que é reconhecida inclusive por aqueles que têm uma visão contrária ao sindicato.

Gohn (1997) já nos alertava, ao tentar conceituar o que são Movimentos Sociais, que não podemos confundi-los com entidades ou instituições. O sindicato não é o movimento, mas pode, ou não, dar sustentação a movimentos. Há sindicatos que são entidades meramente cartoriais, que não contribuem com suas ações para o fortalecimento de qualquer luta. Vivem do Imposto Sindical e não têm a perspectiva de mobilizar e organizar as categorias que representam para lutarem por seus interesses.

Além do mais, os movimentos normalmente são amparados por diferentes instituições. No caso de o movimento dos profissionais da educação, poderíamos citar, além dos sindicatos da categoria, instituições de cunho político-acadêmico, como a ANFOPE, ou as inúmeras organizações – com maior ou menor grau de formalização – que encontramos no cotidiano de diversas instituições de ensino.

O SEPE/RJ, apesar de não poder ser confundido com o movimento dos profissionais da educação, é uma instituição fundamental no estado do Rio de Janeiro para a existência desse movimento, pois lhe dá suporte, tentando sistematicamente mobilizar e organizar a categoria para a luta por seus direitos e para a construção de uma educação pública mais democrática e inclusiva.

Essa luta se expressa em diferentes ações, embora as greves sejam as mais visíveis e comentadas em função da tensão que trazem para o sistema educacional, para as vidas dos profissionais que nele trabalham e para a vida dos alunos que nele estudam. São usuais os atos públicos e as campanhas, alguns com muita criatividade e bom humor, que visam dar visibilidade às reivindicações e propostas abraçadas pelo sindicato. Além disso, são constantes as articulações do sindicato junto a parlamentares e ao judiciário para barrar ou implementar políticas educacionais e para o exercício de ações fiscalizadoras frente à atuação governamental.

Vale lembrar também que não é somente ao movimento dos profissionais da educação que o SEPE/RJ dá suporte. Essa entidade ajuda a dar sustentação a diversos outros movimentos, tais como o movimento negro, o movimento de mulheres, outros movimentos relacionados à escola (como o movimento estudantil), movimentos políticos (como a luta contra a implementação da ALCA) e outros movimentos sociais de cunho popular (como o MST).

A ação militante do SEPE/RJ junto a todos esses movimentos e, em especial, junto ao movimento dos profissionais da educação por melhores condições de trabalho e pela construção de uma escola e de uma sociedade mais democráticas, tem de ser sempre o ponto de partida para qualquer crítica que se faça ao sindicato. Não levar isso em consideração é desprezar a história dessa instituição, história essa construída com a determinação, a criatividade, o suor e as esperanças de inúmeros professores e funcionários técnico-administrativos, trabalhadores da educação.

Mas a ação do sindicato não se limita a sua participação na luta pela resistência ou implementação de políticas públicas em educação. Ele se constitui, também, num importante *locus* de formação dos profissionais que trabalham nas redes públicas de educação do Rio de Janeiro. O SEPE/RJ forma esses profissionais tanto a partir de processos educativos não formalizados, quanto a partir de atividades educativas intencionais e formalizadas.

Nilda Alves (1998) aponta que a formação do professor se dá em diferentes esferas, e não somente nas instituições acadêmicas (cursos de licenciatura, cursos de formação de professores de nível médio etc.). O professor aprende também a ser professor no contato com as pesquisas em educação, no exercício de sua prática profissional, em sua relação com o Estado empregador e legislador, na participação em ações coletivas de sua categoria etc. Pelo enredamento dos conhecimentos que vai aprendendo e processando em todos esses níveis, ele vai se constituindo como professor.

No que tange ao nível das ações coletivas da categoria, o sindicato é um *locus* privilegiado onde muitas dessas ações são engendradas e efetivadas. Nenhum profissional sai incólume de uma greve, de uma passeata, de uma assembléia, de reuniões nas unidades escolares (vide Alvarenga, 1995; Bastos, 1997; e Morais, 2004). Essas atividades são momentos de formação, pois nelas se apreendem conhecimentos dos mais diversos. São momentos marcantes de troca de subjetividades, de conteúdos, de habilidades, de valores, de símbolos, de gostos e de comportamentos. São, assim, momentos educativos por excelência.

Mesmo aqueles profissionais que não fazem greve, que não participam das assembléias ou de qualquer outra atividade do sindicato são tocados por elas, seja tendo de argumentar contrariamente à posição do sindicato, seja tendo de se posicionar praticamente contra a ação de seus colegas (p. ex., indo dar aulas durante o período de greve), seja não participando por medo de represálias. Essas ações formam porque obrigam a todos repensar o papel social de sua profissão, suas condições de trabalho, seu lugar na hierarquia institucional, a forma como a escola está estruturada. As ações do sindicato tensionam as redes, e todos os profissionais que nelas trabalham aprendem, em parte, a serem profissionais em função dessa tensão.

Além dessa formação propiciada pela luta sindical, o SEPE/RJ desenvolve atividades sistematizadas de formação. São usuais as palestras e os seminários promovidos pelo sindicato, tanto na capital quanto em municípios do interior do estado. Há uma relação bastante fértil entre a entidade e as universidades públicas existentes no Rio de Janeiro, em especial com as faculdades de educação dessas universidades, que possibilita que atividades como essas sejam realizadas. São oferecidos também cursos de extensão para professores e para funcionários técnico-administrativos. Em menor número que os seminários (pois mais difíceis de organizar em função de sua duração), esses cursos, sempre que oferecidos, têm tido significativa procura.

Desde 1992, em parceria com a Faculdade de Educação da Universidade Federal Fluminense, vem sendo desenvolvido um outro tipo de atividade formativa, mais prolongada e sistemática: o curso de pós-graduação lato-sensu em Educação Brasileira e Movimentos Sindicais. Esse curso, concebido e executado a partir dessa parceria, foi pensado como tendo o objetivo de propiciar aos que dele participassem uma reflexão, a mais aprofundada possível, sobre a educação brasileira e sobre o papel dos sindicatos, em especial os sindicatos vinculados aos profissionais da educação, na construção de uma escola mais democrática e inclusiva. Embora não seja exclusivamente destinado a eles, muitos militantes e dirigentes sindicais passaram pelo curso, e os resultados disso vêm sendo avaliados de forma positiva tanto pela UFF quanto pelo SEPE/RJ.

Outras duas realizações importantes no campo da formação são a coleção O Sentido da Escola, realizada em parceria com a editora DP&A e organizada pelas professoras Nilda Alves (UERJ) e Regina Leite Garcia (UFF), e a pesquisa sobre a saúde do trabalhador em educação, realizada em parceria com a FIOCRUZ, UERJ e UFPB (ver Brito et al., 2001; e Diniz, 2004).

Todas essas atividades (embora elas pudessem ser realizadas em maior número e de forma mais sistemática e orgânica) mostram o esforço do sindicato em se constituir, cada vez mais, como um espaço de formação para a categoria e de construção de um outro tipo de escola, requisito necessário, embora não suficiente, para a construção de um outro tipo de sociedade.

## O sindicato em crise

As realizações apontadas no item anterior não implicam que a ação do sindicato não mereça ou receba críticas. Pelo contrário, mesmo já tendo realizado muito em sua história, o SEPE/RJ é alvo de uma crítica tanto de parte da categoria, quanto por aqueles que, pertencendo ou não à categoria, têm a entidade como objeto de estudo.

No que tange à categoria, há uma sensação difusa que o sindicato não está presente nas escolas e que suas ações "não adiantam nada, porque no final o governo sempre ganha e nós ficamos ferrados do mesmo jeito" (fala de um professor da rede estadual, depois da última greve capitaneada pelo SEPE/RJ). Para muitos, particularmente para aqueles que participaram do movimento no fim dos anos 70 e início dos anos 80, "o SEPE não é mais aquele". Essa assertiva, que escutei de diversos professores, calca-se na comparação entre as greves e assembléias do sindicato realizadas "naquele tempo" e a mobilização que o sindicato consegue fazer nos dias atuais. Em especial, as greves e assembléias de 1979 e de 1986 são tomadas como parâmetros de comparação, demonstrativos de que o sindicato hoje tem problemas.

Na produção acadêmica dedicada a analisar o sindicato, podemos notar a existência de trabalhos divididos em duas diferentes perspectivas: uma priorizando as críticas às ações da entidade e outra se dedicando mais a analisar os avanços sociais e educacionais derivados dessas ações. Essas duas perspectivas, a grosso modo, podem ser identificadas em dois momentos distintos na produção acadêmica sobre o sindicato. Nos trabalhos existentes até a metade dos anos 90 (p. ex.: Alvarenga, 1991; Alvarenga, 1995; e Lozza, 1992), a tônica é sobre os avanços. Os trabalhos a partir daí (p. ex.: Assunção, 2004; Bastos, 2000; Faeda, 2000; e Silveira, 2002) são praticamente todos dedicados a criticar aspectos da ação sindical, na tentativa de se encontrar pistas das causas da menor mobilização que o SEPE/RJ consegue realizar junto à categoria.

Esses dois momentos são também identificados por Cláudia Vianna (1999), ao analisar a produção acadêmica nacional sobre os diversos sindicatos de profissionais da educação. Segundo ela: "O primeiro bloco trata da organização docente sob a ótica da consciência política e do pertencimento de classe, destacando a força e a capacidade de mobilização da categoria. (...) O segundo bloco temático surge apenas em 1992 e aborda a organização docente sob a ótica da crise, ressaltando as dificuldades enfrentadas pelas associações e sindicatos da categoria" (Vianna, 1999, p. 23).

Na medida em que esses dois momentos distintos podem ser identificados na produção acadêmica de todo o país, pode-se inferir que, se há processos particulares a cada um dos sindicatos, há também processos gerais que afetam a todos eles, levando-os, em conjunturas políticas e sociais determinadas, a uma situação de crise. Assim, para entendermos a complexidade do que hoje ocorre com essas entidades, é necessário levarmos em consideração, em nossas análises, tanto os fatores internos a cada uma delas (no caso deste texto, ao SEPE/RJ), quanto os fatores externos que a todas afetam. Desconsiderar os fatores internos pode levar ao imobilismo, pois se todos os problemas são externos, não há o que se modificar nas ações sindicais, somente tentar aumentá-las em número e potência. Por outro lado, desconsiderar os fatores externos leva ao "catastrofismo", pois a entidade passa a ser vista como a única causadora da desmobilização existente.

## Neoliberalismo, educação e sindicatos

Foi a partir da década de 90 que as forças políticas ligadas ao grande capital nacional e internacional passaram a implementar no Brasil o projeto neoliberal, que desde o final da década de 70 se tornava hegemônico no mundo (Anderson, 1995; e Peroni, 1999). Os governos do Presidente Fernando Collor de Mello e, com muito mais competência política, do Presidente Fernando Henrique Cardoso, tomaram uma série de medidas no sentido de organizar o Estado e a Sociedade de acordo com os princípios neoliberais, particularmente no que tange ao descomprometimento gradativo, por parte do Estado, do financiamento dos serviços públicos essenciais à população, tais como saúde, educação, transporte etc.

A implementação do projeto neoliberal trouxe uma série de conseqüências para a forma como a educação se organizava em nosso país e para a ação dos movimentos sociais dedicados a cobrar do Estado um maior comprometimento com a construção de uma escola pública de cunho mais popular. Essas conseqüências, somente para simplificar a discussão, podem ser divididas em três diferentes eixos: o político, o ideológico e o econômico. Vale notar que embora a maioria dos governantes eleitos no estado do Rio de Janeiro não poderem ser taxados de neoliberais, vários aspectos de suas políticas sociais podem ser vistos como caudatários dessa perspectiva. O ideário neoliberal vai se constituindo como consenso, como discurso único, impregnando as práticas de muitos daqueles que não se colocam explicitamente como partidários dessa visão de mundo. Em relação às conseqüências políticas do avanço neoliberal, pode-se destacar o ataque às organizações que dão suporte ao movimento dos trabalhadores. No caso do SEPE/RJ, esse ataque se efetivou pela diminuição do número de licenças sindicais para os diretores da entidade e, principalmente, pelo não repasse da contribuição sindical de seus associados. O SEPE/RJ abriu mão do imposto sindical, por considerá-lo indevido, e vive da contribuição daqueles que a ele se associam voluntariamente. Essa contribuição é recolhida do próprio salário e repassada pelos governos à entidade. O não repasse dessa verba, prática adotada por diferentes governos, sufoca a possibilidade de ação do sindicato, que se vê com poucos recursos para desenvolver campanhas, organizar atos, alargar os canais de comunicação com a categoria, manter sua estrutura etc.

Ideologicamente, a onda neoliberal traz uma nova perspectiva tanto para a escola quanto para o sindicato. No que tange à escola pública, ela deixa de ser entendida como um direito de todos os cidadãos e passa a ser vista como uma escola para pobres, que não podem arcar com as despesas de sua própria educação. A escola é afetada também pela ressignificação de uma série de conceitos que serviam de esteio para a forma como ela era concebida (Enguita, 1995). Conceitos como qualidade e autonomia, por exemplo, que há muito vinham norteando as lutas por uma educação mais democrática, passam por uma forte modificação, se transformando em sustentáculos de uma idéia de escola excludente e autoritária. Essas transformações levam a modificações profundas na forma como a escola se organiza.

Quanto ao sindicato, ele é afetado ideologicamente de diversas formas. Talvez a mais importante seja a da "demonização" da política. O discurso neoliberal é um discurso tecnicista, pois vê a atividade política como empecilho à dinâmica "natural" dos processos sociais. Somente a atividade técnica é vista como passível de potencializar e redirecionar, para rumos tidos como mais corretos, esses processos. Assim, a participação dos indivíduos em movimentos sociais e políticos é entendida como indevida e até perniciosa. A única participação legítima seria a participação como caridade, a "solidariedade individualista", expressa pelas diversas campanhas de voluntariado, tais como a dos Amigos da Escola.

A onda neoliberal trouxe, também, modificações profundas no mundo do trabalho. Em especial, para o que nos interessa neste texto, ela deflagrou um processo acentuado de precarização das relações de trabalho e de diminuição das garantias sociais do trabalhador, além de ter ocasionado um aumento significativo na intensidade do trabalho.

No que tange aos trabalhadores da educação, houve um incremento do número de profissionais da escola pública contratados temporariamente, portanto sem vínculo trabalhista mais efetivo com a instituição e completamente desprovidos das garantias propiciadas pelo concurso público.

Além disso, cresceu consideravelmente o número de professores concursados que fazem a "dobra", isto é, que trabalham além da carga horária definida em seus concursos, em troca de uma remuneração extra. Seja que nome essa "dobra" tenha em cada um das diferentes redes, ela tem por característica recorrente o fato de que a remuneração dela advinda não é levada em consideração para o cálculo dos benefícios trabalhistas, tais como férias, 13º salário, aposentadoria etc. A remuneração é exclusivamente referente às horas trabalhadas. Além do mais, o contrato de "dobra" é feito por um único ano letivo, podendo ser, ou não, renovado nos anos seguintes, o que faz com que o professor possa ter seu salário diminuído à metade na passagem de um ano ao outro. Mesmo com todos esses pontos negativos, a "dobra" é uma prática cada vez mais presente no cotidiano das escolas. Hoje não é difícil encontrarmos professores com 60 ou até mesmo 70 horas de trabalho por semana. Soma-se a essa situação o incremento da intensidade do trabalho nas escolas (Hargreaves, 1998), pois sobre os ombros dos profissionais da educação recai um número crescente de tarefas, burocráticas e pedagógicas. Esse aumento da intensidade de trabalho, aliado ao aumento da carga bruta de trabalho, tem trazido conseqüências tanto para a qualidade do trabalho docente quanto para a saúde do professor (Alevato, 1999; Brito et al., 2001; Diniz, 2004).

Todos esses fatores — políticos, ideológicos e econômicos — trazidos pela implantação da lógica neoliberal levam a uma tendência de menor participação dos profissionais da educação em movimentos políticos e reivindicatórios, pois tira-lhes as condições materiais e não materiais para se constituírem como sujeitos coletivos. Assim, não deve ser objeto de estranheza que todos os sindicatos de profissionais de educação do Brasil apresentem um quadro de crise a partir de meados dos anos 90, quando a perspectiva neoliberal passa a ser hegemônica em nosso país.

## As questões internas ao sindicato

A todas as dificuldades que a mobilização da categoria tem em uma conjuntura marcada pelo neoliberalismo, somam-se os descaminhos decorrentes de algumas práticas encontradas no sindicato. Embora elas merecessem uma análise muito mais aprofundada do que a que será desenvolvida neste texto, creio ser interessante pelo menos pontuá-las aqui.

Há certa recorrência nas críticas que identificam haver um crescente afastamento entre a base de sustentação do sindicato e sua direção. Essa identificação é marcante entre os professores e começa a preocupar vários de seus dirigentes. Começa, também, a ser objeto de estudo de alguns pesquisadores (Bastos, 2000; Faeda, 2000; Jorge, 1997; Masson, 1997; Silveira, 2002).

Particularmente, fala-se da diferença entre o discurso e as preocupações dos estratos dirigentes, extremamente marcados pelas discussões políticas mais gerais, e as preocupações da maioria dos professores, restritas às questões corporativas (principalmente salários) e/ou às questões relativas ao cotidiano das escolas. Como pudemos ver, a existência desses dois discursos no interior do sindicato pode ser identificada desde o início de seu processo de formação.

Para alguns pesquisadores, como Assunção (2004), o problema está, pelo contrário, no fato de que a direção sindical centrou suas energias na luta corporativa, por melhores condições de trabalho, especialmente por melhores salários, abandonando em grande parte a formulação de um projeto educacional do sindicato, com o qual ele poderia participar mais efetivamente da luta contra-hegemônica.

Desde seu V Congresso, realizado em 1991, foi estabelecido que o sindicato deveria elaborar um projeto educacional próprio, de longo prazo, que lhe permitisse dialogar com toda a sociedade, ajudando na construção de uma escola pública de cunho popular. Entretanto, até hoje esse projeto não teria sido formulado, nem qualquer processo consistente para sua elaboração teria sido proposto.

Ao centrar suas ações nas questões corporativas, o SEPE/RJ estaria fadado a frustrar sua base de sustentação, pois a partir dos anos 90, com a hegemonia neoliberal no Brasil, os ganhos salariais e a melhoria das condições de trabalho dos profissionais da educação estariam comprometidos. Qualquer luta por eles teria poucas possibilidades de vitória. Ao contrário, grande parte das lutas, muitas vezes inglórias, seria por não perder direitos adquiridos. A frustração das derrotas traria o afastamento da categoria do sindicato.

Referindo-se ao Sindicato Unitario de los Trabajadores de la Educación del Perú – SUTEP, Vallejo & Cossíos (1997) apontam para um processo muito semelhante, em que esse sindicato foi modificando sua estratégia, antes exclusivamente reivindicativa, para outra que, junto com a defesa e promoção dos direitos dos educadores, se interessa pela formação permanente do professorado por meio da organização de eventos culturais e pedagógicos. Os autores, entretanto, mostram que o SUTEP não chega ainda a ser percebido pela sociedade peruana como um sindicato suficientemente interessado na transformação pedagógica, nem com uma proposta educativa própria compartilhada com a população.

O SEPE/RJ ainda discute pouco as questões educacionais. Ou melhor, embora essas discussões existam em seu interior (as atividades de formação descritas anteriormente neste texto são exemplos de que a discussão existe), elas são periféricas, quase nunca ocupando os espaços centrais de discussão e de decisão. Aprofundar essa discussão no interior do sindicato é demanda de muitos profissionais da educação. Essa reivindicação é expressa, por exemplo, ao término das atividades formativas, a maioria muito bem-sucedida e bastante procurada.

A pretensão do sindicato em ter uma proposta educacional própria, entretanto, encontra várias barreiras, pois a entidade é plural e bastante conflituosa em seu interior. Além do mais, há de se ter claro que embora a elaboração de propostas educacionais a partir de discussões internas à entidade seja uma prática potencialmente rica, um projeto popular de educação não pode ser engendrado somente pelo sindicato, pela Universidade ou por qualquer outra entidade. Um projeto de tal monta só pode ser construído pela interlocução de diferentes vozes, provenientes de sujeitos possuidores de diferentes inserções sociais.

Um caminho fértil de elaboração de um projeto educacional para o estado do Rio de Janeiro tem sido a participação do sindicato e de seus militantes em espaços interinstitucionais de discussão. O I Congresso Estadual de Educação (I COED), realizado em 2002, dedicado a elaborar um Plano Estadual de Educação para o Rio de Janeiro, mostrou tanto a riqueza de uma discussão que engloba diferentes sujeitos, individuais e coletivos, quanto a importância da participação do SEPE/RJ e de seus militantes nessas discussões. Aprofundar e alargar esses espaços de interlocução serve, também, para que o sindicato e a categoria que ele representa amadureçam suas concepções e construam laços mais consistentes de união.

Outro problema apontado por diferentes sujeitos e pela literatura (p. ex. Bastos, 2000) é a existência de relações extremamente conflituosas entre as "tendências" existentes no interior do SEPE/RJ.

Quintanilha et al. (1997) apresentam a "tendência" como sendo:

"(...) um grupo que exerce uma força política, com a finalidade de defender e difundir princípios e idéias, tentando conquistar a hegemonia dentro do movimento organizado e da sociedade. Têm formas de atuação e objetivos definidos e diferenciam-se entre si pela intensidade de suas ações e propostas. São organismos mais restritos em relação aos partidos políticos. (...) Podem atuar, mas não necessariamente, no interior de partidos e estão presentes em várias instituições sócio-político-sindicais, de onde difundem seu ideário" (p. 98-9).

O problema não parece ser a existência de tendências, fato corriqueiro no interior de movimentos sociais e políticos, mas a forma como elas se relacionam nesse sindicato. Uma de suas diretoras, que faz um trabalho junto com a Fundação Oswaldo Cruz sobre a saúde dos trabalhadores em educação, ao analisar o ocorrido na Plenária Final do X Congresso do SEPE, realizado em 2002, onde as tendências se degladiavam em um processo autofágico, dizia preocupada: "Estamos todos doentes. O Sindicato está doente".

Essa relação fratricida no interior do SEPE/RJ, que muitas vezes faz com que se identifique o companheiro de outra tendência como o inimigo a ser vencido, afasta a categoria do sindicato. Como bem nos mostra Bastos (2000), a maioria dos profissionais de educação não entende as razões do conflito e repudia muitas das práticas dele decorrentes.

Não quero com isso expressar a idéia, ingênua e idílica, de que a democracia se constrói sem conflitos, alguns bastante contundentes. Mas é necessário perceber quais são as questões principais e quais são as secundárias. É, assim, fundamental identificar que forças se colocam em campos radicalmente opostos aos seus e que forças, apesar de compartilharem dos mesmos objetivos e idéias gerais, possuem pontos de discordância frente a sua proposta. Não fazer isso confunde a luta política, o que tende a afastar a categoria da vida sindical.

A luta fratricida entre as tendências se agrava através de uma forma organizativa potencialmente democrática, mas que, na prática, tem levado a impasses consideráveis: a eleição proporcional. Essa forma de organização da estrutura do sindicato foi adotada a partir de novembro de 1994. Por ela, há uma diretoria colegiada composta proporcionalmente em função das percentagens de votos obtidas pelas diferentes chapas. Na última eleição, por exemplo, concorreram seis chapas e todas hoje fazem parte da diretoria. Isso tem trazido a luta para o interior da própria diretoria.

Além disso, a eleição proporcional, tal como vem sendo desenvolvida no sindicato, descaracteriza as atividades específicas de cada diretor, pois os cargos são vistos muito mais como maneiras de se ocupar espaço político na instituição do que como instâncias específicas que realizam, até certo ponto, trabalhos específicos.

Esses fatos levam ao afastamento dos professores do sindicato e têm como decorrência tanto a pouca renovação dos quadros dirigentes, quanto o abandono de antigos militantes, que simplesmente se cansam do estressante cotidiano sindical (Bastos, 2000).

## O que fazer?

A maioria dos autores citados durante este texto tiveram ou têm uma ligação com o sindicato, alguns, inclusive, nele ocupando cargos de direção. A presença de seus nomes na bibliografia corresponde ao resultado do processo de interação cada vez maior entre essa entidade e a Universidade. De iniciativas pontuais e localizadas, essas instituições começaram – e só começaram, pois há muito a fazer – a tecer entre si laços mais orgânicos e sistemáticos. O Curso de Especialização em "Educação Brasileira e Movimentos Sindicais" e a Coleção "O Sentido da Escola", já citados anteriormente, são dois exemplos desse tipo de ligação.

Essa parceria entre sindicato e Universidade tem sido construída a partir de dois princípios fundamentais. O primeiro, relativo à forma como essa parceria se constrói, dita que a relação entre essas entidades seja a menos hierarquizada possível. A idéia, não é a de que a Universidade possa ou deva "iluminar" as práticas sindicais com seu conhecimento. Seria um absurdo querer ensinar ao SEPE/RJ a fazer política. Só uma relação dialógica, crítica e democrática pode derivar em práticas sociais mais potentes, em ambas as instituições.

O segundo princípio é o de que tanto a Universidade quanto o sindicato são agências formadoras dos profissionais da educação. Ambos querem formar profissionais não só competentes, mas comprometidos com a educação das classes populares, educação essa que somente pode realizar-se em uma escola pública inclusiva e de qualidade social. Ambos trabalham com a idéia de que é necessário formar politicamente os profissionais da educação, pois só assim eles poderão interferir criativamente não só na forma como se educa, mas também nos objetivos e finalidades da educação escolar.

A idéia é formar um trabalhador não alienado, que por um lado supere a visão romântica e ingênua de um educador movido somente por sua "vocação", sem se preocupar com as condições materiais e com o mundo que está fora dos muros escolares, mas ao mesmo tempo que não caia no trabalhador proletarizado e capitalista, preocupado somente com sua sobrevivência e desprovido da capacidade e da possibilidade de interferência em seu trabalho.

Essa idéia supera, assim, uma falsa dicotomia entre lutas por melhores condições de trabalho e lutas por uma educação de qualidade. Melhores condições de trabalho e de vida para os profissionais da educação são condições necessárias, embora não suficientes, para a construção de uma educação de qualidade. Por outro lado, só o esforço pela construção de uma escola pública de qualidade social, que marque positivamente a vida e os corações dos brasileiros, pode, efetivamente dar legitimidade às reivindicações materiais dos profissionais da educação.

Cabe a sindicatos como o SEPE/RJ uma parcela significativa de responsabilidade na construção de uma nova escola, mais democrática em seus princípios, meios e fins. Mas alargar a democracia na escola implica em alargar a democracia no interior do próprio sindicato e lutar, por sua vez, para alargar a democracia em todos os níveis da sociedade.

Como nos ensina Ítalo Calvino, temos de exercer sempre um olhar crítico e militante — no sindicato, na escola e na sociedade — para "*tentar saber reconhecer quem e o que, no meio do inferno, não é inferno, e preservá-lo, e abrir espaço*".

# Bibliografia

ALEVATO, Hilda. *Trabalho e neurose: enfrentando a tortura de um ambiente em crise*. Rio de Janeiro: Quartet, 1999.
ALVARENGA, Dulce Rodrigues. *A ação político-pedagógica do SEPE junto aos professores, na busca de uma escola pública de qualidade e que atenda aos interesses da classe trabalhadora*. Dissertação de mestrado. Niterói, Mestrado em Educação, Faculdade de Educação, UFF, 1991.
ALVARENGA, Marilene Calheiros. *A greve como um movimento de reconstrução da ação pedagógica*. Dissertação de mestrado. Niterói, Mestrado em Educação, Faculdade de Educação, UFF, 1995.
ALVES, Nilda. *Trajetórias e redes na formação de professores*. Rio de Janeiro: DP&A, 1998.
ANDERSON, Perry. Balanço do neoliberalismo. In: SADER, Emir & GENTILI, Pablo (orgs.). *Pós-neoliberalismo: as políticas sociais e o Estado democrático*. Rio de Janeiro: Paz e Terra, 1995.
ANDRADE, Teresa Ventura de. *A União dos Professores do Rio de Janeiro: um capítulo da história da organização docente (1948–1979)*. Dissertação de mestrado. Niterói, Mestrado em Educação, Faculdade de Educação, UFF, 2001.
ASSUNÇÃO, Marcelo de Oliveira. Pensar a educação ou lutar por salários? O sindicato e seu projeto educacional. In: OLIVEIRA, Inês Barbosa de & DINIZ, Reinaldo Ramos (orgs.). *Ação sindical, ação educativa e produção acadêmica*. Rio de Janeiro: DP&A, 2004.

BASTOS, Maxwel Monteiro. *"Depois da crise passar você me chama"*: *a complexidade do processo de formação dos professores e o problema do distanciamento entre o núcleo dirigente e a base de representação do SEPE/RJ*. Dissertação de mestrado. Niterói, Mestrado em Educação, Faculdade de Educação, UFF, 2000.

_____. *O sindicato de profissionais da educação na formação continuada do professor: seberes e movimento em rede – sua concretização no SEPE/RJ*. Monografia de Especialização. Niterói, Curso de Especialização em Educação Brasileira e Movimentos Sindicais, Faculdade de Educação, UFF, 1997.

BRITO et al. (orgs). *Trabalhar na escola? "Só inventando o prazer"*. Rio de Janeiro: Edições IPUB / CUCA, 2001.

CHAVES, Fátima Machado. *O trabalho de serventes e merendeiras de escolas públicas da cidade do Rio de Janeiro*. Dissertação de mestrado. Niterói, Mestrado em Educação, Faculdade de Educação, UFF, 1998.

COELHO, Ricardo B. Marques. *O sindicato dos professores e os estabelecimentos particulares de ensino no Rio de Janeiro (1931–1950)*. Dissertação de mestrado. Niterói, RJ. Mestrado em História, ICHF, UFF, 1988.

DINIZ, Reinaldo Ramos. A organização do trabalho educativo escolar e a saúde de seus profissionais: uma relação dolorida. In: OLIVEIRA, Inês Barbosa de & DINIZ, Reinaldo Ramos (orgs.). *Ação sindical, ação educativa e produção acadêmica*. Rio de Janeiro: DP&A, 2004.

ENGUITA, Mariano Fernández. O discurso da qualidade e a qualidade do discurso. In: GENTILI, Pablo A. A. & SILVA, Tomaz Tadeu da. *Neoliberalismo, qualidade total e educação*. 2. ed. Petrópolis: Vozes, 1995.

FAEDA, Rita Serra. *Gestão democrática: os desafios dessa prática no cotidiano do SEPE/RJ*. Dissertação de mestrado. Niterói, Mestrado em Educação, Faculdade de Educação, UFF, 2000.

GOHN, Maria da Glória. *Teoria dos movimentos sociais: paradigmas clássicos e contemporâneos*. São Paulo: Loyola, 1997.

HARGREAVES, Andy. *Os professores em tempos de mudanças: o trabalho e a cultura dos professores na Idade Pós-Moderna*. Lisboa: Mc Graw-Hill, 1998.

JORGE, Elisete Tavares dos Santos. *Dirigente sindical do magistério: sujeito individual e coletivo*. Dissertação de mestrado. Niterói, Mestrado em Educação, Faculdade de Educação, UFF, 1997.

LOZZA, Carmen Lúcia Pessanha. O movimento sindical do magistério e sua ética: qual a moral dessa história. *Contexto & Educação*, v. 1, n. 1. Ijuí, out./dez. 1992.

MASSON, Máximo Augusto Campos. *Campo educacional, magistério e modernidade: a situação dos professores na sociedade brasileira*. Tese de doutorado. Rio de Janeiro. Doutorado em Educação, Faculdade de Educação, UFRJ, 1997.

_____. *O magistério e o sindicalismo: a trajetória do Centro de Professores do Rio de Janeiro*. Rio de Janeiro. Dissertação de mestrado. Mestrado em Ciências Sociais (Sociologia), IFCS, UFRJ, 1988.

MORAIS, Ana Cláudia de. O sindicato como espaço-tempo de minha formação e da de outros companheiros e companheiras. In: OLIVEIRA, Inês Barbosa de & DINIZ, Reinaldo Ramos (orgs.). *Ação sindical, ação educativa e produção acadêmica*. Rio de Janeiro: DP&A, 2004.

PERONI, Vera Vidal. *A redefinição do papel do Estado e a política educacional no Brasil dos anos 90*. Tese apresentada ao Doutorado em História e Filosofia da Educação, PUC, São Paulo, 1999.

QUINTANILHA, Ana Maria de Amorim et al. *Da SEP-RJ ao CEPE/RJ: da fundação à unificação com os funcionários administrativos (1977–1988)*. Monografia de Especialização. Niterói, Curso de Especialização em Educação Brasileira e Movimentos Sindicais, Faculdade de Educação, UFF, 1997.

SILVEIRA, Marta de Moraes Lima. *Entre gregos e troianos. As relações entre o SEPE/RJ e a categoria de profissionais da educação do Rio de Janeiro*. Dissertação de mestrado. Niterói, Mestrado em Educação, Faculdade de Educação, UFF, 2002.

VALLEJO, María Amelia Palacios & COSSÍOS, Manuel Paiba. *Consideraciones para una política de desarrollo magisterial.* Lima: Foro Educativo, 1997.

VIANNA, Cláudia. *Os nós do "nós": crise e perspectiva da ação docente em São Paulo.* São Paulo: Xamã, 1999.

## Capítulo VII

# Políticas Públicas e Poder Popular

PERCIVAL TAVARES DA SILVA

ESTE ensaio toma como território geográfico e político de estudo o Município de Nova Iguaçu-RJ, Baixada Fluminense,[122] para tentar descortinar aí as relações existentes entre políticas públicas e poder popular. Nesse sentido, após breve incursão histórica aos principais fatores, acontecimentos e atores que têm ajudado a construir a identidade de Nova Iguaçu,[123] sobretudo a partir de 64, tenta mostrar como historicamente o Estado tem reagido frente às demandas sociais, cada vez mais agudas e o papel reservado e assumido pela população local e suas organizações.

Antes, porém, de adentrar a história de Nova Iguaçu e das relações de poder que aí se estabelecem, se faz necessário esclarecer a compreensão de Políticas públicas subjacente a esta abordagem.

## Políticas públicas e papel do Estado

Políticas públicas são a materialidade da intervenção do Esta-

---

[122] A história de Nova Iguaçu, sobretudo até 1944, quando começam as emancipações de alguns de seus distritos, confunde-se com a história da Baixada Fluminense (ver nota 3).

[123] A recuperação da história da mobilização social em Nova Iguaçu baseia-se sobretudo em Alves (2003) e Silva (1994).

do frente aos problemas sociais em dada sociedade ou "o Estado em ação" (Azevedo, 1997). Pode-se entender as políticas públicas como partes de uma totalidade maior do projeto de sociedade definido no conflito de interesses e na correlação de forças. Nesse sentido, elas devem ser pensadas em sua articulação com o planejamento mais global que a sociedade constrói para si e que se realiza por meio da ação do Estado.

Uma política pública surge e se define a partir *de um problema* de um setor da sociedade que se torna *socialmente problematizador* exigindo a atuação do Estado; do *grau de organização e de articulação* dos diversos setores e dos grupos que predominam em cada setor (o domínio político condiciona o plano de ação para cada setor: grupos em luta terão suas demandas atendidas na agenda dos governos de acordo com seu poder de pressão e domínio interno); das *representações sociais*: a dimensão ideológica das políticas públicas (os grupos hegemônicos no setor vão influir no conteúdo dessa solução, em sua definição e formulação, de acordo com suas representações cognitivas, instrumental e normativa) (Azevedo, o.c., 66).

*Assim, "o processo pelo qual se define e se implementa uma política não se descura do universo simbólico e cultural próprio da sociedade em que tem curso, articulando-se, também, às características de seu sistema de dominação e, portanto, ao modo como se processa a articulação dos interesses sociais neste contexto"* (Idem, 67).

Nesse sentido, os conceitos gramscianos de "Estado Ampliado" e "poder dual" ajudam a compreender o Estado capitalista. Para Gramsci, o Estado é a "hegemonia encouraçada de coerção", é a composição da sociedade política (dominação) mais a sociedade civil (hegemonia). "A supremacia de um grupo social se manifesta de duas maneiras: como 'dominação' e como 'direção' intelectual e moral. Um grupo social é dominante dos adversários, que tende a 'liquidar' ou a submeter, com a força armada; e é dirigente dos grupos afins ou aliados" (apud Semeraro, 2001, 74s). Essa dominação e essa direção se expressam como uma composição de forças, que se define no jurídico, no legislativo e no executivo, com ramificações sobre a sociedade civil, espaço da hegemonia capitalista e da contra-hegemonia — O Estado é um Estado em disputa.

É como historicamente o Estado tem se materializado em Nova Iguaçu, como espaço público disputado por um pequeno grupo que o quer manter privado à força e culturalmente alimenta um consenso político e por uma organização popular que quer de forma contra-hegemônica ampliar a esfera pública: o poder popular.

## As origens de Nova Iguaçu

Situada a 32 quilômetros ao norte da cidade do Rio de Janeiro, na Baixada Fluminense, Nova Iguaçu, antiga Vila de Iguassu, quando fundada em 1833, possui 1.344 km$^2$ de extensão[124]. Em 2000, depois de retaliada, fica reduzida a 520,5 km$^2$ e a 920.599 habitantes[125].

Trata-se de uma região caracterizada ao longo de sua história pela deficiência infra-estrutural, populações carentes e abandono pelo poder público. De zona intermediária nos períodos colonial e imperial, sobretudo escoadoura do café,

---

124 A antiga Vila Iguassu abrange, hoje, as áreas dos municípios de Belford Roxo (emancipado em 1993), Duque de Caxias (1944), Japeri (1993), Mesquita (2000), Nilópolis (1947), Nova Iguaçu, Queimados (1993) e São João de Meriti (1947).
125 Somados os municípios emancipados, a antiga Vila de Iguassu tem mais de 3.100.000 habitantes em 2000.

com o assoreamento de seus rios e a construção das ferrovias por Mauá, a partir de 1854, acaba sendo transformada numa zona de passagem rápida (ibidem, 41s).

Progressivamente a Vila Iguassu precipita-se em declínio devido às epidemias recorrentes[126] e à decadência agrícola da região. Exceção ao enclave citrícola a partir de 1883 em torno da Estação de Maxambomba e que com o tempo torna-se cidade. Em 1916 recebe o nome de Nova Iguaçu.

Espremida entre a especulação do latifúndio, o pântano decadente da região e a supervalorização do núcleo carioca preservado na nova ordem sócio-espacial[127] às classes privilegiadas, o destino da população rural passa a ser a periferia a oeste do Rio de Janeiro e as prósperas colinas dos laranjais de Nova Iguaçu.

Entre 1929 e 1940, sua população quadruplica: passa de 33.396 para 140.606 habitantes. De acordo com o IBGE em 1950 é de 145.649 habitantes, 359.364 em 1960, e 727.140 em 1970. Enquanto a população rural de 46,60% em 1950 é reduzida a 0,29% em 1980. Apesar de um inchamento urbano mais lento, Nova Iguaçu transforma-se então na sétima cidade do País com 1.094.805 habitantes.

E nesse imenso dormitório em que Nova Iguaçu e a Bai-

---

126 Durante 23 anos, a partir de 1855, a cólera que só nos primeiros dias mata 121 pessoas, a maioria escrava trabalhando no transporte fluvial impera na área. Da epidemia da malária que, por volta de 1858, mata mais de 5 mil trabalhadores nos 9 meses de construção do trecho férreo Queimados-Belém (Japeri) advém o nome 'Queimados', pois os corpos das vítimas da malária eram queimados para evitar sua disseminação (Alves, o.c., 42s).

127 São fundamentais à definição da nova ordem sócio-espacial, a reforma Pereira Passos, sobretudo, e a ação da União (1902-1906). Enquanto o Porto do Rio é transformado em exportador de café e a cidade em capital da nova elite cosmopolita, a Baixada, assim como os subúrbios da cidade, recebem os despejados das demolições de cortiços e cabeças-de-porco, os ambulantes e mendigos.

xada se transformam, em geral de mão-de-obra não qualificada a trabalhar no Rio, começa a se manifestar nos inícios dos anos 60 uma crescente insatisfação popular expressa no voto mais à esquerda, na mobilização camponesa das ocupações de terras e na "revolta popular" (Alves. o.c., 93-97).

## Mobilização urbana em Nova Iguaçu por Políticas públicas

Desde 1945, há tentativas isoladas de organizar a população de Nova Iguaçu pela obtenção de serviços urbanos, mas só em 1950, formam-se as primeiras associações de bairro. O movimento de bairros — Associações Pró-Melhoramentos de Bairro, Centros Pró-Melhoramentos de Bairros — se expande nos últimos anos de populismo (1958-1964). Esses grupos chegam a realizar em 1960 um Congresso, posteriormente encampado como o *I Congresso do Movimento Amigos de Bairros de Nova Iguaçu* e que obtém algumas concessões da Prefeitura. A sua frente está o PCB (Partido Comunista do Brasil), antes de sua subdivisão em 1962.

A repressão militar, principalmente após decreto do Ato Institucional n. 5 (AI-5) em 1968, reduz esse movimento a reivindicações isoladas, impede a coordenação entre os bairros. Nesse período, a Diocese de Nova Iguaçu, tendo à frente D. Adriano Hipólito, ao priorizar em 1968 as Comunidades Eclesiais de Base (CEBs), acaba exercendo um papel subsidiário importantíssimo frente à carência de movimentos sociais, à falta de espaço e à repressão.

O Movimento Amigos de Bairros de Nova Iguaçu (MAB) começa a delinear-se na primeira metade da década de 70 e a tomar força com o abrandamento gradual da repressão, especialmente após 1978. As péssimas condições de vida da população associadas à intervenção da Cáritas Diocesana e seus agentes na assistência ambulatorial, aos agentes de pastorais de uma diocese progressista, a intelectuais de esquerda, a líderes das lutas pré-1964, assim como a novos militantes nos bairros, vão favorecer o surgimento e o desenvolvimento desse movimento urbano.

Alguns poucos políticos do MDB apóiam o movimento de bairros, mas a Igreja é sua maior aliada. Seu trabalho de conscientização, e seu apoio à organização da população acabam contribuindo para a entrada de "novos personagens" na cena política da Região, a exemplo dos trabalhadores de São Paulo, na década de 70-80 (Sader, 1988).

Assim, após quase duas décadas, setores sociais locais começam a se insubordinar contra o aparato de dominação montado pelo regime militar para esfacelar as oposições e instalar aliados à frente das máquinas clientelísticas e dos mecanismos ilegais de obtenção de recursos. D. Adriano Hipólito faz declarações públicas contra políticos da região; moradores se organizam num crescendo em associações para pressionar o prefeito por melhorias, prestação de contas e audiências públicas; vereadores, deputados e populares manifestam-se a favor de eleições diretas etc.

No entanto, o fantasma da repressão militar, radicalizado em práticas de terrorismo e ilegalidade, condiciona seu desenvolvimento. Em 22 de setembro de 1976, D. Adriano Hipólito é seqüestrado por um grupo paramilitar e torturado na Vila Militar; três Igrejas de Nova Iguaçu amanhecem pichadas contra o "bispo comunista" em 3 de novembro de 1979; uma bomba explode em dezembro de 1979 sob o altar da Catedral; em 1981 casos de espancamento, violações de correspondência, visitas com interrogatórios estranhos, atingem lideranças populares e da Igreja Católica.

Numa conjuntura nacional em que o movimento social começa a se rearticular, as associações de bairros são o principal instrumento de organização na Baixada a pressionar o Estado a ser mais receptivo às necessidades da população. Em Nova Iguaçu, o MAB vai coordenar seus esforços, transformando-os num projeto mais coeso. Dessa forma, os anos 80, além da rede de CEBs, conhecem o surgimento na Baixada de um poderoso movimento social que tem no MAB e demais federações[128] sua face mais visível.

Em Nova Iguaçu, a primeira manifestação unificada de bairros junto ao executivo municipal acontece em 14 de outubro de 1978 na *assembléia dos 800*. O Memorial de 34 bairros em diferentes estágios de organização cobra, entre as reivindicações, a *audiência pública* com o prefeito. Reivindicação essa decisiva ao combate do clientelismo muito presente na política local. O MAB, que se recusa ficar à mercê dos políticos tradicionais, consegue um canal direto de interlocução dos moradores com o Governo Municipal. Essa assembléia inaugura um novo período no desenvolvimento do MAB, marcado por uma participação mais ampla, maior visibilidade pública e repercussão na política local.

A partir de então, além da *luta pela manutenção da audiência pública* junto aos Executivos Municipais que se sucedem, suas intervenções expressam-se sobretudo nos Movimentos dos Conjuntos Habitacionais e dos Transportes; nas lutas pelo Saneamento Básico, pela Saúde e pela Educação; no *impeachmet* do Prefeito Paulo Leone; na participação nos conselhos comunitários e municipais entre outros; na Câmara Itinerante e nas Audiências Públicas para Elaborar a Lei de Diretrizes Orçamentárias, em 2003; na luta pela conclusão das obras e instalação do CEFET de Nova Iguaçu; na recente luta por uma universidade pública na área.

---

128 No período são criadas as Federações: Movimento de União de Bairros de Duque de Caxias (MUB) e a Associação de Bairros e Moradores de São João de Meriti (ABM).

## Movimento dos Conjuntos Habitacionais

A luta dos Conjuntos Habitacionais do BNH desencadeada nos inícios de 1979 é, sem dúvida, na história de Nova Iguaçu, a luta por serviços urbanos de maior dimensão (Silva, 1994, 80-86). Sua expressão política se deve a 90% das 20 mil famílias moradoras em conjunto Habitacionais do BNH afetadas, às manifestações massivas, ao envolvimento de personalidades e entidades, e a seu questionamento da política nacional de habitação.

Nos inícios de 1978, cerca de 3.500 mandados de despejo transitam no Fórum de Nova Iguaçu contra os moradores em situação irregular. Por isso, desde fevereiro de 1979, com a ajuda do MAB e o apoio da CDJP (Comissão Diocesana de Justiça e Paz), moradores dos conjuntos ameaçados se mobilizam em comissões, cadastramentos e assembléias. Em 7 de abril de 1980, o presidente do BNH autoriza as financeiras a renegociarem os imóveis, beneficiando os 23 conjuntos habitacionais da região. Assim, após 2 anos de luta, os despejos são suspensos e 5.277 famílias compram seus imóveis.

Em maio de 81, moradores conseguem acordo com o BNH para outras 15 mil famílias. No entanto, as financeiras continuam com ações de despejos. A partir de então, a luta dos mutuários do BNH adquire caráter nacional e ganha caminhos próprios. E a questão da habitação popular só é retomada pelo MAB em 1988, em decorrência da grande enchente de fevereiro (Silva, 1994, 171ss).

No bojo da luta pela habitação popular, destacam-se duas mobilizações localizadas: Nos inícios de 1980, ameaçados de desapropriação pela FUNDREM para a construção de um conjunto residencial, moradores de bairros próximos à Estrada de Madureira, dirigidos pela AM Jd. Guandu e MAB e apoiados pela CDJP, após várias assembléias com mais de 1.000 pessoas, conseguem cancelar as remoções. E em meados de 1981, cerca de 2 mil pessoas do Mutirão Urbano de Nova Aurora, distrito de Belford Roxo, conseguem, com o apoio do Bispo e da CDJP, a doação de uma terra da prefeitura para casas populares em convênio com a Caixa Econômica (Silva, o.c., 85s).

No entanto, a *principal luta* do MAB em 1979 é a consolidação da *audiência pública*. A rotina das audiências torna-se, desde o princípio, uma contenda permanente entre o Movimento e o poder municipal, em que a prefeitura além de não atender as suas reivindicações, procura cooptar suas lideranças. Por isso, num cenário de avanço do movimento social nacional, de intensificação do clima político, de passos contraditórios do Governo, cerca de 3.000 moradores, representando 69 bairros, protestam na *assembléia de 15 de julho de 1979*. Todavia o poder público permanece insensível.

No início de 80, as principais atividades do MAB são a *exposição de fotografias* inaugurada em 28 de junho de 1980 na Praça da liberdade, Centro de Nova Iguaçu, para denunciar o abandono dos bairros, e a *manifestação no Palácio da Guanabara* em 13 de junho de 1980, reivindicando melhorias urbanas para Nova Iguaçu. Destaca-se a questão do saneamento básico. No entanto, apesar de a visibilidade da caravana, suas denúncias e reivindicações acabam surtindo pouco efeito.

Desde então, o MAB busca ampliar sua integração aos Movimentos Sociais. Desempenha um importante papel na articulação das diversas experiências regionais de bairros em uma federação estadual, a FAMERJ. Além disso, alia-se ao conjunto das oposições na luta pelas liberdades democráticas.

A reforma partidária de 1979 afeta profundamente o MAB. Nos inícios de 1980, seus líderes mais expressivos começam a definir opções distribuindo-se principalmente entre o PMDB e o PT. Alguns poucos ingressam no PDT.[129] Suas diferentes concepções políticas começam a assumir contornos mais nítidos. Em dezembro de 1981, no II Congresso Municipal das Associações de Moradores, quando a entidade se efetiva como Federação, as divergências internas acirram a disputa pelo seu controle. O aumento das tensões internas e o forte envolvimento de suas principais lideranças, candidatas ou não, no processo eleitoral de 1982, acabam restringindo sua atuação. Após esse Congresso, embora aumente progressivamente o número de AMs filiadas, o MAB não tem a mesma força de mobilização (Silva, 1994, Anexo 2, quadro VII).

Após o hiato autoritário, na *eleição de 1982*, apesar de o casuísmo do voto vinculado que obriga o eleitor a votar no mesmo partido, a Baixada retoma sua votação no trabalhismo. O eleitor, disposto a eleger Leonel Brizola governador, acaba votando nos candidatos de seu partido. O PDT conquista as prefeituras de Nova Iguaçu e São João de Meriti e a maioria nas câmaras municipais da Baixada.

Apesar de nenhum candidato popular de Nova Iguaçu ser eleito, abrem-se perspectivas políticas para o Movimento que é desafiado a participar da elaboração dos programas de governo, sobretudo, Municipal. Participando, no entanto, de atividades promovidas pela prefeitura, o MAB e outras entidades populares vêem de forma demagógica suas propostas aprovadas quase na totalidade.

## Movimento dos Transportes

A única *luta* a merecer destaque em 1982 é a *dos transportes* (Silva, 1994, 149ss), deflagrada em decorrência dos excessivos e sucessivos

---

129 A reforma partidária, ainda restritiva, faz com que PCB, PCdoB e MR-8, forças no MAB, permaneçam abrigados no PMDB.

aumentos das passagens dos ônibus do município, desde o segundo semestre de 81. No período, enquanto ocorrem sucessivos aumentos das passagens, vários atos públicos e passeatas, um abaixo-assinado ao prefeito Rui Queirós com 22 mil assinaturas reivindica o retorno das passagens aos preços anteriores, passe-livre para estudantes e desempregados, e uma vigília de 11 dias e 5 noites à porta da Prefeitura exige critérios técnicos para a definição dos preços das passagens.

Depois de muita pressão popular, em julho de 1983, o novo Prefeito, Paulo Leone, cria uma Comissão Mista de Transporte que elabora uma planilha de cálculos tarifários, sanciona a planilha em dezembro e a coloca em execução a partir de 1º de janeiro de 1984. Nesse dia, quando os empresários exigem aumento de 30% apenas 20% das linhas de ônibus têm reajustes e muitas são obrigadas a baixar os preços. E a luta dos transportes, aos poucos, capitaliza o descontentamento dos munícipes com o Prefeito, às voltas com corrupção e sucessivos decretos aumentando as passagens.

Em meados de 1985, o Prefeito decreta o *passe-livre* com 75% de desconto *para estudantes* uniformizados, mas os empresários suspendem sua venda na justiça. E o movimento organizado (MAB, UIES – União Iguaçuana de Estudantes Secundaristas, FAMERJ) só consegue o passe-livre no governo Aluísio Gama (1989-1992). Mesmo assim, restrito e refém do clientelismo, pois só tem direito ao passe-livre os estudantes cadastrados, cadastro renovável mês a mês e sujeito a outros interesses.

Em maio de 1993, um MAB sem poder de intervenção vê a Câmara de Vereadores aprovar o projeto dos vereadores petistas concedendo "o passe-livre aos estudantes de 1º e 2º graus". E que, ao assegurá-lo "a todos os estudantes uniformizados ou de posse da carteira escolar", tenta barrar o jogo clientelista embutido na lei em vigor. No entanto, apesar de sancionado por Altamir Gomes (PDT) ainda demanda muita luta, pois permanece refém de dotação orçamentária para financiá-lo.

## A luta pelo Saneamento Básico

Desde o segundo Império, o saneamento da Baixada, em particular, de Nova Iguaçu, exemplifica como o Estado pode-se tornar investidor público para fins privados. Os compradores das fazendas decadentes da Vila Iguassu vêem suas terras recuperadas e valorizadas com as ferrovias e o saneamento da região. A exemplo da seca no Nordeste brasileiro, existe na área a indústria do saneamento a justificar a miséria da região e a obtenção de recursos canalizados para os escoadouros do dinheiro público.[130]

Desde a criação da Comissão Federal de Saneamento e Desobstrução dos Rios que Deságuam na Baía da Guanabara, em 1910, as retificações, canalizações e drenagens de seus rios vão ampliar o impacto e a destruição ambiental. Ao mesmo tempo, os compradores de lotes, principalmente a partir da década de 30, vão conviver com os seculares problemas decorrentes da falta de saneamento básico como enchentes recorrentes, epidemias, problemas crônicos de saúde, falta de água e de esgoto.

Os loteamentos, colocados à disposição dos capitais metropolitanos pelo saneamento, transformam-se na forma generalizada de incorporação. Passam a resolver o problema de habitação para a população crescente e segregada da Capital, livram o pequeno poupador da desvalorização da moeda, salvam os proprietários decadentes das hipotecas e dívidas, afortunando os donos de imobiliárias. Com o fim da citricultura em meados dos anos 40, também o distrito-sede de Nova Iguaçu começa

---

[130] De acordo com o estudo de Waldick Pereira (Cana, café & laranja. História econômica de Nova Iguaçu, Rio de Janeiro, FGV/SEEC-RJ, 1977), em 1901, Quintino Bocaiuva descobriu 46 decretos, 11 leis e 4 resoluções, sendo o mais antigo de 1839, relacionados ao saneamento (apud Alves, 2003, 43s).

a sofrer o impacto dos loteamentos e do agravamento da infraestrutura sanitária devido ao inchamento urbano.

Assim, entende-se porque desde sempre o saneamento básico têm sido uma das principais reivindicações do movimento nos enfrentamentos com o poder público.[131] Somente em 1984, porém, ao perceber o saneamento básico como um problema comum à Baixada e dependente de uma definição política entre os governos federal, estadual e municipal, é que o MAB decide priorizá-la e se somar às demais Federações de Moradores da Baixada e à FAMERJ.

Em 18 de novembro de 1984, na maior manifestação das associações de moradores no Estado no ano, cerca de 5 mil pessoas em assembléia, no Instituto de Educação Rangel Pestana, em Nova Iguaçu, exigem "saneamento já". E em 23 de novembro, cerca de 2 mil moradores em passeata da Central do Brasil ao Palácio da Guanabara, cobram um *Plano Global de Saneamento Básico* para a Baixada.

A partir de então, o Movimento conquista espaços junto às Secretarias do Estado e a luta toma novo impulso. Em fevereiro de 1985, formam-se os Comitês de Saneamento Estadual e Municipal. E em 4 de julho é assinado convênio entre o BNH e o Estado para o Programa Integrado de Saneamento Básico da Baixada Fluminense e outros municípios. No mesmo dia é inaugurado o Plano-Piloto de Vilar dos Telles, em São João de Meriti. Até setembro iniciam-se as obras de esgoto sanitário em dois bairros de Nova Iguaçu e em dois de Duque de Caxias.

---

131 Ainda hoje a população identifica o saneamento básico como a principal reivindicação a demandar serviços e equipamentos públicos em Nova Iguaçu. Em 2003, 41% dos 514 participantes das Audiências Públicas Itinerantes para a Elaboração da Lei de Diretrizes Orçamentárias de Nova Iguaçu o apontam como prioridade primeira.

Em dezembro de 1985, o Movimento questiona as limitações do Plano-Piloto, a morosidade e a tentativa do Governo Estadual de cobrar da população pelas obras. A dragagem do Rio Botas prevista para 1988, após pressão popular, começa emergencialmente no início de 1986.

No entanto, aos poucos a mobilização se reduz, praticamente, a negociações das diretorias das federações com o Governo Estadual. O MAB se limita a enviar dois diretores às reuniões do Comitê da Baixada. Isso leva as AMs a se desmobilizarem e a enfraquecerem a luta.

A luta pelo saneamento é retomada em fevereiro de 88, no Governo Moreira Franco, quando enchentes no Estado deixam milhares de desabrigados, centenas de mortos e agravam a saúde da população com leptospirose e verminose. Só em Nova Iguaçu mais de 2 mil famílias são desabrigadas.

Para forçar a imediata construção das casas para os desabrigados, conforme financiamento do BIRD, o MAB promove em 20 de maio de 88 o "Dia Municipal da Luta pela Habitação e Saneamento Básico". Realiza 5 manifestações em 5 áreas diferentes no Município, chega a ocupar uma pertencente à Companhia Estadual de Habitação em Belford Roxo. A iniciativa repercute e se desdobra em outras ocupações com repressão policial. Ainda em 1988, o Governo Estadual começa a construir cerca de 1.200 casas em Nova Iguaçu e a cadastrar as famílias às margens do Rio Botas. Mas pouca coisa há mudado quando em abril de 1990, as enchentes voltam a castigar a Baixada, deixando 5 mil casas inundadas (*O Globo*, 21/04/90) e 1.566 desabrigados só em Nova Iguaçu (*Jornal de Hoje*, 21/04/90).

Em maio de 90, ano de eleições, o Governador do Estado entrega as chaves de 650 casas do Conjunto Habitacional do Sítio Livramento, no distrito de Belford Roxo, a uma parcela dos atingidos pelas enchentes de 1988. Somente em Julho de 90, depois de sete anos de luta e quase dois anos após a aprovação do financiamento do Banco Mundial, a Caixa Econômica começa a liberar a verba (*Última Hora*, 29/06/90) para as obras de limpeza e canalização de rios e afluentes da Baixada. No entanto, em fevereiro de 91, após as eleições, são paralisadas.

A partir de 1995, já no Governo Marcello Alencar, o saneamento básico da Baixada é associado ao Programa de Despoluição da Baía da Guanabara – PDBG. Mas o PDBG tem recebido tratamento inadequado pelos sucessivos Governos do Estado. As obras, atrasadas no Governo Marcello Alencar, paralisadas em 2001 no Governo Garotinho, são retomadas em 2003. Em 2004, após consumir 80% da verba, cerca de U$ 800 milhões, apenas 10% das obras previstas estão concluídas. CPI da Assembléia Legislativa Estadual constata "falta de planejamento" e estima um adicional de U$ 300 milhões para a conclusão das obras (*JB*, 25 e 26.05.2004).

## A luta pela Saúde

A *luta popular* pela abertura *do Hospital do INAMPS*, na Posse, iniciada em setembro de 1980, e, posteriormente, pelo seu adequado funcionamento tem sido marcante na história de Nova Iguaçu. Esse Hospital Geral, único da Baixada Fluminense, desapropriado pelo Governo Federal em fevereiro de 1980, só é inaugurado em 1982 por ocasião das eleições gerais. Falta de verbas, denúncias de desvios de recursos e equipamentos, vários assassinatos se associam a sua história. Municipalizado por Fernando Henrique, em março de 2002, quando Garotinho renuncia ao governo do Estado para candidatar-se à presidência da República, encontra-se em estado deplorável e sob ameaça de CPI.

Em 30 de novembro de 84, a Previdência Social firma o

Convênio das "Ações Integradas de Saúde" (AIS)[132] com prefeituras do País, inclusive Nova Iguaçu. Por ele, a Previdência repassa uma verba mensal para as necessidades de saúde do Município. O Convênio prevê a criação do Conselho Interinstitucional Municipal de Saúde (CIMS) e do Conselho Comunitário de Saúde (CCS) para administrarem as verbas e traçarem a política de saúde no Município.

Mas a Prefeitura de Nova Iguaçu acaba sendo o maior obstáculo a seu desenvolvimento. O MAB luta pela implantação do programa e pela instalação do CCS que é fundado em maio de 85. E o MAB, apesar de pressões contrárias, dele participa e integra o CIMS de Nova Iguaçu. No entanto, o atendimento à população não melhora. A inoperância da prefeitura chega ao extremo de, no período, usar apenas 5% da verba do Convênio.

No início de 1986, num contexto de declínio do MAB, irrompe no Estado a epidemia de dengue, atingindo cerca de 500 mil pessoas só em Nova Iguaçu. Por isso, em 27 de maio o MAB fecha a Via Dutra na altura do km 13 e denuncia "a desarticulação total entre os diversos órgãos do Governo, que insistem em colocar interesses mesquinhos e a politicagem eleitoreira acima dos interesses de toda a população".

Após essa manifestação, o INAMPS define a Baixada como prioritária. Diante de a omissão e a ineficiência da prefeitura, a Cáritas Diocesana é escolhida para gerenciar, até dezembro de

---

132 O Programa AIS, passo governamental em direção à descentralização da saúde, estabelece convênios entre Federação, Estados e Municípios para a criação de redes de saúde locais e a oferta de ações básicas de saúde. Cria ainda instâncias de participação dos vários segmentos sociais para definir suas necessidades, encaminhar soluções e avaliar a assistência prestada. Mais de 2500 municípios têm assinado o convênio, cobrindo cerca de 90% da população (Campos, 2004).

86, 200 agentes de saúde no combate ao dengue, sob a assistência técnica da SUCAM. É o início do *SOS Baixada*, denominado em 1987, Programa Especial de Saúde da Baixada (PESB). Vencida a emergência, no entanto, o combate preventivo ao dengue é esvaziado com o corte paulatino de agentes e verbas. Em 1988, sob a ameaça de uma epidemia de dengue hemorrágica, retoma-se o combate ao mosquito, mas sem o cuidado anterior. Em 2004 o dengue ainda não está debelado. Os agentes de saúde no combate aos vetores demitidos no governo FHC, readmitidos no governo Lula, estão à disposição do município, principal executor da política de saúde.

Diante de o sucesso do SOS Baixada e da impossibilidade de um trabalho integrado com a Prefeitura, em outubro de 86 é assinado o *Projeto Saúde*, Convênio Cáritas/INAMPS (SUDS), e iniciado com as Ações Integradas de Saúde, um dos pilares da reforma sanitária. Apesar de suas debilidades, enquanto há vontade política das autoridades governamentais, o convênio é sucesso (Silva, 1994, nota 14, 254), mas ao ser transferido para a Secretaria Estadual de Saúde deixa de ser prioridade.

A partir da posse de Aluísio Gama (PDT) em 1989, a saúde no Município toma contornos de calamidade pública, com o movimento popular, por meio do CCS, sendo isolado pelos poderes municipal, estadual e federal. A escolha da saúde, em 2003, como segunda grande prioridade (25%) nas Audiências Públicas Itinerantes, expressa sua precariedade.

## A luta pelo "impeachment" de Paulo Leone

A partir de 1985, o combate à corrupção municipal torna-se a principal luta do MAB (Silva, 2003, 211ss). O descaso com os serviços públicos e a crescente corrupção do Executivo

Municipal, além da conivência do Legislativo Municipal, levam vários segmentos da sociedade iguaçuana a se somarem pelo *impeachment* do Prefeito. Iniciada pelo movimento popular, principalmente MAB, Igreja e estudantes, essa luta aos poucos ganha a adesão da pequena e média burguesia local. Várias manifestações e passeatas locais e estaduais exigindo sua cassação são realizadas até Moreira Franco intervir no Município em julho de 88. Assume a Prefeitura o vice-governador Francisco Amaral. Após 4 anos de interrupção voltam as audiências públicas com as AMs.

## O Movimento Nacional Constituinte
(Silva, 1994, 190ss)

Desde o lançamento do Movimento Nacional Constituinte em 26 de janeiro de 85, em Duque de Caxias, RJ, até a promulgação da Nova Constituição, acontecem em Nova Iguaçu várias iniciativas Constituintes: encontros, seminários, panfletagens, coletas de assinaturas para as emendas populares, distribuição de folhetos com critérios para a escolha de candidatos comprometidos com as causas populares. O detalhe, porém, é que o Comitê Constituinte de Nova Iguaçu, efetivamente, não existe enquanto mobilizador e articulador dessa luta. A rica luta constituinte nacional se restringe no Município a atividades soltas, isoladas, sem maior peso político.

Com a promulgação da Constituição Federal em 5 de outubro de 1988 e estando em curso a elaboração da Constituição Estadual, Nova Iguaçu, a exemplo dos demais municípios brasileiros, inicia a elaboração de sua Lei Orgânica e do Plano Diretor. Em que pesem algumas iniciativas de articulação e participação popular, Nova Iguaçu praticamente inexiste enquanto Movimento Constituinte

Estadual. Ao mesmo tempo, a Câmara de Vereadores de Nova Iguaçu alija a sociedade organizada do processo de elaboração da Lei Orgânica, promulgada em 30 de maio de 1990.

O MAB chega ao IV Congresso, dezembro de 1985, enfrentando sérias dificuldades de mobilização e organização. Diversas lutas são travadas nos bairros, mas sente dificuldade para unificá-las. No entanto, essa crise não coincide com a conjuntura da luta sindical que nesse ano tem um significativo crescimento: 6 milhões de trabalhadores realizam cerca de 900 greves, o maior índice de greve desde 1978 (Boletim Nacional da Pastoral Operária, 31, março/abril 86).

Essa desmobilização é creditada à conjuntura política nacional e estadual para exigir um novo relacionamento dos Movimentos Sociais com o Poder Público. Contribuem ainda o posicionamento contraditório de suas lideranças em relação ao Colégio Eleitoral e à "Nova República". Enquanto a situação, ligada ao PCB, PCdoB e PMDB, apóia a "transição democrática", o "plano cruzado" e o congelamento de preços etc. e privilegia a política assistencialista via convênios e negociações de gabinete, a oposição (PT, OPPL e CGB) defende a autonomia e independência política do Movimento frente aos poderes públicos, a conscientização e a mobilização popular.

A nova direção do MAB se envolve na campanha do PMDB nas eleições de 1986. Investe em Moreira Franco (ex-MR-8) para Governador e em Francisco Amaral (desde a origem ligado à ala progressista do MDB no MAB) para vice-governador. O PMDB, partido do Presidente José Sarney, na esteira do Plano Cruzado e do congelamento de preços, elege o maior número de governadores, senadores e deputados. Eleito Moreira Franco, muitas lideranças do MAB ocupam cargos de confiança em seu governo.

## O movimento pela Educação

Ao se falar da luta por Educação Pública em Nova Iguaçu não se pode esquecer o SEPE (Sindicato Estadual dos Profissionais da Educação) Baixada, que junto ao SEPE Estadual, principalmente nos anos 80, desempenha um papel preponderante para conquistas mais de cunho corporativo como o Plano de Carreira no primeiro Governo Brizola; ganhos salariais; a encampação ao sindicato dos profissionais da educação de municípios da Baixada, como Nova Iguaçu. No entanto, apesar dos discursos, praticamente inexiste empenho seu por uma real política pública de educação. Quando muito, luta pela eleição de diretores das escolas, conquista estadual que o Governo Rosinha está retirando e contra o desmonte dos CIEPs por Moreira Franco.

Da mesma forma, o movimento popular, apesar da falta de escolas e do abandono da educação em Nova Iguaçu, pouco atenção tem dado a ela. No MAB, por exemplo, essa luta só começa a tomar corpo a partir de 1986, de forma limitada e na esteira dos convênios com a Fundação Educar e o MEC.

Antes o MAB se limita a apoiar e até a investir de forma esporádica em atividades desarticuladas de Educação. As lutas pelo fim da taxa escolar (Silva, 1994, 97ss), pelo passe-escolar, acopladas à luta dos transportes (Silva, 1994, 149ss), pela criação e manutenção de creches e pré-escolas, os concursos públicos e a seleção de profissionais por ocasião das inaugurações de CIEPs são assumidas mais pelas AMs.

Em março de 1987, por exemplo, assume a luta pela manutenção e ampliação do projeto CIEPs em processo de desmonte por Moreira Franco.

Em 1986, inicia-se o Projeto de Educação Básica da Baixada Fluminense: *Projeto Educar*, que alfabetiza 8 mil alunos maiores pelo Método Paulo Freire. A Fundação Educar (ex-MOBRAL) repassa dinheiro às entidades conveniadas para administrarem o Projeto. Em Nova Iguaçu, o Projeto desenvolve-se com a Cáritas Diocesana e com o MAB. Apesar do sucesso da alfabetização de adultos na Baixada, que lhe vale menção honrosa da UNESCO em agosto de 1988, o Projeto é lentamente esvaziado pelo Governo Sarney até sua total extinção em 1990, já no Governo Collor. E o MAB, que desde 1986 se mantém às custas do mesmo, fica em grave crise financeira. Ainda em 1986, o MAB e algumas AMs assinam com o MEC o Convênio Pré-escolar e passam a receber apoio para os trabalhos desenvolvidos pelas AMs.

Assim a questão da Educação no MAB, a partir de 86, se reduz à administração dos convênios com o MEC. O fato é que o MAB não desenvolve ao longo de sua história uma luta mais ampla da educação enquanto política pública. Quando se extinguem os convênios praticamente a questão da educação é anulada no MAB e AMs filiadas.

A luta pela conclusão das obras e inauguração do Centro Federal de Educação Tecnológica – CEFET-Nova Iguaçu – é feita mais pelo Fórum de Entidades composto por diversas organizações e movimentos e algumas AMs filiadas ao MAB. Iniciada sua construção em 1988, uma das 200 Escolas Técnicas do Governo Sarney, depois de gastar mais de 14 milhões de reais, é paralisada em 1992 por questão financeira e embargada em 1995 por questões judiciais. Em 1999, com o apoio do Fórum das Entidades, o CEFET consegue na justiça retomar as obras e seu gerenciamento. No período são realizadas atividades como coleta de assinaturas, debates em escolas, abraço simbólico ao prédio do CEFET e um abaixo-assinado com 9 mil assinaturas que é entregue a Paulo Renato, Ministro da Educação. Nos inícios de 2003, é constituído um Conselho Comunitário para acompanhar sua implantação e desenvolvimento.

Em um evento tenso, concorrido pelo movimento social e

por políticos disputando sua paternidade, finalmente é inaugurado em 22 de agosto de 2003 por Cristóvão Buarque, Ministro da Educação. Sua inauguração e a constituição do Conselho Comunitário para participar de sua gestão são expressões da força do movimento social no combate ao descaso da coisa pública e ao clientelismo.

## O Clientelismo e as Políticas públicas na Baixada

O MAB que, a partir de 1985, concentra-se na luta pelo afastamento do Prefeito e na administração de convênios, apresenta em dezembro de 1987 o maior crescimento quantitativo de sua história, mas com menor poder mobilizador.[133] A combatividade, a luta e a mobilização, características do período anterior, cedem espaço às negociações de gabinetes e aos Programas Assistencialistas.

Apesar de forte divergência, a política assistencialista toma conta. Suas lideranças ocupam o tempo na distribuição de leite, manutenção do Pré-escolar e alfabetização de adultos, administração de Postos de Saúde, distribuição do sacolão etc. Enquanto muitas AMs se filiam ao MAB mais em função dos programas sociais, os convênios vêm ao encontro da incapacidade da Federação se auto-sustentar. E a grande mobilização em torno dos convênios, em particular, do Projeto Educar, dá à direção a falsa impressão de um avanço de consciência, de mobilização e de organização mais sólida.

E os projetos "tanto eram usados pelo Governo para per-

---

133 Cerca de 1/3 das 210/211 AMs se filiam no período de 1986/1987 (Silva, 1994, Anexo 2, quadros VII e VIII, p. XXX).

suadir a população..., como... pelas direções do Movimento ... para se perpetuar no poder" (entr. João B. Assis, 27/04/92). Mas com o fim dos convênios o MAB se esvazia, revelando os limites dessa movimentação.

Assim, a partir da Nova República, os Governos Federal e Estadual se mostram hábeis no lidar com o movimento social, em particular com o MAB, em sua cooptação. Há certa conivência do grupo hegemônico no Movimento, que é ligado ao PMDB, partido nos governos estadual e federal. No início de 1988, o governo Sarney, por meio da Secretaria de Ação Comunitária, por ser um ano eleitoral, despeja recursos nas periferias das grandes cidades, direcionando-os ao atendimento superficial e clientelista das carências estruturais da massa trabalhadora. As práticas clientelistas avançam em Nova Iguaçu, apesar do ascenso popular pós-64 e do paulatino crescimento da esquerda nas sucessivas eleições.

Vivendo uma forte "crise de identidade", o MAB que nascera lutando contra, vê sob os Governos do PMDB e PDT serem reforçados o clientelismo e o fisiologismo. Com Aluísio Gama, eleito em 1988, o reforço da prática de esvaziar e cooptar o movimento, via populismo e clientelismo, atinge também o poder municipal.

Num contexto de perplexidade com o ocaso do "socialismo real", da vitória de Collor de Mello que propicia a implantação tardia do neoliberalismo no Brasil,[134] da mobilização dos "Caras-Pintadas", que leva ao "impeachment" de Collor e ao julgamento dos "Anões do Orçamento", o MAB se encontra fracionado e

---

[134] Perry Anderson (1995), ao fazer um balanço do neoliberalismo, constata que a hegemonia desse modelo inspirado nas teses de Friedrich A. Hayek, se consolida na Europa e nos Estados Unidos a partir do final dos anos 70, com a vitória de Margareth Tatcher na Inglaterra em 1979, de Ronald Reagan à presidência dos Estados Unidos em 1980 e de Khol na Alemanha em 1982.

sob o maior esvaziamento de sua história (Silva, 1994, Anexo 2, quadros II, IV,VII e VIII).

A partir de 1992 o MAB praticamente inexiste enquanto força política no município. O mandato de 92-93 caracteriza-se mais pela luta interna entre os correligionários do PDT em sua direção e as outras forças do Movimento. Melhor articulado, o PDT intervém de forma clientelística junto às AMs, enquanto as outras forças trabalham desarticuladas, sem um norte comum.

O sucessor de Aloísio Gama, Altamir Gomes (93-96) mergulha o Município em uma crise financeira e administrativa sem precedentes e abafa de vez o movimento popular. Os mandatos de Nelson Bornier (97-00 e 01-02), principalmente, e de Mário Marques (02-04), vão atender os reclamos da população associando com habilidade seus nomes ao "favor". As obras de maquiagem da cidade, o asfaltamento superficial de ruas na periferia, as reformas de escolas, as contratações de pessoas sem concurso público e de empresas sem licitações, o "loteamento" de áreas do município à atuação de políticos etc. acabam reforçando a prática clientelista.

Ao mesmo tempo, os mecanismos de participação popular, de democracia participativa, conquistados pelo movimento constituinte em 1988, apresentam-se como novos instrumentos de luta e poder popular. No entanto, os *conselhos*, – por exemplo instrumentos para acompanhar, fiscalizar e até mesmo decidir sobre Políticas públicas de governo – via de regra são apropriados ou esvaziados pelo executivo. Neles, as representações populares acabam se repetindo e se reduzindo a atuação a mesas de gabinetes legitimadoras das ações de governo. Muitas entidades, como o SEPE-Nova Iguaçu, vão preferir deles não participar.

Nesse novo contexto político e de nova ordem social proliferam na Baixada os Fóruns. São Fóruns de Cidadania, de Conselheiros, da Baixada e outros. Fóruns de Conselheiros são criados em 2003 e 2004, a partir da intervenção da FASE e da Igreja Católica, objetivando preparar e ampliar a intervenção popular nos Conselhos. No entanto, o perigo da cooptação e do descaso público continuam presentes e fortes.

Com o esvaziamento do MAB, boa parte das AMs que ainda atuam vão agir isoladamente, muitas reféns de politiqueiros. Institucionalizados por um Estado que "aprendeu a lidar com o Movimento", o clientelismo e a violência acabam se consolidando, sob novas roupagens, diante de "favor" e o medo, e de um movimento social enfraquecido.

Assim, no decorrer de sua história, apesar das conquistas relevantes, o MAB e suas AMs não conseguem, no embate-cooptação, ampliar a esfera pública segundo os interesses populares nem reforçar a luta contra-hegemônica. Embora permaneça uma referência política, a partir dos anos 90 já não expressa a mesma força das origens. O PCdoB e o PT tornam-se hegemônicos nas AMs e em sua direção desde 1993. O PSB de Garotinho/Rosinha começa a ocupar AMs e a direção do Movimento a partir do XII Congresso em 2003. E o fundamentalismo religioso passa a ser o novo ingrediente acrescentado pelo casal Garotinho à cultura política populista, assistencialista e clientelista.

Dessa forma, as classes dominantes em Nova Iguaçu acabam mantendo a prática do clientelismo que perpassa a precária execução das Políticas públicas locais, apesar da intervenção popular pós-64.

## Lições da mobilização popular por Políticas públicas

As problemáticas sociais mostram em Nova Iguaçu um Estado historicamente inoperante e ao mesmo tempo discriminador. Aí as "Políticas públicas" estão contraditoriamente associadas às idéias do

"Estado em ação" e do "Estado ausente", ao Estado clientelista/populista/eleitoreiro, à "troca de favores", à corrupção e à violência.[135] Atores políticos, de direita e esquerda, encontram-se indistintamente, consciente/inconscientemente, envolvidos numa cultura política a justificar suas intervenções, interesses, negociatas e omissões políticas. Uma cultura política do "favor", do clientelismo, do assistencialismo, do populismo, da cooptação, da conciliação, da malversação, do desmando e desvio de recursos públicos, da corrupção, da apropriação privada da coisa pública, que interfere na efetivação da ação do Estado e da ação popular local.

Temos por hipótese que condicionamentos objetivos de sua formação histórica e social têm limitado e até impedido a concretização das Políticas públicas em efetivas ações democráticas do Estado e do poder popular local.[136] Parece-nos que entraves não só burocráticos mas também de elementos pré-capitalistas conservados (Coutinho, 1990, nota 3), tanto na infra-estrutura social quanto no Estado e na cultura política, estão a influir na materialização das políticas públicas e na intervenção popular enquanto efetivas condições de cidadania e de emergência do nacional popular.

Os efeitos culturais desses elementos pré-capitalistas nas ações do Estado materializam-se, por exemplo, no não reconhecimento de seus habitantes como cidadãos, que vivem ao sabor dos "favores" alimentadores de vínculos de dependência. Identificamos

---

135 Alves (2003) mostra como a violência na Baixada Fluminense, longe de ser encarada pelo Estado como uma questão de Política Pública de Segurança, tem sido vista como uma forma de construção e manutenção do poder pela classe dominante na área. Pode-se depreender dessa obra, que historicamente a violência na área, mais do que um problema social a exigir a ação do Estado, tem sido uma ação política de Estado, senão deliberada, consentida.

136 Hipótese do projeto de pesquisa "O Estado, as Políticas Públicas e a questão da Educação Popular em Nova Iguaçu".

entre as práticas políticas, resquícios do mandonismo[137] coronelismo[138] e clientelismo[139] — práticas culturais herdadas do Brasil Colônia e Império — muito presentes nas representações locais (cultura simbólica e política), exercendo forte influência sobre as ações do Estado. Dependência entre os três poderes, restaurantes populares, serviços de ambulâncias de políticos locais, vaga garantida na escola através da carta do político, cheque-cidadão, dinheiro de boca-de-urna nas eleições, emprego em repartição pública, promessa de nomeação a cargos de direção no serviço público em troca do apoio político são algumas expressões dessa cultura política local.

Acresce-se ainda à cultura política local, a conciliação dos

---

137 Mandonismo é a prática política característica do Brasil Colônia e Império, onde o imperador age através do "mando" sobre as Câmaras Municipais (Freguesias) que não possuem qualquer autonomia.

138 Coronelismo é a "Prática de cunho político-social, própria do meio rural e das pequenas cidades do interior, que floresceu durante a Primeira República (1889-1930) e que configura uma forma de mandonismo em que uma elite, encarnada emblematicamente pelo proprietário rural, controla os meios de produção, detendo o poder econômico, social e político local" (Dicionário Houaiss da Língua Portuguesa).

139 Define-se clientelismo a "prática eleitoreira de certos políticos que consiste em privilegiar uma clientela ('conjunto de indivíduos dependentes') em troca de seus votos; troca de favores entre quem detém o poder e quem vota" (Dicionário Houaiss da Língua Portuguesa). Ou ainda a prática política de políticos de profissão que, colocando-se acima dos cidadãos, "oferecem, em troca da legitimação e apoio (consenso eleitoral), toda a sorte de ajuda pública que têm a seu alcance (cargos e empregos públicos, financiamentos, autorizações, etc.) ... esta forma de clientelismo, à semelhança do clientelismo tradicional, tem, por resultado, não uma forma de consenso institucionalizado, mas uma rede de fidelidades pessoais que passa, quer pelo uso pessoal por parte da classe política, dos recursos estatais, quer, partindo destes, em termos mais mediatos, pela apropriação de recursos 'civis' autônomos" (Bobbio, 2000, verbete Clientelismo).

grupos políticos em torno do poder do Estado.[140] Fazem parte do vocabulário e da prática política local o pragmatismo, o assistencialismo, a negociação (por vezes, negociatas), a cooptação e, no limite, a conciliação ou a coerção: em suma, a "conciliação pelo alto", "modernização conservadora" (Chico de Oliveira). Como conseqüência dessa prática política percebe-se aí "o fortalecimento do que Gramsci chama de 'sociedade política'... em detrimento da 'sociedade civil'" (Coutinho, 1990, 44).

A história de Nova Iguaçu mostra que a carência e a exclusão da população de benefícios urbanos, embora fundamentais, são insuficientes para a *emergência e sustentação* da mobilização popular, assim como inexiste mobilização espontânea. Da mesma forma que "sem a perspectiva de objetivos concretos, como alerta Gramsci, não pode existir movimento algum" (Gramsci, 1990, p. 147). Mostra ainda que a luta pela hegemonia interna, o fracionamento do Movimento, aliados à cooptação e ao clientelismo do Estado levam à desmobilização popular e a vínculos de dependência.

A partir das vinculações partidárias de suas lideranças, é possível compreender o caráter e as orientações políticas que se processam na história do poder popular. A vinculação hegemônica na direção do Movimento dá o seu norte político. De acordo com as facções em sua direção, o relacionamento com o poder público é diverso: pressão, cooperação etc. Não sem conflitos internos, fracionamentos.

---

140 Essa determinação histórico-genética essencial de nossa cultura política, segundo Coutinho, acontece porque "as transformações ocorridas em nossa história não resultaram de autênticas revoluções, de movimentos provenientes de baixo para cima, envolvendo o conjunto da população, mas se processaram sempre através de uma conciliação entre os representantes dos grupos opositores economicamente dominantes, conciliação que se expressa sob a figura política de reformas 'pelo alto'" (Coutinho, 1990, 42s).

Assim, o poder popular em Nova Iguaçu tem assumido no decorrer da história formas diversas e mesmo contraditórias diante do Estado no trato da coisa pública. Frente à má distribuição e/ou à falta de bens e serviços coletivos no âmbito do bairro e da cidade, e até mesmo da Baixada Fluminense, por vezes suas ações reivindicativas têm adquirido formas de reivindicação, protesto e/ou pressão (confronto com o Estado); por outras formas, cooperação (convênios); por outras, ainda, formas participativas na gestão da coisa pública (Conselhos Comunitários); e até, cooptação e atrelamento ao Estado.

Em *plena democracia*, sob o impacto da derrocada do socialismo real e do discurso único neoliberal, a partir dos inícios dos anos 90, o movimento social como um todo perde sua densidade social e política. Movimentos como o dos servidores públicos, dos petroleiros (fulminado pelo governo) e dos Sem Terra são exceções no período. O "impeachment" de Collor e a cassação dos anões do orçamento expressam mais uma conjugação de interesses da classe dominante feridos pela inabilidade do governo e interesses das classes subalternas a repudiarem a corrupção e desmandos com a coisa pública.

Trata-se na verdade de um período em que a privatização do Estado se acentua e em que o movimento social se vê cada vez mais encurralado pela agenda neoliberal. O Estado, minimizado enquanto responsável pelas políticas e serviços públicos, é apropriado pelo mercado. A eleição de Lula para presidente, depois de três frustradas tentativas, acontece em um clima de grande esperança popular. Embora na origem galvanize um projeto nacional popular, a herança maldita, as alianças e as concessões às elites nacionais e internacionais vêm traduzindo uma grande decepção. Ao que tudo indica, a proximidade de tempo-espaço só nos permite perceber indícios, o projeto nacional popular está negado pela nova classe no poder.

## Considerações finais

Dessa forma, as políticas públicas em Nova Iguaçu têm se materializado enquanto instrumento para o clientelismo/cooptação e entraves à participação do movimento social organizado, e apropriação privada da coisa pública. Perde-se aí a noção de que cabe ao poder público a defesa da sociedade como um todo. Questões de Estado como segurança, saneamento, saúde, educação e outras permanecem subordinadas a critérios particularistas, a interesses de grupos e/ou partidos como moeda para troca de favor.

Nesse sentido, urge adensar nesse espaço social, tanto político como culturalmente, a categoria "sociedade civil" para que o cidadão tenha condições de apossar-se da esfera pública. Para tanto há de se criar condições para a construção de critérios capazes de garantir coletivamente os direitos fundamentais ao cidadão: a materialidade do Estado democrático. Esse Estado será tanto mais democrático quanto mais incorporar a esfera do direito e der condições para sua garantia. Por isso, ele não pode continuar aprisionado por grupos que, como em Nova Iguaçu, o utilizam privadamente. O Estado precisa ser democrático na forma, no conteúdo e no método (cf. Oliveira, 1991).

# Bibliografia

ALVES, José Cláudio Souza. *Dos barões ao extermínio: uma história da violência na Baixada Fluminense*. Duque de Caxias, RJ, APPH, CLIO, 2003.

ANDERSON, Perry. "Balanço do neoliberalismo" e "A trama do neoliberalismo: mercado, crise e exclusão social". in SADER, Emir e GENTILI, Pablo (orgs.). *Pós-neoliberalismo: as Políticas Sociais e o Estado Democrático*. São Paulo, Paz e Terra, 1995.

AZEVEDO, Janete M. Lins. *A educação como política pública*. Campinas, SP, Autores Associados, 1997.

BOBBIO, Norberto et Alii. *Dicionário de Política*. 5ª ed., Brasília, Ed. UnB — São Paulo, Imprensa Oficial do estado, 2000.

CAMPOS, Carlos Eduardo Aguilera. *Políticas de Saúde*. Nova Iguaçu, Escola de Formação Política, UFF/Centro Sociopolítico, 2004, apostila.

COUTINHO, C. Nelson. *Cultura e sociedade no Brasil: Ensaios sobre idéias e formas*. Belo Horizonte, Oficina de Livros, 1990, p. 33-68.

GRAMSCI, Antonio. *Maquiavel, a Política e o Estado Moderno*. Rio de Janeiro, Civ. Brasileira, 1987.

GRAMSCI, A. *Concepção dialética da história*. Rio de Janeiro, Civilização Brasileira, 7ª ed., 1987.

GRAMSCI, A. *Os intelectuais e a organização da cultura*. Rio de Janeiro, Civ. Brasileira, 7ª ed., 1989.

LIMA, Ulisses M. *A luta armada: Baixada Fluminense 1961*. Nova Iguaçu, ed. do Autor, 1985.

OLIVEIRA, Francisco de. "Uma alternativa democrática ao neoliberalismo". In Vários A democracia como proposta. IBASE, Rio de Janeiro, 1991.

OLIVEIRA, Francisco de. *Cultura e sociedade no Brasil. Ensaios sobre idéias e formas*. Belo horizonte, Oficina de Livros, 1990.

OLIVEIRA, Francisco de. *O elo perdido: classe e identidade de classe*. São Paulo, Brasiliense, 1987.

SADER, Eder. *Quando novos personagens entraram em cena: experiências, falas e lutas dos trabalhadores da Grande São Paulo, 1970-1980*. 2ª ed., Rio de Janeiro, Paz e Terra, 1988.

SEMERARO, Giovanni. *Gramsci e a sociedade civil: cultura e educação para a democracia*. 2ª ed., Petrópolis, Vozes, 2001.

SILVA, Percival Tavares da. *MAB (1974-1992): relação vanguarda-base-massa — práxis político-educativa*. Rio de Janeiro, IESAE/FGV, 1994, dissertação de mestrado.

## Capítulo VIII

# Pretensões de reformas, perspectivas de mudanças

GELTA T. RAMOS XAVIER

> *"Quem me dera, ao menos uma vez,*
> *explicar o que ninguém consegue entender:*
> *que o que aconteceu ainda está por vir*
> *e o futuro não é mais como era antigamente."*
> (Renato Russo)

Tomo neste texto alguns tópicos do Capítulo V da tese do doutorado, realizado na UFMG, cujo título foi "Saberes sociais, saberes escolares. Dinâmicas sociais frente a estratégias de curricularização da cultura", para discutir os modos como os educadores se engajaram nas mudanças, resistindo ao que vem sendo imposto como reformas na educação. A relação cultura-currículo é tensionada, evidenciando o lastro de academicismo, conteudismo e conservadorismo que marcam as configurações curriculares. Nas propostas que colocaram em questão as práticas está o ponto de partida para enfatizar as opções pelas mudanças, com tudo o que de novo passou a incorporar o cotidiano profissional do trabalhador da educação. Considerei, na tese, como base para a análise, as re-configurações curriculares de áreas como Língua Portuguesa, História e Educação Física e as experiências de Ijuí (RS), CIEP

(RJ) e Escola Plural (MG). O interesse é avivar a memória, relacionando a mudanças situações que nos constituíram.

Ao recuperar a trajetória da categoria, ao longo das décadas de 80 e 90, particularmente desde o movimento de abertura política, do qual nós, educadores, participamos, evidenciamos a dimensão política de nossa formação, tanto quanto a dos mais jovens. Confrontando os comportamentos desse percurso, caracterizamos as reformas, tal como as vivenciamos nesse mesmo período, apontando como o conteúdo das práticas curriculares se apresenta em oposição às idéias reformistas. Reconhecemos a manipulação de palavras, conceitos e idéias como instrumentos ideológicos, favorecendo o que indicamos como estratégias de curricularização da cultura e localizamos nos debates teóricos a expressão de conflitos, antagonismos, lutas práticas. A crítica teórica se exerceu contextualizada em certos espaços e tempos, segundo as verdades de certos personagens. A inserção dos professores nas práticas, frente às prescrições governamentais, redimensiona a atividade humana como prática social, excluindo daí a esfera determinada e meramente reguladora da teoria. Acentuamos o caráter das práticas em realização, referindo-o como caminhos possíveis, nunca com a intenção de governar a prática. *"Para além disso, começam as pretensões doutrinárias e governamentais de seus representantes autorizados, de seus sacerdotes"* (Bruno,1989, p. 18).

As expressões mudança e reforma neste trabalho seguem os sentidos de dosagem do controle pretendido pelas políticas estabelecidas por coletivos de profissionais e nos projetos governamentais. As distinções têm sido dadas há anos, acomodando-se aos acontecimentos políticos de ruptura, de transição, de continuidade; contendo o germe de projetos praticados anteriormente.

Ainda que não sejam, pelos autores referidos, reforma e mudança, termos exclusivos para denotar processos sociais e políticos, mais ou menos reconhecidos como resultado de intervenções, nós os diferenciamos. Dizemos que as reformas são tentativas de mobilização de públicos, sob relações de poder, na definição do espaço e dos acontecimentos públicos. São ações circunstanciais, visando certa notoriedade por quem as impulsiona, tendendo a inovações, mas que não se desvencilham de processos de reprodução, segundo uma ênfase utilitarista. Pretendem-se totalizadoras, negando o vivido e referidas a modernização, progresso, racionalidade, cientificidade. Em torno do novo, das inovações, realizam-se freqüentemente reformas curriculares, cujas justificativas são postas pela insatisfação e/ou inadequação da realidade aos modelos em curso. O novo, entretanto, não tem sido o resultado de uma ruptura radical. O fascínio pela novidade, em geral, tem-se feito para o estreito consumo de novos valores a criar novos produtos. Quando da implantação das reformas, é farto o discurso político governamental de razões e apelos para a adesão ao novo. Os planos de difusão das transformações visadas passam, inevitavelmente, pela desqualificação do já vivido.

Mudanças já se pautam em mecanismos de inovação experimentados por coletivos, legitimados por padrões sociais e políticos. Atingem rupturas nas práticas institucionais e direcionam as formulações cotidianas a afirmações epistemológicas de outra ordem. Contemplam questionamentos, provisionalidade, transitoriedade e têm como desafio superar patamares de legitimidade. Relações sócio-formais com públicos e instituições podem ser abaladas e substituídas estabelecendo-se, como formas culturais ativas, contínua produção e reprodução. Mudanças significativas situam-se quando elementos sistemáticos exercem pressões e fixam normas sobrevivendo às contradições internas e desvios externos. Por vezes, inovações em formas específicas, ocorridas de maneira isolada no desenvolvimento de novas relações sócio-formais não se fixam, podendo ser postergadas ou, de fato, não acontecer.

Mais que as contribuições de Gimeno Sacristán (1996), Popkewitz (1997), Torres Santomé (1998) ou mesmo Kuhn

(1996), são as leituras e vivências da prática que orientam essas conceituações. O que fica claro é que há mediação intelectual nesses processos, ainda que não seja determinante. E o que está posto como desafio é mais que a interpretação desses processos: é a produção de uma tradição nos termos que Hobsbawm (1984) sugere e que Goodson (1995) reconhece como forma de entender e intervir na experiência curricular.

Os traços mais comuns dos processos que analisamos revestem-se ora de um caráter de reprodução, ora de inovação, mudança, reforma, cujos significados confundem-se pelas expectativas que formulamos para respaldar nossas convicções. Tem sido uma construção lenta e tensa, sujeita a recuos e avanços.

## Produção e reprodução da cultura

Entre os conceitos implicados, quando tratamos de reformas e mudanças, o de reprodução tem alcançado proeminência pelo caráter da transmissão da cultura. Williams (1992, p. 182) afirma: "*pode-se dizer que está implícito no conceito de cultura ser ela capaz de ser reproduzida; e, além disso, que em muitos de seus aspectos, a cultura é, na verdade, um modo de reprodução*".

Essa lembrança nos toca de perto quando pensamos nas mudanças curriculares dados os estreitos vínculos, já destacados, entre currículo e cultura. Evitando o sentido habitual de reprodução para descrever processos de cópia, até porque a reprodução humana dá origem a exemplos individuais potencialmente e substancialmente diferentes, consideramos o termo revelador de versões seletivas e relações predominantes em vigor num determinado contexto. Preservar a densidade humana de certos processos é estratégia para não se reduzir, com a presença do novo, à condição de objeto.

A produção e reprodução da cultura são faces de uma mesma moeda, quando uma dialeticidade é observada. Se a distinção é feita em relação aos ritos, que apagam a heterogeneidade e neutralizam autoritariamente as diferenças sociais, a produção e reprodução cultural são realizadas pela aceitação/negação, obediência/transgressão, presença/exclusão de componentes ou totalidade do patrimônio.

Lidar com instituições e práticas institucionalizadas, como é o currículo, implica em simulações e encenações no plano cultural. As palavras de ordem, algumas vezes, pela impossibilidade dos acréscimos que a reprodução sugere são: "transforma-te no que és" ou "comporta-te como já és – um herdeiro".

Mas, a inerente dinâmica dos processos educativos obriga-nos a descartar nosso destino. E o pior adversário é justamente o herdeiro. Tal como o artista que põe um nariz de atriz na Virgem, a reprodução da cultura enfrenta a integração de elementos profanos, por meio da preservação do sagrado. Considerações em torno do passado contêm a promessa de avançarem as conquistas, quando a força na educação ressalta a fé no progresso, base na qual se sustentam os políticos em suas declarações a respeito da importância da educação como alavanca essencial a seu êxito.

Os sentidos de preservação da cultura, entre nós, nem sempre observam a dimensão emancipatória da educação. Na memória guardamos as proclamações solenes de dirigentes políticos a indicar a relação educação-cultura-inserção social. Fica desses textos a promessa dos direitos de participar desde que o povo mostre ter aprendido a ser cidadão consciente, racional e socializado. A associação que se faz com as estruturas burocráticas dos aparelhos culturais e ideológicos de Estado à reprodução, nega-lhe o caráter de renovação, alento necessário à sobrevivência da memória. Pretende retirar o valor intrínseco da transmissão cultural.

Estarmos sujeitos à preservação do acúmulo é condição para

ir adiante, difundindo a educação universal. Para manter vivo o legado da modernidade, a escola cumpre função essencial na reprodução cultural para o progresso. Nas tradições cultas e populares das artes e do cotidiano, encontramos a memória do que nos faz como somos. Impossível esquecer Brahms e Joyce, Mário de Andrade e Villa Lobos. Dar as costas ao que poderíamos chamar de bases estéticas da cidadania, apenas porque o Estado ocupa-se, à base de respiração artificial, com salas de concerto, revistas de arte e literatura, para fins de consumo de uma memória. Para além da presença do Estado, não se pode abrir mão da continuidade e valorização da cultura.

Perpetuar o mundo humano e a continuidade das gerações, como diz Arendt (1996), depende da conservação e transmissão da herança cultural. Essencial para a realização do futuro, a reprodução se efetua ao preço de perdas, re-interpretação e reavaliação contínuas daquilo que é conservado (Forquin, 1993, p. 29). As idéias de reprodução, conservação e tradição contêm núcleos sadios, imprescindíveis à produção do futuro. Desfrutar da cultura acumulada, adquirir competências para desenvolver-se no mundo ao redor, participar do sentido do progresso dependem, sim, da reprodução, do funcionamento da instituição escolar e da mediação dos professores.

É a delimitação, substantivação e objetivação da cultura, na forma de conteúdos, práticas, livros, obras e determinadas orientações como disposições legais (Bueno, 1996), que deixam à educação o papel de realizar sua propagação. Os guias curriculares, textos para orientar a ação dos mediadores, contêm um certo legado objetivado da cultura. Neles estão impressos "o melhor", o que vale a pena ser reproduzido. Com tal acesso, o indivíduo aperfeiçoa-se, dignifica-se e participa do progresso e veicula a continuidade do projeto civilizatório.

De toda forma, a cultura a que se tem direito, como nas

Constituições, em geral, costuma aparecer, é o resultado da produção de uma sociedade em determinado tempo, universalizando-se como é o destino das culturas nesse processo de mundialização. A razão primeira da difusão/reprodução da cultura está, assim, na dignidade, na potencialidade e positividade de expansão do que pode ser legado a outras gerações e povos, não apenas porque está local ou extensamente situado. Converte-se, como aclara Gimeno Sacristán (1998, p. 187), em bandeira, inclusive e principalmente do pensamento progressista, impulsionando a escolarização universal.

Mas há problemas a solucionar, para os quais a tradição não nos preparou para seguir reproduzindo a cultura, alerta Michel de Certeau (1995, p. 101). A conjuntura está a exigir, pela incapacidade de as instituições darem respostas às demandas de um fluxo incessante de estudantes e candidatos a, pela variedade de apelos a escolhas, pelas potencialidades de substantivação de outros objetos, definição de outros padrões para a cultura — a produção da mesma.

A preparação teórica e prática para a vida do trabalho, em particular; a busca do que é mais urgente para a garantir a mobilidade e a facilidade para as relações sociais; as intenções de sair da indiferença ou baixo padrão profissional, referenciam a reprodução da cultura, como o caminho mais curto entre o culto e o inculto, ou nos termos de Kant, entre o maduro e imaturo.

Aí, tendências contrárias se põem em choque: fortificam-se os muros pela seleção da admissão e radicalizam-se as exigências de controle de cada disciplina ou "deixam a massa dos estudantes calcar sob os pés as guardas dos canteiros da tradição", apoiando-se na "mistura" e na "discussão para elaborar uma linguagem cultural nova". Há muito, completa Certeau, *"essa política do diálogo, pelas incertezas e balbucios em que ela, muitas vezes, resulta, foi reduzida a ilhas acusadas de negligência, de ideologização e de incompetência".*

Certamente, têm sido os estudantes a pagarem a conta, "destinados ao matadouro do exame ou ao desemprego, em virtude da falta de qualificação técnica". Se as sociedades e as culturas se modificaram, as relações de força para preservar os conhecimentos que estão reservados a determinados grupos sociais, nem sempre se abalaram. Muitas vezes as grades intelectuais são organizadas em função do que vem "dado", de seu valor de instrumentalidade cultural e social.

A aparente renúncia à formalidade dos processos e textos curriculares, à força da tradição, cedendo lugar a "estudos relevantes" e "formas abrangentes", aqueles que apresentam um interesse, um significado, deve ser investigada. Às vezes, as fórmulas a que estão relacionadas a produção são falaciosas.

A educação porta e organiza de modo muito eficiente a tradição, mas outros processos sociais se incorporam de tal modo que uma tradição acaba sendo moldada, remoldada, inventada. Processos de retificação e modificação do passado, suas continuidades possíveis e desejáveis, alteram, em situações de competição e luta, as trajetórias pretendidas conforme a tradição. Propor tradições ou inventar tradições, nos termos de Hobsbawm (1984), nas relações mais frouxas e nos processos mais globais pode resultar mais eficaz que organizar um sistema alternativo ou configurações contestatórias mais profundas.

Os sentidos de um ensino alheio à verdadeira experiência, as dificuldades de elucidar o que está sendo "permitido", mal adaptados às capacidades que poderiam apontar e especificar na linguagem da comunicação social é o que nos preocupa nesses processos atuais de reformas. Supondo valer-se da reprodução e superá-la, pela produção de meios de difundir a um número ilimitado a cultura, as razões listadas nos textos da reforma, na atualidade, para a utilização de meios de comunicação de massa sugerem preocupações.

Abandonadas as ênfases nas situações de reprodução e endereçados os esforços às inovações, do mesmo modo que Certeau (1995, p. 106) afirmamos que:
"A cultura não é apenas absurda quando cessa de ser a linguagem — o produto, a ferramenta e a regulamentação — daqueles que a falam; quando volta contra eles a arma de uma discriminação social e a navalha destinada a um desempate; quando a operação cirúrgica (fazer a triagem e selecionar) diz respeito à produção cultural ('ensinar a aprender')".

Ao destacar não só a dimensão informativa dos textos, os meios de comunicação, colocados no centro dos processos de mediação, produzem efeitos cognitivos e ideológicos, deslocando os focos das práticas sociais. Mexem nas fronteiras de produção cultural. Eficazes ferramentas para o consumo social, os meios de comunicação dispensam considerar os objetivos e formas de proteção dos grupos a que se destinam. Essa produção, pela sedução publicitária inquestionável, convida crianças, jovens e adultos a consumir certo tipo de situações, imitar certos estilos de vida, adotar certas ideologias, cujo caminho é o da repetição, tão-somente. O sentido da reprodução, o mais estreito, o de trivialização da cultura, contém aí o risco da adesão incondicional.

## Reformas e ausência de políticas

Retomemos os termos a que se vinculam as inovações curriculares. Acostumados como estamos, cidadãos e professores, a incluir entre as postulações para nossa atividade profissional o termo "reforma", em geral, pouco nos fixamos nos sentidos de convencimento do próprio termo. O alcance das vivências, no campo da educação, autoriza-nos, entretanto, a refletir e formular considerações a respeito do que são as reformas, como perpassam o cotidiano do trabalho escolar e que conseqüências revelam na análise histórica.

Da parte dos recém-chegados governantes, entre as ações que desenvolvem, anunciar reformas é, certamente, a primeira e mais comum. Diz respeito a fazer política, potencializar as promessas com propostas totalizadoras, contemplando, de certo ponto de vista, causas sociais, econômicas, culturais, epistemológicas. A busca de legitimação pauta o discurso em justificativas de ordem técnica e racional, indicando progresso, modernização, melhoria da qualidade, sob critérios de ordem científica. As reflexões propiciadas por Gimeno Sacristán no seminário realizado na PUC — São Paulo, em setembro de 1996, traduzem alguns dilemas e implicações do momento político em que nos chegam os Parâmetros Curriculares Nacionais.

Para os sujeitos visados, o movimento de reformas é semelhante ao impacto de ondas altíssimas, prometendo extermínios ou, a quem se engaja, jogar adiante, se derem conta do processo. O anúncio da necessidade de inteirar-se às reformas é acolhido mesmo em perspectiva do desconhecido, o estrangeiro, o externo.

Ainda quando a retórica indica mudança substancial, inovação, os pressupostos fundam-se na estagnação. Na atualidade, o estágio de conhecimento da verdade, demonstrado pelos reformadores, é de que aí se concentra o máximo de consciência possível. A teoria do fim da história confere sucesso às propostas e ações como ideologia espontânea dos vencedores. Em outros países, outros grupos, fizeram as reformas acontecer, trouxeram progresso e prometem nos inserir, se aderirmos.

O processo de convencimento à maioria, entretanto, desconectando as raízes da cultura profissional, desmobiliza-a e a torna cética. As argumentações dos ilustrados, porque as idéias alcançam apenas os multiplicadores, o grupo de gestores, os porta-vozes, esvaem-se nessa relação desigual. As propostas de alterar a realidade, como são conhecidos mecanismos unidirecionais, temporalmente limitados, agita o ambiente mas não converte pessoas e estruturas para outras práticas. Não passam, como afirma Gimeno Sacristán (ibidem, p. 89), de ritos recorrentes e compulsivos:

"Esta forma discontínua de entender y proponer el cambio tiene el efecto de sobresaltar a la opinión pública, a los profesores, a los padres y a los estudiantes. Despierta expectativas que sin duda se ven parcialmente frustradas y desprecia los mecanismos reales que de forma continuada van modelando el cambio del sistema educativo. Y no sólo excita el interés, sino también alarmas y desasosiego".

Ao tomar o currículo como central no processo de reformas também a concepção que dele se apresenta revela estagnação. Os modelos da oficialidade congelam a realidade e daí destacam um texto, prescritivo de como a "boa nova" se difundirá. Esses rituais espasmódicos concebem o currículo como um objeto manipulável, apreensível, mensurável e relativamente estável que se muda e se molda, de forma controlada segundo modelos previamente determinados. Como sugere Gimeno Sacristán (ibid, p. 90):

"Esta desviación epistemológica que cosifica el currículo sirve para que la política curricular se agote en la elaboración, difusión y afirmación de los documentos curriculares, como se fuesen textos sagrados que van a cambiar el mundo con su misma existencia".

A oficialidade que atravessa espaços e convicções, nos arranjos apresentados para as reformas, vale-se de todos os meios, anula acontecimentos observáveis como mudanças internas, tanto quanto inovações fundadas nas relações com outros sistemas e circunstâncias. A produção de textos é recurso freqüente e mecanismo legal para ditar normas, sobrevalorizando sua capacidade para modificar a prática, alerta Gimeno Sacristán (idem, p. 91). O acessório e igualmente imposto vêm nos livros didáticos, como forma técnica de controle e reafirmação do poder dos técnicos.

Ainda que as margens de liberdade, como está explícito no documento introdutório dos PCNs (1997, p. 50), estejam explicitadas:

Os Parâmetros Curriculares Nacionais configuram uma proposta aberta e flexível a ser concretizada nas decisões regionais e locais sobre currículos e sobre programas de transformação da realidade educacional empreendidos pelas autoridades governamentais, pelas escolas e pelos professores. Não configuram, portanto, um modelo curricular homogêneo e impositivo, que se sobreporia à competência dos estados e municípios, à diversidade política e cultural das múltiplas regiões do país ou à autonomia de professores e equipes pedagógicas.

O tom das reformas é o de fazer cumprir literalmente os textos. Reformadores e reformados, nas práticas vislumbradas, acabam assumindo, de maneiras diversas, o sentido da reprodução.

As análises e denúncias têm favorecido a resistência e o acúmulo de forças para que não se percam sob os artifícios da persuasão, o frágil protagonismo neste momento e as perspectivas de mudar o jogo. Candau (1999), Gentili (1996) e Arroyo (2000), por exemplo, trazem dados amplos a respeito do espectro das reformas. O que ocorre no continente sul-americano está visível, em toda sua homogeneidade e perversidade. Afirma Candau: *"As 'palavras de ordem' são as mesmas: descentralização, qualidade, competitividade, eqüidade, reforma curricular, transversalidade, novas tecnologias, dentre outras características mais secundárias"*.

O que sucede, pela distância que os agentes das reformas tomam, a partir de seus gabinetes, ou que a leitura dos materiais não favorece, é que as práticas sugeridas, as inovações, caiam no esquecimento. Podem arrastar-se por semestres, anos, no ambiente das escolas. Mas, a acolhida para estarem organizados entre o conjunto dos materiais de referência teórica dá-se na medida em que a valorização ocorre.

No cotidiano das escolas, o caráter com que tem se revestido o processo de reformas confunde-se com fenômeno totalitário, do modo como Arendt (1996, p. 97) o enfoca. Ao lado das arbitrariedades e das ameaças de exclusão, como transferências e perseguições, os riscos de execração, atingem um clima em que a saída única é cumprir. A linearidade do discurso dos textos dos Parâmetros Curriculares Nacionais, o encadeamento dos argumentos, o uso que fazem da literatura baseiam-se na convicção de que tudo que ali está listado é possível e não só permitido.

A ação pode basear-se em qualquer hipótese e no curso de uma direção coerente, a hipótese particular se converterá em realidade concreta. Não importa a complexa rede social, a cultura interna, as peculiares relações com o contexto externo. Reformar a realidade, segundo a concepção autoritária dessa política que vivenciamos, depende do desejo de alguns. Completa Gimeno Sacristán (op. cit., p. 91): *"Quien se siente ungido por el poder o quienes son el poder creen que pueden transformar la realidad"*.

A hipótese que subjaz a ação coerente pode ser tão fora da realidade como se queira. Sempre terminará por produzir fatos "objetivamente" verdadeiros, como se resultassem em efeitos da prescrição de mudanças em pessoas e estruturas. Como princípio a ser provado, ou refutado por fatos concretos, a hipótese, no curso da ação coerente — supõe-se — sempre se converterá num fato, jamais se rebaterá.

Ou seja: o axioma de que parte a dedução não necessita ser uma verdade evidente por si mesma; não tem que juntar-se aos fatos, tal como se dão no mundo objetivo, no momento em que se inicia a ação. O processo de ação, se é coerente, avançará até criar um mundo em que a hipótese se faça axiomática e evidente por si mesma. O curso da fabricação da realidade conforma-se em propostas totalizadoras, cuja racionalidade do modelo e as representações de autoridade, reveladas como equipes, em suas missões, subjugam os que apenas devem cumpri-las.

O exemplo mais marcante para ressaltar a condição de fenômeno totalitário, como Arendt (op cit, p. 97) o concebe, ao lado da contextualização nos cristalizados termos dos usos da educação, é o encadeamento das justificativas que situam os objetivos dos Parâmetros Curriculares Nacionais, referentes à "Pluralidade Cultural" (1997). Quando guardados à chave nos armários dos gabinetes das diretoras, esses textos poderão ser menos prejudiciais que quando tomados em consideração. O oportunismo de certas referências e o tom fantasioso para tratar tão profundas questões impactam:

"... no cenário mundial, o Brasil representa uma esperança de superação de fronteiras e de construção da relação de confiança na humanidade. A singularidade do Brasil que permite essa esperança é dada por sua constituição histórica peculiar no campo cultural (p. 4).

Movimentos sociais, vinculados a diferentes comunidades étnicas, desenvolveram uma história de resistência a padrões culturais que estabeleciam e sedimentavam injustiças. Gradativamente conquistou-se uma legislação anti-discriminação, culminando com o estabelecimento, na Constituição Federal de 1988, da discriminação racial como crime. Mais ainda, há mecanismos de proteção e promoção de identidades étnicas, como garantia, a todos do pleno exercício dos direitos culturais, assim como apoio e incentivo à valorização e difusão das manifestações culturais. Os povos indígenas, por exemplo, têm garantidos seus direitos de desenvolvimento de processos pedagógicos próprios, tradicionais, com liberdade de organização de suas escolas" (p. 5).

## Capítulo VIII — Pretensões de reformas, perspectivas de mudanças

A questão da interpretação do texto de intervenção não se descola do contexto político em que se produz. Se o Estado é tido como democrático e tem legitimidade para intervir, as decisões fundamentais sobre o currículo, passam pelo reconhecimento da construção social curricular e da escolarização — uma menção e um registro do discurso político e autônomo do professorado, aceito no cotidiano.

Enquanto as reformas assinalam, por meio dos textos escritos, os péssimos diagnósticos, o estado de penúria nos espaços escolares, a omissão do poder estatal, a realidade dos dados revela as condições de promover mudanças substanciais e relevantes, de acordo com as soluções já semeadas no âmbito dos movimentos sociais. A vitalidade do pensamento e da ação se reconhece pelas questões que permaneceram, ainda que as respostas – parciais – não hajam atendido. Como herança, a exigência de encontrar a boa solução é mantida quando as seguintes gerações perseguem questões postas mesmo que revisadas, variando.

Os desafios são profundos, porque do mesmo modo que as ações dos diretores exercem-se justificadas num estado de inevitabilidade das reformas, a consciência do público está congelada pela frieza dos acordos privatistas. Nas escolas de nível básico a cooptação dos diretores se dá pelo repasse imediato de verbas para a merenda, pequenos reparos, baixos custos de materiais. Chamam a esse processo de "autonomia" e garantem que descentralizam quando solicitam projetos pedagógicos. Nunca foram tão democráticas as decisões para comprar nos fornecedores já definidos pelas práticas clientelísticas ou nos acordos de minimização das condições de trabalho e de contratos temporários que, entre outras medidas, aumenta a carga horária em sala de aula.

Em vez de dirigentes, como nos debates sobre a gestão democrática da escola pública enfatizávamos, hoje a presença dos gerentes, sem recursos (além dos parcos repasses de verbas) e perspectivas, é o que vigora. Princípios constituídos desde a experiência de democratização na escola têm sido abandonados e, em conseqüência, certificamo-nos, também através de pesquisas (Silva, 1996, p. 129) que:

"As reformas que desconsideram o conhecimento, o saber, a participação 'ativa' de professores e professoras tendem ao fracasso e à ineficácia, medidos, é claro, pelos próprios 'objetivos' e termos da reforma em consideração, isso para não questionar, já na origem, os objetivos de reformas que não levem em conta a participação docente."

As intervenções também se difundem nos modos de entender os saberes, a utilização que se fará dos mesmos e as formas de transmissão. Apresenta-se um emaranhado de referências que se repetem, fragmentam-se e justapõem-se, dispensando-se os núcleos. Além disso, tratam de condições tão alheias e intangíveis, devido à contextualização política, que eliminam as chances de consecução.

O central, ultimamente, na elaboração das referências do ensino é o conceito de competência (Proposta de diretrizes para a formação inicial de professores, 2000). Seguindo as conceptualizações necessárias à explicitação do que significava "competência técnica" e "compromisso político", no Ministério da Educação, o grupo que se responsabiliza pelos textos da reforma, assim se manifesta:

"Competências são as modalidades estruturais de inteligência, ou melhor, ações e operações que utilizamos para estabelecer relações com e entre objetos, situações, fenômenos e pessoas que desejamos conhecer".

Em documentos de reformulação curricular para o ensino médio e profissional, para a formação de professores, como para o Exame Nacional do Ensino Médio – o ENEM, essas concepções também se fazem presentes. A contextualização da aprendizagem é observada pela dimensão vivencial que a condiciona. No convívio humano, a partir da interação do indivíduo com sua realidade, através da qual se forma, o processo de aquisição de competências se estabelece. *"Por isso, fala-se em aquisição de competências, na medida em que o indivíduo se apropria de elemento com significação na cultura."*

Ainda que as palavras possam mascarar as intenções, as práticas revelam o conteúdo e as conseqüências do novo conservadorismo de mercado. Dissociamos tais práticas da idéia de "política", considerando o veio etimológico a implicar inclusão dos que freqüentam a *pólis*. Observamos, como T. T. da Silva (1996, p. 118-134) o faz, práticas de uma engenharia social, através de mecanismos de certos conhecimentos e técnicas, sob posse e monopólio de grupos de *experts*. Afirmamos que manipulação difere de política, na medida em que se fazem ausentes relações de poder e crítica, processos políticos de inclusão, descartando todo questionamento para implementar ações e estratégias. *Nessa perspectiva, a sociedade e a educação são retiradas da esfera política e remetidas para a esfera da manipulação tecnocrática e instrumental* (ibid, p. 130).

Quando as menções a processos de participação e escolhas são incluídas, não passam de arranjos retóricos. Na verdade, estão orientando mais contenção, controle de impulsos, regulação, padronização e governo. As palavras bem servem a estratégias de obtenção de hegemonia política, tomando de assalto os conceitos e discursos experimentados como coisas do mundo. Limitando e constrangendo a esfera do possível, impedem que a realidade seja pensada e a transformação social seja vivida a partir de certo projeto político. *"Nesse processo, novas categorias linguísticas são criadas, ao mesmo tempo que antigas categorias têm seu significado radicalmente transformado, ganhando novas e inesperadas inflexões, quando não são simplesmente deslocadas"* (idem, p. 118).

## Mudanças: historicizar e inventar o novo

Anunciamos que mudanças se pautam em mecanismos de inovação experimentados por coletivos, compõem a história do campo curricular e propõem renovações culturais. A grande contribuição da leitura da obra de Goodson (1994, 1995) está certamente nos desdobramentos dessa perspectiva de historicizar o currículo. Mais do que refletir sobre a história, o acúmulo de dados postos à disposição para recompor certo campo, o que está ressaltado por Goodson é o caminho da desconstrução dos enfoques vigentes.

Historicizar é propor a história sobre a qual cabe fundar uma epistemologia de cunho político e cultural. Ao caracterizar a tradição como invenção, a partir da citação de Hobsbawm, Goodson (1995, p. 77) influencia-nos a interrogar esse conjunto de relíquias e formulações estéreis quando da produção e reprodução sociais na sistemática organização dos currículos. Instiga-nos a sintonizar com outras forças quase nunca visíveis.

*"Iniciar qualquer análise de escolarização aceitando sem questionar, ou seja, como pressuposto, uma forma e um conteúdo de currículo debatidos e concluídos em situação histórica particular e com base em outras prioridades sociopolíticas, é privar-se de toda uma série de entendimentos e insigts em relação a aspectos de controle e operação da escola e da sala de aula. É assumir como dados incontestáveis as mistificações de anteriores episódios de controle."*

Os termos conflito, estratagemas, interesses, artefato propõem o potencial de uma ruptura aprofundadora. Ao mesmo tempo que considera o acúmulo histórico, trazendo à luz os processos constitutivos das diversas áreas do currículo escolar, Goodson desmascara essa mística dos dois mundos da burocracia educacional — "a retórica prescritiva" e "escolarização como prática".

Acentuado o sentido de prescrição curricular, fundado na

cumplicidade do silêncio dos sujeitos do processo, a mística do controle central e burocrático deste campo se mantém. Privados do discurso sobre a escolarização e o currículo, o poder e a autonomia dos professores são comprometidos para não abalar a mentira fundamental.

Essa é a forma como Goodson (ibidem, p. 68) se manifesta: "Com relação aos estudos curriculares, os custos da cumplicidade são afinal de contas catastróficos, pois o compromisso histórico que descrevemos tem levado ao deslocamento de todo um campo de estudo; tem levado ao direcionamento da escolaridade para campos que servem à mística do controle central e/ou burocrático".

Propomos, desde essa perspectiva encaminhada por Goodson (ibid, p. 74), examinar as possibilidades de mudança curricular, historicizando os parâmetros da prática.

"O que se faz necessário é construir sobre estudos de participantes imersos no processo imediato, construir sobre estudos de eventos e períodos históricos, e desenvolver um entendimento cumulativo dos contextos históricos nos quais está inserido o currículo contemporâneo".

Fundamos essas elaborações num método que se detenha nos participantes, na complexidade do processo social, desvelando as situações e circunstâncias que ultrapassam as escolhas. O que Goodson acrescenta, nesses termos, é como os estudos históricos podem explorar o pensamento e as potencialidades para a negociação da realidade. Como buscar pela análise histórica *insights* que possam ser estendidos a negociação, construção e reconstrução da realidade contemporânea?

Particularmente na década de 80, em espaços delimitados, sob certas circunstâncias, cruzaram-se várias trajetórias e trilhas sociológicas e culturais. Por que foram significativas, ao ponto de ser reconhecido como movimento de renovação pedagógica que se constituía, desde os movimentos sociais, aquelas ações de professores, que se projetavam a partir de um passado de lutas para um futuro de descobertas e conquistas? Por que a crença na realização do projeto e um forte poder aglutinador de um universo resvalaria as fronteiras dos estados e do país?

O assenhoramento da história, contextualizando as ações, combinado a uma política contínua de mudanças, deve, de início, evitar idealizações. Padrões de estabilidade e transformações alternam-se, agravando-se quando se superpõem ações de retrocesso e fragmentação. Aceitar, contornar, enfrentar esses processos tem sido situação sempre presente. Ainda assim, a momentos e processos de inércia contextual estamos sujeitos. Os acontecimentos, revelados como parte da história, propõem generalizações para dar lugar à teoria. É como se fosse a história da ação dentro da teoria de contexto — assume Goodson, respaldando-se em Stenhouse (1987, p. 7).

Compor com os atores para que as mudanças se integrem às estruturas é comportamento exigido dos que percebem a força maior dos que participam. Considerar que profissões, categorias, matérias e disciplinas evoluem mais como movimentos sociais. Nas escolas e salas de aula, esses movimentos têm sido presentificados pelas conquistas de condições de respeito à diversidade que os grupos representam. Ainda assim, longe estamos de um padrão de reconhecimento desses avanços como parte de uma política nacional.

Norbert Elias (1994), tanto quanto Thompson (1984, p. 301-317) favorecem a defesa da experiência como base de exercícios intelectuais outros, a provar as verdades que as situações vividas geraram. Uma questão de práticas reais, coisas feitas por pessoas conscientes à medida que respaldam situações de um mundo de poder, de estratégias, de opressão, de riqueza e privação.

Aclarar o sentido da experiência é fator de entendimento para a determinação de alargar as bases da investigação que sejam informadas tanto empírica como teoricamente. Não existe um controle fixo, a partir do qual se perceba o mundo real. Este é uma construção social onde pessoas, objetos, espaços, criações políticas e sociais adquirem sentidos peculiares, em virtude das coordenadas sociais e históricas que determinam sua configuração — afirma Pérez Gómez (1995, p. 70).

*"El empalme entre cultura y no cultura"* é exatamente, como evidencia Thompson, o que constitui a experiência. Continuidade ou junção de conceitos, entrelaçando-os, a experiência vivida tanto quanto a experiência percebida se comporiam como metade dentro do ser social, metade dentro da consciência social.

O que vemos e estudamos, prossegue, são os acontecimentos repetidos dentro do ser social. Acontecimentos que freqüentemente são conseqüência das causas materiais que sucedem apesar de nossa consciência ou intenções. Não penetram instantaneamente como "reflexos" na experiência percebida; a pressão sobre a totalidade do campo de consciência não pode ser desviada, apagada, falsificada ou suprimida. Mudanças ocorrem dentro do ser social e transformam-se em experiências novas. A experiência é determinante no sentido de exercer pressões sobre a consciência social existente, propor novas questões, oportunizar exercícios intelectuais mais complicados, reconhece Thompson (ibid, p. 315).

Nessas condições, a experiência desafia o consenso; como forasteiros, marginais ou artesãos, os sujeitos das mudanças desvinculam-se para anunciar o fracasso das instituições. Quem promove as mudanças precisa de novas instituições, nichos ecológicos, para que a criatividade possa ser encorajada. A iniciativa das mudanças deve situar as garantias que buscamos para nos valer da análise da experiência; uma certa experiência percebida, a ser compartilhada, através de uma rede de significados, como define

Geertz (1978). Encontros, interações, troca entre *establishments* e forasteiros, amadores e profissionais, inovação e rotina – essa é a forma de produzir a mudança e sua história.

Admitindo variações entre grupos, entre as áreas de atuação, entre os níveis, as atitudes dos participantes dos processos de mudanças que ocorreram ao longo da década de 80, apresentam notável homogeneidade. Não pela inserção determinada, o papel de cúmplice, mas é difícil referir a alheamento. O que "marginalizados", "forasteiros", "artesãos" promoveram dependeu da percepção de um clima de igualdade, informalidade, flexibilidade, que sabíamos, de antemão, não iria durar.

A heterogeneidade, sob o ponto de vista sociológico, não comprometeu o fenômeno da mudança e a participação dos professores, no sentido de se fazerem testemunhas de um outro tempo histórico. Os grandes centros, os estados e municípios em que as administrações assumiram as rédeas, pela grande quantidade de eventos e diversidade de estímulos, acompanham um certo desenvolvimento integrado desses indivíduos relacionados como categoria. A institucionalização, como ponto de chegada, semelhante à história das religiões, como Burke (2000) refere, transformou "seitas entusiásticas" em "igrejas estáveis", com todas as vantagens e desvantagens, custos e benefícios que as formas de organização revelam.

Processaram-se, de forma nem sempre explicitada, negociações da realidade, sustentadas pelas forças de pressão exercidas pelos materiais, pelas propagandas, pelas festividades e inaugurações, por reajuste de salário ou negação a. Questionamentos e confrontos das administrações com as associações e sindicatos despertam a atenção para as dimensões no cotidiano do trabalho, nem sempre identificadas, mudanças educativas carregadas de tensões.

Significando que o acúmulo da crítica e menos ainda a aceitação de que as descobertas e ações relevantes já haviam sido realizada, projetos profissionais revelaram-se e foram revelados. À margem do instituído, pelo caminho da rebeldia e da informalidade, muitos projetos revelaram as possibilidades e virtualidades da escola possível. Muitas das condições não estavam dadas, mas vinham sendo ressaltados os processos de construção, pelo registro e difusão de trabalhos como os de Brandão (1981), Noronha (1986), Arroyo (1987) e tantos outros.

## Considerar a transição, apurar as inovações e potencializar as práticas

Por estarmos enfrentando, na atualidade, importantes transformações no sistema educativo, é coerente sustentar os dados de análise desse momento em argumentações que visem a promover projeções a situações mais amplas de mudanças. Numerosas questões estão relacionadas a essas reflexões, incluindo-se na descrição desses processos, como o caráter provisório ou duradouro, mas sempre complexo das mudanças, passa pela transição.

Para o sociólogo da cultura, as obras de transição – escreve Williams (1992, p. 198) –, são muito importantes já que em todos os demais níveis de análise, muito corretamente, a atenção se concentra no típico, no nodal, no característico. A transição deixa escapar no momento mesmo a inovação em processo, o acontecer – um dos raros elementos da produção cultural em que se aplica com plenitude o adjetivo "criativo".

Para nós, categoria profissional imersa no amplo debate a respeito da contextualização e pertinência das mudanças, diante da feição impositiva das reformas, parece escapar o horizonte das ações se não as tomamos mescladas por situações de transição. Às vezes, mudanças sociais, culturais, vêm revestidas desse sentido de prontidão, de conclusividade, de grandes resultados. No início dos anos oitenta, tínhamos (muitos confessamos) a pressa das constatações.

Negar reflexos de mudanças históricas operadas por movimentos revolucionários também não é saída para situar os dados da realidade. A este propósito, Ianni (1979, p. 40), ao transcrever texto de Octavio Paz, avalia a influência da revolução iniciada em 1910, sobre a realidade do México: "incorreria numa grosseira simplificação afirmar que a cultura mexicana é reflexo das mudanças históricas operadas pelo movimento revolucionário". Cabe ampliar e aprofundar a discussão. Diz que dever-se-ia incluir na categoria cultura também as ciências e a filosofia, além das artes e a produção erudita e popular. *"A partir dessa compreensão, seria difícil negar influências. Não se trata de reflexos ... trata-se de ressonância, comprometimento de linguagem, significados, signos, matérias de criação."*

Retomando os propósitos com que mergulhamos nos movimentos, Ianni revela que o que queríamos era a revolução. Mas produzimos mudanças, podemos reafirmá-las pela teorização fecunda dessas práticas, como se dispõem alguns autores e ainda nos cabe re-significar as tradições, compreendendo-as e inventando-as, desde o processo de transição.

Reconhecemos, ao longo desses anos, entre as múltiplas situações em que nos vemos imersos, quadros e direções a sugerir acomodações e rupturas. São períodos cruciais, estados intermediários e de confronto com experiências vividas e caminhos nunca ousados.

*Las transiciones señalan momentos de alumbramiento de nuevas realidades, etapas de crises o de indefinición, en las que se sabe pero no se tiene claro adónde se vá a llegar y en qué estado se quedará uno en la nueva situación. Es una experiencia personal y social destacable, no neutra, en la que identidad se ve alterada y hasta quizá sacudida. Y no sólo en ella nos vemos transformados nosotros mismos, sino también nuestra situación social, los papeles que nos corresponde desarrollar. Es decir, que tiene un doble carácter: público y privado. Se altera el medio con sus referentes, la subjetividad de cada cual y el papel que se desempeña respecto de los demás* (Gimeno Sacristán, 1995).

As mudanças partilhadas, ora como escolhas profissionais, alterando papéis, de estilos de vida, exigências e possibilidades, ora determinações conjunturais de globalização, induzem a distinguir etapas e resultados na participação nesses novos ambientes. Acostumamo-nos, refletindo e vivenciando experiências curriculares, a relacioná-las a processos progressivos, cumulativos, por acréscimos de outras condições. Entretanto, os motivos, meios, direções indicados pelas reformas na educação evidenciam efeitos regressivos e, até mesmo, perdas referenciais, em função de substituição dos significados básicos.

O limite desse jogo do poder é a descoberta do que nas situações vividas é o verdadeiro. Pela busca de coerência entre um maior número de pessoas, novas idéias e novos projetos vêm se revelando. Milton Santos (2000, p. 20) chama a atenção para a reação de desqualificação das atitudes políticas assumidas pelos movimentos sociais, representações sindicais, grupos organizados. A busca de coerência na elaboração de novas idéias e novos projetos acelera a formação de consciência das camadas populares. E acrescenta:

A atividade correspondente reúne movimentos formais ou informais, entidades estruturadas e também vozes dissonantes, todos empenhados, fervorosamente, numa atividade nobre, generosa, pedagógica, mas sem os meios materiais, jurídicos e políticos de sua realização política.

Buscar virtualidades no campo das práticas, diálogos e rituais de que são agentes os sujeitos do ato educativo, tem sido a referência para o conceito e vivência das mudanças, de maneira contínua, como uma forma de transição. Trata-se, como destaca

Arroyo (1999, p. 132), de certo estilo de inovação (e a experiência da Escola Plural, implementada na rede pública de Belo Horizonte, desde 1994, isso bem demonstrou). Pela experiência e sua valorização, os elementos da prática poderão conduzir a políticas de renovação teórica e prática. *"Os professores que fazem a escola se propõem a renová-la."*

Inovar é mais que um permanente embate político-programático. Não é reforçar a dinâmica do sistema social moderno, tendo olhos apenas para ver o que vem a seguir. A lógica desse desenvolvimento tem muito bem servido aos propósitos reformistas. Junto com a capacidade de auto-reflexão, uma crítica da totalidade, a disposição para contemplar, como que de fora, as próprias ações, os atos banais e os absurdos desses atos é a condição básica da existência humana.

Nesse sentido, afirmamos a disposição da categoria para alinhar-se com os movimentos políticos, sociais, curriculares, desenvolvidos desde uma crítica às próprias ações críticas. Para marcar posições — entre atacar hereges e converter pagãos — a história demonstra que as saídas não estão na teoria por si só considerada, mas no movimento político e social. Na morada material da cultura, como afirma Thompson (1984, p. 269), desde um exame materialista dos valores, segundo o compromisso histórico, residem os fundamentos para prosseguir realizando o projeto de formação humana da classe trabalhadora.

# Bibliografia

ARENDT, Hanna. *Entre el passado y el futuro*. Ocho ejercicios sobre la reflexión política. Traducción: Ana L. Poljak Zorzut. Barcelona: Península, 1996.

ARROYO, Miguel G. *Da escola carente à escola possível*. 2ª. edição. São Paulo: Loyola, 1987.

_____. Experiências de inovação educativa. O currículo na prática da escola. In: MOREIRA, Antonio Flávio Barbosa (org). *Currículo: políticas e práticas*. Campinas, SP: Papirus, 1999.

_____. *Ofício de mestre*. Imagens e auto-imagens. Petrópolis, RJ: Vozes, 2000.

BRANDÃO, Carlos Rodrigues (org). *Pesquisa participante*. Rio de Janeiro: Brasiliense, 1981.

BRASIL. Ministério da Educação. Secretaria de Ensino Fundamental. *Parâmetros Curriculares Nacionais*. Documento Introdutório. Brasília. Versão Final, janeiro, 1997.

_____. *Parâmetros Curriculares Nacionais*. Pluralidade Cultural. Brasília. Versão Final, janeiro, 1997.

_____. *Proposta de diretrizes para a formação inicial de professores da escola básica em cursos de nível superior*. Brasília, maio, 2000.

BRUNO, Lucia. Acerca do indivíduo, da prática e da consciência da prática. In: *Educação & Sociedade*, n. 23, agosto, 1989.

BUENO, Gustavo. *El mito de la cultura*. Ensayo de una filosofía materialista de la cultura. Barcelona: Editorial Prensa Ibérica, 1996.

BURKE, Peter. Seitas e igrejas na história do conhecimento. In: *Caderno Mais!* Folha de São Paulo. 27 de agosto 2000.

CANDAU, Vera. Reformas educacionais hoje na América Latina. In: MOREIRA, Antonio Flávio Barbosa. *Currículo: políticas e práticas.* Campinas, SP: Papirus, 1999.

CERTEAU, Michel de. *A cultura no plural.* Tradução: Enid Abreu. Campinas, SP: Papirus,1995.

ELIAS, Norbert. *O processo civilizador.* Uma história dos costumes (vol. 1).Tradução: Ruy Jungmann. Revisão e apresentação: Renato J. Ribeiro. Rio de Janeiro: Jorge Zahar Editor, 1994.

FORQUIN, Jean Claude. Saberes escolares, imperativos didáticos e dinâmicas sociais. In: Revista *Teoria & Educação.* No. 5. Porto Alegre, 1992.

GEERTZ, Clifford. *A interpretação da cultura.*Tradução: Fanny Rangel. Rio de Janeiro: Zahar, 1998.

GENTILE, Pablo. Neoliberalismo e educação: manual do usuário. In: SILVA, Tomaz T. e GENTILE, Pablo (org). *Escola SA. Quem ganha e quem perde no mercado educacional do neoliberalismo.* Brasília: CNTE, 1996.

GIMENO SACRISTÁN, José. *La transición a la educación secundaria. Discontinuidades en las culturas escolares.* Madrid: Morata, 1996a.

_____. Reformas educativas y reformas del curriculum: anotaciones a partir de la experiencia española. *Seminario sobre "Novas políticas educacionais".* PUC, São Paulo, set 1996b.

_____. *Poderes inestables en educación.* Madrid: Morata, 1998.

_____ & PÉREZ GÓMEZ, Ángel. *Comprender y transformar la enseñanza.* Madrid: Morata, 1995.

GOODSON, Ivor. *Studying Curriculum: cases and methods.* Buckinghan Open University Press, 1994.

_____. *Curriculum: teoria e história.*Tradição: Attílio Brunetta. Petrópolis, RJ: Vozes, 1995.

HOBSBAWM, Eric & RANGER, Terence (org). A invenção de uma tradição. Tradução: Celina C. Cavalcanti. Rio de Janeiro: Paz e Terra, 1984.

IANNI, Otavio. *Ditadura e agricultura*. O desenvolvimento do capitalismo na Amazônia, 1964-1970. Rio de Janeiro: Civilização Brasileira, 1979.

KUHN, Thomas S. *A estrutura das revoluções científicas*. 4ª. edição. São Paulo: Perspectiva, 1996.

NORONHA, Olinda Maria. *De camponesa a madame*. Trabalho feminino e relações de saber no meio rural. São Paulo: Loyola, 1986.

POPKEWITZ, Thomas. *Reforma educacional. Uma política sociológica. Poder e conhecimento em educação*. Tradução: Beatriz Affonso Neves. Porto Alegre: Artes Médicas, 1997.

SANTOS, Milton. *Território e sociedade*. Entrevista com Milton Santos. São Paulo: Fundação Perseu Abramo, 2000.

STENHOUSE, Lawrence. *Investigación y desarrollo del curriculum*. Madrid: Morata, 1987.

SILVA, Tomaz T. da. *Identidades terminais. As transformações na política da pedagogia e na pedagogia da política*. Petrópolis, RJ: Vozes, 1996.

THOMPSON, E. P. "La politica de la teoría". In: Samuel, Raphael. *Historia popular y teoría socialista*. Barcelona: Ed Crítica (Grupo Editorial Grijalbo), 1984.

TORRES SANTOMÉ, Jurjo. *Globalização e interdisciplinaridade. O currículo integrado*. Tradução: Cláudia Schilling. Porto alegre; Artes Médicas, 1998.

WILLIAMS, Raymond. *Cultura*. Rio de Janeiro: Paz & Terra, 1992.

# Capítulo IX

## A construção da cidadania no embate político

LEONARDO BARROS DE SOUZA

### 1. Qual cidadania?

O TERMO *cidadania* definitivamente caiu no gosto da sociedade brasileira. Muitas empresas, em sua essência movidas pela lógica do lucro, mas que investem parte de seu patrimônio na área social (responsabilidade social), tendo como contrapartida benefícios fiscais do Estado, são chamadas de *empresas cidadãs*.[141] A defesa da ampliação de tratamentos médicos e odontológicos à população, bem como das atividades de muitas outras profissões autônomas, tem como fundamento a *cidadania*. Programas de televisão que fazem denúncias contra a violação de direitos e que por vezes buscam até apurá-las e resolvê-las ou mesmo aqueles que simplesmente narram e mostram acontecimentos problemáticos da sociedade autodenominam-se *de cidadania*.[142] O

---

141 Cf., criticando a lógica empresarial da responsabilidade social, texto de Boaventura Souza Santos em obra por ele organizada, intitulada Democratizar a democracia. Os caminhos da democracia participativa. Rio de Janeiro: Civilização Brasileira, 2002.
142 Programa Repórter Cidadão, que vai ao ar no início da noite, todo dia, na TV Record.

surgimento de canais de comunicação, entre os quais as redes de TV a cabo, mantidos por órgãos ou mesmo Poderes do Estado, encontram justificativa na idéia de *cidadania* e muitos atrelam seu nome diretamente ao termo[143]. A rede de televisão que veicula em sua programação campanhas de conscientização sobre direitos ou vincula sua imagem à tarefa de divulgação da cultura popular auto-intitula-se *TV cidadã*[144]. A convocação para o trabalho voluntário é pautada em um *compromisso com a cidadania* ou justificada porque é um *exercício de cidadania*[145]. A "Ação Global" tem como fundamento o desenvolvimento da *cidadania*[146]. O Estado desenvolve programas sociais porque são necessários ao desenvolvimento da *cidadania*[147].

Os debates e inovações quanto aos temas do acesso da sociedade ao Poder Judiciário e da necessidade de maior conscientização da sociedade sobre seus direitos têm como um de seus motes a ampliação da *cidadania*[148]. Muitos movimentos populares e orga-

---

143 No endereço eletrônico do Senado Federal, por exemplo, há um link denominado "A voz do cidadão".

144 A menção é a duas campanhas da TV Globo, a primeira referente ao disk-denúncia e a segunda à vinculação de temas abordados em novelas globais com a disseminação de cultura.

145 Cf. análise de Adam Przewosky em texto intitulado O Estado e o Cidadão, in BRESSER PEREIRA et alli. Sociedade e Estado em transformação. São Paulo: UNESP, 1999, p. 325-359; e críticas de Castel, às p. 228 e 232, in DOMINGUES, José Maurício. Cidadania, Direito e Modernidade. In: SOUSA, Jessé (org.). Democracia hoje. Brasília: Ed. UNB, s/d, p. 310-324.

146 Trata-se de uma campanha em que a TV Globo associa-se a diversas instituições e organizações e concentra, num dia só, a prestação de vários serviços, como, por exemplo, retirada de CTPS e CPF, atendimento jurídico, corte de cabelo, tratamento odontológico, entre outros.

147 Basta ver o carro chefe do atual governo federal na área social, o "Programa primeiro emprego. Abrindo as portas para a cidadania".

148 Cf. coletânea de textos em SADEK, Maria Teresa (org.); Acesso à Justiça. São Paulo: Fundação Konrad-Adenauer, 2001.

nizações não-governamentais pautam suas atuações na *defesa da cidadania*[149]. A comemoração do dia do consumidor tem como uma de suas homenageadas a *cidadania*[150]. Uma das homenagens ao Ayrton Senna, dez anos após sua ausência, destacava a figura do *herói cidadão*, "símbolo de um Brasil que poderia dar certo", que fazia com que o brasileiro sentisse orgulho de ser brasileiro, segundo a matéria jornalística[151]. A Constituição da República Federativa do Brasil, no dia de sua promulgação, em 5 de outubro de 1988, foi chamada de *Constituição Cidadã* pelo então presidente da Assembléia Nacional Constituinte.

Os referidos usos do conceito de cidadania, escolhidos aleatoriamente, uns pinçados da programação televisiva da primeira e segunda semana de março desse ano de 2004, multiplicam-se e podem multiplicar-se ainda mais, até o surreal momento em que o refrigerante comprado no bar da esquina também vai se chamar refrigerante *da cidadania*, simplesmente porque soa bem aos ouvidos do consumidor[152], que por algum motivo que ignora ou que não consegue saber, com ele se identifica.

---

149 A literatura sobre as qualidades dos movimentos sociais e organizações não governamentais é imensa. Para uma reflexão mais crítica, conferir, entre outros, os textos de Marco Aurélio Nogueira, Giovanni Semeraro e Ivete Semionatto in COUTINHO, Carlos Nelson, TEIXEIRA, Andréa de Paula (org.). Ler Gramsci, entender a realidade. São Paulo: Civilização Brasileira, 2003.

150 Interessante foi um outdoor localizado na Rua das Laranjeiras, no Rio de Janeiro, em que um restaurante de massas agradecia seus consumidores (pelo consumo no estabelecimento) e os parabenizava pelo dia do consumidor, que é celebrado todo 15 de março.

151 A matéria foi exibida no Jornal Nacional da TV Globo na data de 20 de março de 2004.

152 Cf. TOURAINE. Alan. O que é a democracia? Trad. Guilherme João de Freitas Teixeira. 2ª ed., Petrópolis: Vozes, 1998, p. 159-187, em que o autor indica como essencial à democracia a passagem do indivíduo consumidor, para o indivíduo cidadão e em seguida para indivíduo sujeito.

Não há dúvida de que "recentemente, no Brasil, o conceito de cidadania vem sendo aplicado de variadas formas, sem muita especificação de seu conteúdo preciso" (Domingues, s/d, p. 213). Com efeito, o uso corrente do termo cidadania não chega a ser um problema em si, ao contrário de sua disseminação sem um mínimo de reflexão sobre seu conteúdo. O que preocupa, por conseguinte, é seu uso indiscriminado e principalmente dissimulado, que aproveita seu potencial aglutinador de indivíduos em torno de anseios e interesses como forma de legitimação de condutas, muitas vezes distantes desses mesmos anseios e interesses, ou deles desvirtuadas. Isso, por sua vez, pode levar a um lento esvaziamento do termo, a uma perda de confiança em seu significado.

A expressão cidadania virou lugar-comum nos discursos do dia-a-dia, um rótulo usado por diversos produtos anunciados no cotidiano ou uma bandeira a ser levantada em defesa de qualquer interesse ou para fundamentar qualquer reivindicação. Em razão de seu uso hoje disseminado, seguida de pouco aclaramento sobre seu significado, a cidadania pode ser utilizada para justificação de quaisquer atos e condutas, por quem quer que seja, qualquer que seja sua linha ideológica ou a sua real finalidade.

Mas será que todos esses usos e outros que porventura venham a existir dizem respeito a uma mesma noção de cidadania? Será que todos que dela se utilizam referem-se à mesma idéia de cidadania? Há uma noção prevalente dentre a variedade de seu uso? Há como identificar a noção prevalente entre os diversos usos da palavra cidadania?

Identificar seu conteúdo, procurar revelar seu significado ao todo social, não é tarefa fácil. Contudo, é tarefa relevante, precisamente como mecanismo destinado ao balizamento de sua utilização apropriada. É necessário, pois, fixar critérios básicos para a análise de seu emprego e construir ferramentas mínimas para que o indivíduo possa identificar o uso indiscriminado, desvirtuado ou dissimulado do termo, para que possa, assim, visualizar os interesses existentes por trás do discurso da cidadania.

## 2. A relação cidadania e direitos

A noção de cidadania, na modernidade, encontra-se atrelada à noção de direitos (do indivíduo).[153]

---

[153] É liberal a predominante concepção de cidadania ligada aos direitos dos indivíduos. Sob essa ótica, inclusive com análise de dois de seus expoentes, T. H. Marshall (1967, p. 64ss) e N. Bobbio (1992, p. 49ss), autores, respectivamente de Cidadania, Classe Social e Status e A Era dos Direitos. Conferir também o texto de José Maurício Domingues intitulado Cidadania, direitos e modernidade (s/d, p. 216ss). Para uma análise crítica, conferir o texto de Décio Azevedo Marques de Saes intitulado Cidadania e capitalismo: uma crítica à concepção liberal de cidadania (in Crítica Marxista, n. 16, 2003). Certamente a discussão em torno da própria validade da relação entre cidadania e direito situa-se como pano de fundo da análise empreendida no presente texto, que em momento algum a abordará. Fez-se a opção de pensar a cidadania ainda no quadro teórico do pensamento liberal, até porque com relação à questão referida, complexa e de primordial importância, ainda não se encontrou bases mínimas para seu aprofundamento. O que se tem, até o momento, é a idéia de que na Grécia a cidadania era um dever e não um direito, algumas indicações de Renato Lessa no texto A teoria da democracia: balanço e perspectivas (In: Perissinotto, Renato, Fuks, Mario (org.). Democracia: Teoria e Prática. Rio de Janeiro: Relume Darumá, 2002.), e uma indicação contida no final da p. 271 do texto de Giovanni Semeraro (cf. bibliografia). A questão é complexa, bastando lembrar que tem como um de seus panos de fundo o debate entre liberais e não liberais (socialistas, social-democratas, comunitaristas, humanistas, entre outros), entre o que restringem o núcleo da cidadania apenas aos denominados direitos civis ou direitos fundamentais ou direitos de liberdade, cuja vertente conservadora luta nas trincheiras do mínimo existencial e aqueles que defendem a inclusão de outros direitos, principalmente

Estudioso dessa questão, Domingues (s/d, p. 213) explica a formação da relação direta entre cidadania e direito: "A economia capitalista, que retirou o trabalhador do controle do senhor (feudal, escravista, etc.) ou mesmo da autoridade do grêmio artesanal (e do mestre), transformou-o em um sujeito livre para vender sua força de trabalho; [...] Por seu turno, o Estado moderno, universalista e baseado em regras válidas para todos – ao romper com as relações de subordinação pessoal do vassalo ao senhor, do súdito ao rei, e, em princípio, ainda que

---

dos direitos sociais e entre eles, dos direitos trabalhistas. Contra esses direitos os liberais desmerecem sua positivação, levantam a questão da dificuldade de sua implementação em razão de seu custo (ver em Bobbio, 1992, a noção de que os direitos sociais demandariam atos positivos do Estado, ao contrário dos direitos civis, que apenas pressupõem uma abstenção, situação agravada num quadro de falência do Estado Providência; contra, ver a obra intitulada The Cost of Rights, de Cass Sunstein, onde se demonstra que também os direitos civis demandam prestações positivas do Estado, indicando como exemplo os gastos públicos com as eleições), o que é potencializado em um propalado estágio de perda de autonomia do Estado face à globalização. Por outro lado, ambiciona-se uma cidadania universal (Bobbio, 1992, e Oliveira, 1995; contra, ver Coutinho, 2003), agora impulsionada pelas temáticas da globalização e da possibilidade da existência coletiva numa sociedade em rede, sem solução de continuidade para o problema do núcleo dessa cidadania cosmopolita. Mais recentemente, são os próprios direitos civis que vêm sofrendo restrições, justificadas pela luta contra o terrorismo, o que poria a baixo a pretensão de involução dos direitos da cidadania, ou seja, a idéia de que uma vez reconhecidos e positivados, integrando o patrimônio do indivíduo, não haveria como ignorá-los e desrepeitá-los. Exemplo recente foi a instalação de barreiras pela polícia americana em várias ruas de Nova York, no dia de 20 de março de 2004, data do aniversário de um ano da Guerra do Iraque, como forma de desagregar manifestação popular contra a guerra e a ocupação americana, o que, segundo os canais de informação, teria surtido o efeito pretendido. Nesse contexto de debate entre direitos de liberdade ou civis e direitos sociais, a identificação do núcleo da cidadania é postergada e algo se perde quanto aos direitos políticos, que ou vêm a reboque dos direitos civis ou são pressupostos aos direitos sociais.

Capítulo IX — A construção da cidadania no embate político │251

somente após uma longa evolução isso tenha sido estendido a todos os integrantes da sociedade —, introduziu a noção de cidadania, que fazia de todos, por outro lado, novamente meros seres abstratos de razão, outrossim, livres. Weber (1921-1922, p. 122ss), com referência à noção de dominação racional-legal, e Durkheim (1902), com os processos de individualização e avanço da divisão do trabalho, além do próprio Marx (1844), que denuncia o lobo concreto e interesseiro burguês por baixo da pele abstrata do cidadão, destacaram esse aspecto da formação do poder na sociedade moderna. Do anonimato de súditos vivendo vidas concretas, passava-se à cidadania abstrata e individualizada, mas em contrapartida controlada pelo Estado (Foucault, 1976). O direito moderno formal e universalista seria crucial nesse sentido (Weber, 1921-1922, Segunda Parte, cap. 7; Bendix, 1964). Enfim, o Estado de bem-estar, sob gestão burocrática, empreendeu a categorização abstrata das diversas categorias da população que se tornavam agora objeto da política social (Habermas, 1981, Bd. 2, p. 492ss). Em todas essas dimensões crava-se o que Habermas (Idem, p. 492ss), retomando Marx, caracterizou como 'abstrações reais', que implicam uma perda de controle do sujeito sobre si e o ressentimento e perda de significado do mundo, decorrente da reificação que se alastra pelo conjunto do tecido social (veja ainda Vandenberghe, 1998). Como logo veremos, esse processo conectou-se estreitamente à própria consolidação dos direitos civis, políticos e sociais".

Essa relação existe na maior parcela dos exemplos referidos na introdução, em que se tem, respectivamente, a identificação entre cidadania e direito à assistência social, à saúde, à informação e acesso à justiça, à informação, novamente à informação (e à liberdade de imprensa), novamente à assistência social, aos direitos sociais, ao acesso à justiça, a direitos vários (civis, políticos, sociais e culturais), à informação, ao acesso à justiça, à identidade nacional, culminando com a referência a uma Constituição adjetivada de cidadã, porque inovou a ordem jurídico-constitucional do país ao prever uma série de direitos sociais e ao restabelecer uma série de direitos civis e políticos cujo exercício se encontrava restringido ou abolido pelo regime autoritário dos governos militares.

Contudo, há séria divergência quanto aos direitos que integram ou deveriam integrar o conceito de cidadania. As respostas variam ao sabor de posturas político-ideológicas, conforme se postule a inclusão ou não de direitos civis, de direitos políticos e de direitos culturais e sociais[154] ou, respectivamente, dos direitos de primeira, segunda e terceira gerações[155] ou dimensões[156]. Existe ainda quem propugne pela inclusão dos direitos de quarta geração,[157] o que pode seguir assim por diante, até a enésima geração, postergando ao infinito a solução da questão da identificação dos direitos que integram a cidadania.

A concepção de cidadania atrelada a um determinado rol de direitos, bem como a divergência sobre quais direitos integrariam esse rol, deslocam os questionamentos iniciais para o problema da identificação dos direitos da cidadania, aqueles considerados essenciais à vida e integridade do indivíduo, e, por conseguinte, coloca em evidência

---

154 A classificação é atribuída à T. H. Marshall, no ensaio Cidadania e classe social e decorre dos três elementos da cidadania. Cf. ob. cit., p. 63-74.
155 A classificação é de N. Bobbio. Cf. ob. cit., p. 05-06.
156 Critica-se a concepção geracional, pensada por Bobbio, porque ela se identificaria com uma idéia de evolução dos direitos. Pontuando que não existe uma regra para o nascimento e o reconhecimento dos direitos, há quem entenda que seria melhor substituir o termo gerações por dimensões, contempladas ou não por determinado ordenamento jurídico segundo circunstâncias de cada sociedade.
157 O direito a um meio ambiente protegido, os de solidariedade, ao desenvolvimento, à paz internacional, à comunicação.

a questão da existência ou não de um procedimento que auxilie na identificação (o problema de como se pode identificá-los).

## 3. Contribuições: Construindo um mecanismo para a identificação dos direitos da cidadania

É possível extrair da doutrina alguns critérios que podem contribuir para a tarefa de identificação de quais direitos integram o rol de direitos do que se entende por cidadania. A análise de alguns dos ensinamentos de T. H. Marshall[158] e de N. Bobbio[159] (aqui considerados expoentes do pensamento liberal), com alguns aspectos da obra de K. Marx[160] (fundador de uma das mais robustas alternativas ao capitalismo, face econômica do liberalismo) e da de A. Gramsci [161] (marxista que enveredou pelo estudo do fenômeno político), por mais incoerente que possa parecer, pode revelar uma interessante contribuição para a tarefa de construção de um processo de identificação do núcleo de direitos da cidadania, numa perspectiva de desvelamento dos discursos que se apropriam do termo cidadania.

*a) Uma contribuição de T. H. Marshall.*

Segundo Saes (2003) "o ensaio de Marshall continua a ser a

---

158 Op. cit..
159 Op. cit..
160 BOITO JUNIOR, Armando. Cena política e interesse de classe na sociedade capitalista. Crítica Marxista, n. 15, São Paulo: Boitempo, 2002, p. 127-139.
161 COUTINHO, Carlos Nelson (org.). Ler Gramsci, entender a realidade. Rio de Janeiro: Civilização Brasileira, 2003.

referência teórica fundamental para quem começa a refletir sobre a cidadania na sociedade contemporânea; é o que se pode constatar, de resto, pela consulta à mais recente bibliografia dedicada ao tema" (2003, p. 10). De fato, é impressionante a influência do sociólogo inglês, principalmente no que se refere à ampla adoção de sua classificação dos direitos entre civis, políticos e sociais; ao uso, como eixo de análise da relação desses direitos com a aquisição do *status* moderno, da noção de cidadania em oposição ao status medieval distintivo de classe (Marshall, 1967, p. 64); e, em especial, à análise e a aceitação dessa relação pela linha-mestra da tese evolucionista dos direitos da cidadania,[162] segundo a qual, em síntese, os direitos sociais decorreriam dos direitos políticos e esses dos direitos civis,

---

162 Essas questões não serão aprofundadas no presente texto. Cf. N. Bobbio, José Maurício Domingues e Décio Azevedo Marques de Saes, entre outros. As críticas dirigidas à tese evolucionista de Marshall são bem expostas e analisadas por Décio Saes e José Maurício Domingues. Contudo, a modesta leitura do texto original não indica tão claramente esse caráter evolucionista. Pelo contrário, Marshall parece ter muita consciência de que desenvolve teorização dentre de um contexto específico, o da Inglaterra de sua época, e deixa muito claro em vários trechos a hipótese de surgimento não linear dos direitos, tal como a ordem direitos civis, políticos e sociais, o que tem como causa circunstâncias sociais e históricas variáveis. Isso é constatado, por exemplo, na própria questão da cisão da cidadania, pois, "nos velhos tempos, esses três direitos [o elemento civil, o elemento político e o elemento social] estavam fundidos num só. Os direitos de confundiam porque as instituições estavam amalgamadas. [contudo] Em toda parte, à medida que passamos do antigo para o moderno, vemos o que a Filosofia da moda chama de diferenciação" (Marshal, 1967, p. 64/65), sendo que somente "quando os três elementos da cidadania se distanciaram uns dos outros, logo passaram a parecer elementos estranhos entre si. O divórcio entre eles era tão completo que [aí sim] é possível, sem destorcer os fatos históricos, atribuir ao período de formação da vida de cada um o a um século diferente – os direitos civis ao século XVIII, os políticos ao século XIX e os sociais ao século XX" (idem, p. 66), embora, contudo, "esses períodos, é evidente, devem ser tratados como uma elasticidade razoável, e há algum entrelaçamento, especialmente entre os dois últimos" (ibidem).

sendo esses os primeiros direitos a serem reconhecidos e sem os quais não haveria como reconhecer os demais.

Ocorre que essa tese esconde elementos essenciais à tentativa de construção de um procedimento de identificação dos direitos que integram a cidadania, reduzindo o debate sobre quais seriam esses direitos a uma mera e linear análise de evolução social. Marshall tinha muita consciência de que desenvolvia teorização dentre de um contexto específico, o da Inglaterra de sua época, e deixou muito claro em vários trechos de seu ensaio a hipótese de surgimento não linear dos direitos (tal como sugerido pela ordem dos direitos civis, políticos e sociais) em razão de circunstâncias sociais e históricas variáveis. Isso é constatado, por exemplo, na esquecida questão da cisão da cidadania. Como ensina Marshall, "nos velhos tempos, esses três direitos [o elemento civil, o elemento político e o elemento social] estavam fundidos num só. Os direitos se confundiam porque as instituições estavam amalgamadas. [Contudo] Em toda parte, à medida que passamos do antigo para o moderno, vemos o que a Filosofia da moda chama de diferenciação" (Marshall, p. 64-65), sendo que somente "quando os três elementos da cidadania se distanciaram uns dos outros, logo passaram a parecer elementos estranhos entre si. O divórcio entre eles era tão completo que [aí sim] é possível, sem destorcer os fatos históricos, atribuir ao período de formação da vida de cada um a um século diferente — os direitos civis ao século XVIII, os políticos ao século XIX e os sociais ao século XX" (*idem*, p. 66), embora sabendo que "esses períodos, é evidente, devem ser tratados como uma elasticidade razoável, e há algum entrelaçamento, especialmente entre os dois últimos" (*ibidem*).

Marshall analisa a cidadania na transição entre os períodos medieval (feudal) e moderno. Nesse contexto, ele visualiza, além do processo de diferenciação acima referido, um processo de fusão (referente à formação do Estado nacional moderno, daí por que Marshall adverte que a cidadania de que trata é a nacional, cf. p. 64) que anda passo a passo com o primeiro, e assevera que a evolução da cidadania "envolveu um processo duplo, de fusão e de separação. A fusão geográfica e a separação funcional" (*idem*, p. 64), pela qual se passa do costume local ao direito consuetudiário, da justiça real para os tribunais nacionais especializados, do poder real para a concentração de poderes no Parlamento, sendo que "os direitos sociais que se tinham enraizado na participação da comunidade da vila, na cidade e nas guildas, foram gradativamente dissolvidos pela mudança econômica até que nada restou senão a *Poor Law* [lei que se destinava a suportar os indivíduos excluídos do processo de produção dos males do capitalismo industrial nascente, algo como uma previdência social estritamente assistencialista, cf. p. 70-73]" (idem, p. 64-65).

Nesse processo duplo de fusão e separação, "o mecanismo que dava acesso às instituições da quais dependiam os direitos da cidadania tinha de ser montado novamente" (*idem*, p. 65-66), e foi, ao talante das forças que conduziam a mudança econômica. Por exemplo, "No caso dos direitos políticos, a questão se cifrava ao direito de voto e à habilitação para candidatar-se ao Parlamento. No caso dos direitos civis, a matéria dependia da jurisdição dos vários tribunais, dos privilégios da profissão de advogado e, acima de tudo, da responsabilidade de arcar com as custas do litígio [o respeito aos direitos civis, caso ofendidos, deveria ser buscado nas instituições jurisdicionais]. [...] Todo esse aparato se combinava para decidir não simplesmente que direitos eram reconhecidos em princípio, mas também até que ponto os direitos reconhecidos em princípio podiam ser usufruídos na prática" (*ibidem*), tudo conforme *o espírito predominante da época* (idem, p. 72), diz Marshall.

A leitura atenta das passagens transcritas revela um elemento essencial do ensaio de Marshall que deve ser apropriado para a análise contemporânea da cidadania.

Capítulo IX — A construção da cidadania no embate político

A constatação de que os elementos da cidadania poderiam e foram dissociados na passagem da época medieval para a moderna e a percepção de uma inovação em seu argumento, no sentido de que o reconhecimento dos direitos, após a cisão da cidadania, só era possível através da criação de instituições que foram moldadas segundo *o espírito predominante da época*, afasta mais uma vez a tese evolucionista e insere no debate a hipótese de que a identificação dos direitos do indivíduo e conseqüente definição do que seja cidadania somente é possível segundo a análise de um determinado *contexto*.[163]

Ora, se "a cidadania é um *status* concedido àqueles que são membros integrais [!?] de uma comunidade" (*idem*, p. 76); se "não há nenhum princípio universal que determine o que estes direitos e obrigações [ambos os da cidadania] serão, mas as sociedades nas quais a cidadania é uma instituição em desenvolvimento criam uma imagem de uma cidadania ideal em relação à qual o sucesso pode ser medido e em relação à qual a aspiração pode ser dirigida" (*ibidem*); e se "estou certo [Marshall] ao afirmar que a cidadania tem sido uma instituição em desenvolvimento na Inglaterra pelo menos desde a segunda metade do século XVII, então é claro que seu crescimento coincide com o desenvolvimento do capitalismo" (*ibidem*); não há dúvida de que ser membro integral de uma comunidade — diga-se ser considerado cidadão ou lhe ser atribuído o *status* de cidadão — depende unicamente, segundo o próprio Marshall, do espírito predominante em determinada

---

163 Assim como o pensador britânico, a importância de seu pensamento não se resume a um aspecto de maior destaque na Doutrina, no caso a noção de gerações de direitos do homem e mais recentemente a diferença entre reconhecimento e proteção/efetivação/implementação dos direitos, em especial a defendida e quase unânime diferença entre direitos civis e sociais quanto ao custo de sua implementação (idem, p. 10 e p. 71-72)

época, do *contexto* amplo de idéias dominantes e da natureza das relações sociais em que está inserido o indivíduo.

## b) Uma contribuição de Bobbio

À semelhança de Marshall, Bobbio analisa a cidadania na passagem do período feudal para o período moderno e o faz como ponto de partida de sua análise sobre a *era dos direitos* e também como critério para indicar a perspectiva metodológica de sua reflexão, estendendo-a até a contemporaneidade.

Para ele, "os súditos se tornam cidadãos quando lhes são reconhecidos alguns direitos fundamentais" (Bobbio, 1992, p. 1). Esse entendimento sobre a concepção do cidadão prioriza a relação entre cidadania e direitos e sustenta-se "na afirmação dos direitos do homem deriva de uma radical inversão de perspectiva, característica da formação do Estado moderno, na representação da relação política, ou seja, na relação Estado/cidadão ou soberano/súditos: relação que é encarada, cada vez mais, do ponto de vista dos direitos dos cidadãos não mais súditos, e não do ponto de vista dos direitos do soberano, em correspondência com uma visão individualista da sociedade, segundo a qual, para compreender a sociedade, é preciso partir de baixo, ou seja, dos indivíduos que a compõem, em oposição à concepção orgânica tradicional, segundo a qual a sociedade como um todo vem antes do indivíduo. A inversão de perspectiva, que a partir de então se torna irreversível, é provocada, no início da era moderna, principalmente pelas guerras de religião, através das quais se vai afirmando o direito de resistência à opressão, o qual pressupõe um direito ainda mais substancial e originário, o direito do indivíduo a não ser oprimido, ou seja, a gozar de algumas liberdades fundamentais: fundamentais porque naturais, e naturais porque cabem ao homem enquanto tal e não dependem do beneplácito do soberano" (*idem*, p. 4; sobre a concepção individualista, ver também p. 58-64).

Quanto à questão do nascimento dos direitos, ao invés de adotar a explicação da tese evolucionista atribuída a Marshall, Bobbio diz que "os direitos do homem, por mais fundamentais que sejam, são direitos históricos, ou seja, nascidos de certas circunstâncias, caracterizadas por lutas em defesa de novas liberdades contra velhos poderes, e nascidos de modo gradual, não todos de uma vez e nem de uma vez por todas" (*idem*, p. 5).

Entre esses direitos do homem que nasceram de "certas circunstâncias, caracterizadas por lutas", o jusfilósofo italiano considera que "a liberdade religiosa é um efeito das guerras de religião; as liberdades civis, da luta dos parlamentos contra os soberanos absolutos; a liberdade política e as liberdades sociais, do nascimento, crescimento e amadurecimento do movimento dos trabalhadores assalariados, dos camponeses como pouca ou nenhuma terra, dos pobres que exigem dos poderes públicos não só o reconhecimento da liberdade pessoal e das liberdades negativas, mas também a proteção do trabalho contra o desemprego, os primeiros rudimentos de instrução contra o analfabetismo, depois a assistência para a invalidez e a velhice, todas elas carecimentos que os ricos proprietários podiam satisfazer por si mesmos" (*ibidem*, p. 5).

Da mesma forma que Marshall, é notável a influência de Bobbio no debate sobre a cidadania. Em especial, a tentativa de se elaborar um procedimento de hábil à identificação dos direitos que integram a noção de cidadania encontra em seus ensinamentos um importante ponto de inflexão, pois nele o elemento *contexto* é mais explícito do que em Marshall e ainda é qualificado pelo reconhecimento da existência de lutas em defesa de novas liberdades como causas do nascimento de direitos, o que coloca em destaque o que se encontrava implícito na noção de *espírito predominante da época*, indicada por Marshall como critério último de definição do núcleo de direitos inerentes à cidadania.

Bobbio reconhece a estreita relação entre direitos do homem e sociedade, entre mudança social e nascimento de novos direitos e considera os direitos do homem também como fenômeno social (*idem*, p. 68) chegando à constatação de que "o nascimento, e agora também o crescimento, dos direitos do homem são estreitamente ligados à transformação da sociedade" (*idem*, p. 73). Frisa, pois, "a necessidade de fazer referência a um contexto social determinado" (*idem*, p. 68).

Nesse passo, a própria definição dos direitos que integram o núcleo da cidadania passa a ser variável segundo as transformações sociais, muitas delas decorrentes de lutas em defesa de novas liberdades pelo reconhecimento de novos direitos.

Inicialmente, Bobbio analisa o nascimento dos direitos do homem através da sua relação com a categoria *exigência* (ou demanda), inserida num contexto de estado de natureza:

"A doutrina dos direitos do homem nasceu da filosofia jusnaturalista, a qual – para justificar existência de direitos pertencentes ao homem enquanto tal, independentemente do Estado – partira da hipótese de um estado de natureza, onde os direitos do homem são poucos e essenciais: o direito à vida e à sobrevivência, que inclui também o direito à propriedade; o direito à liberdade, que compreende algumas liberdades essencialmente negativas. [...]

A hipótese do estado de natureza – enquanto estado pré-estatal e, em alguns escritores, até mesmo pré-social – era uma tentativa de justificar racionalmente, ou de racionalizar, determinadas exigências que se iam ampliando cada vez mais; num primeiro momento, durante as guerras de religião, surgiu a exigência da liberdade de consciência contra toda forma de imposição de uma crença (imposição freqüentemente seguida de sanções não só espirituais, mas também temporais); e, num segundo momento, na época que vai da Revolução Inglesa à Norte-Americana e à Francesa, houve a demanda de liberdades civis contra toda forma de despotismo. O estado de natureza era uma mera ficção doutrinária, que devia servir para justificar, como direitos inerentes à própria natureza do homem (e, como tais, invioláveis por parte dos detentores do poder público, inalienáveis pelos seus próprios titulares e imprescritíveis por mais longa que fosse a duração de sua violação ou alienação), exigências de liberdade provenientes dos que lutavam contra o dogmatismo das Igrejas e contra o autoritarismo dos Estados. A realidade de onde nasceram as exigências desses direitos era constituída pelas lutas e pelos movimentos que lhes deram vida e as alimentaram: lutas e movimentos cujas razões, se quisermos compreendê-las, devem ser buscadas na realidade social da época, nas suas contradições, nas mudanças que tais contradições foram produzindo em cada oportunidade concreta.

Após destacar a ficção do estado da natureza, justificativa em determinado momento não mais suficiente para dar conta da explicação da realidade, Bobbio identifica o nascimento dos direitos nas lutas travadas na sociedade real:

"Essa exigência de passar da hipótese racional para a análise da sociedade real e de sua história vale com maior razão hoje, quando as exigências, provenientes de baixo, em favor de uma maior proteção de indivíduos e grupos (e se trata de exigências que vão bem além da liberdade em relação a e da liberdade de) aumentaram enormemente e continuam a aumentar; ora, para justificá-las, a hipótese abstrata de um estado de natureza simples, primitivo, onde o homem vive com poucos carecimentos essenciais, não teria mais nenhuma força de persuasão e, portanto, nenhuma utilidade teórica ou prática. O fato mesmo de que a lista desses direitos esteja em contínua ampliação não só demonstra que o ponto de partido do hipotético estado de natureza perdeu toda plausibilidade, mas nos deveria tornar conscientes de que o mundo das relações sociais de onde essas exigências derivam é muito mais complexo, e de que, para a vida e para a sobrevivência dos homens, nessa nova sociedade, não bastam os chamados direitos fundamentais, como os direitos à vida, à liberdade e à propriedade" (*idem*, p. 73-75).

Ao colocar em relevo a existência de lutas travadas em determinado contexto social em prol do reconhecimento de novos direitos e ao direcionar e qualificar o contexto para a análise da realidade social concreta de uma determinada época, com atenção para as suas próprias contradições, Bobbio avança em relação a Marshall que, com sua referência ao *contexto* e ao *espírito predominante da época*, já sugeria algo além da contextualização necessária à análise do nascimento de direitos e, portanto, à tarefa de identificação do núcleo de direitos da cidadania.

Contudo, Bobbio em momento algum discute a natureza das relações sociais existentes na origem dessas lutas que têm a possibilidade de ampliar o rol de direitos que integram a noção de cidadania.

Para se alcançar os objetivos da tarefa de identificação do núcleo de direitos da cidadania — além da própria identificação, busca-se fixar critérios básicos para a análise do emprego do termo *cidadania* e construir ferramentas mínimas para que o indivíduo possa visualizar os interesses existentes por trás do discurso da cidadania — não basta relacionar o nascimento de uma determinada liberdade ou direito a um acontecimento histórico: liberdades religiosas e guerras de religião; liberdades civis e luta dos parlamentos contra os soberanos absolutos; liberdades política e sociais e movimento dos trabalhadores assalariados, dos camponeses como pouca ou nenhuma terra, dos pobres em geral, como indicado por Bobbio.

É necessário, antes, detectar os interesses que estão por trás desses acontecimentos ou as razões que impulsionam aqueles que lhes dão concretização.

### c) *Uma contribuição de K. Marx*

A apropriação das contribuições de Marshall e de Bobbio revela que o nascimento de direitos e sua eventual incorporação ao conceito de cidadania dependem de um determinado contexto social ou de uma realidade social concreta, em que impera um espírito predominante da época. Essa realidade é caracterizada pela existência de lutas travadas em seu interior em decorrência de contradições que lhes são intrínsecas e que objetivam o reconhecimento de novos direitos e sua incorporação no rol de direitos que integra a noção de cidadania.

Ambos os autores analisam a cidadania num contexto que se inicia desde a transição do período feudal para o moderno e, embora não deixem expressamente claro, resta evidente que o espírito predominante da época ou as tais contradições da realidade social concreta são, respectivamente, o capitalismo e as conseqüências que então estava provocando e ainda continua a provocar complexo edifício social.

Ao pensar em lutas intrínsecas a uma realidade social concreta, em que vigora o espírito predominante do capitalismo, como causas de reconhecimento de novos direitos, não há como não pensar em Marx e nele buscar uma contribuição para a tarefa de identificação dos direitos que integram a cidadania, ou melhor, dos interesses que geraram lutas que geraram o reconhecimento desses direitos e que podem gerar o reconhecimento de novos direitos ou mesmo a exclusão de direitos que atualmente integram a noção de cidadania.

O método marxista de análise da cena política[164] (Boito Junior, 2003, p. 127-139) pode trazer para o debate uma importante contribuição, que, por sua vez, tem a função de aclarar questão não enfrentada por Bobbio, conforme já pontuado.

Com efeito, "Marx concebe a *cena política* nas sociedades capitalistas, que é o espaço de lutas entre partidos e organizações políticas, como uma espécie de superestrutura da luta de *classes e de frações de classe*, que formam aquilo que poderíamos denominar a base socioeconômica da cena política". (*idem*, p. 129).

Essa cena política possui características que "decorrem das características gerais do Estado capitalista e, desse modo, a aparência universalista desse Estado, fruto do direito igualitário e da burocracia profissional formalmente aberta para todas as classes, essa aparência contamina todos os partidos políticos burgueses e pequeno-burgueses e todas as correntes de opinião" (*ibidem*).

A "análise política marxista das sociedades capitalistas só começa quando, e somente quando, o analista evidencia os laços complexos que unem a cena política aos interesses econômicos e aos conflitos de classe" (*idem*, p. 129-130), sempre com "o cuidado de distinguir, na cena política das sociedades capitalistas, o mundo das aparências no qual cada contendor proclama seus nobres princípios e seus pretensos valores universais, do mundo profano

---

164 Não é aleatória a escolha da cena política, pois se considera que, ainda hoje, é na esfera política, no choque institucionalizado de grupos de interesses que se fazem representar nas instituições políticas modernas, que as lutas pelo reconhecimento de direitos dá-se mais de forma mais concentrada e decisiva. De nada adiantaria uma luta por reconhecimento de um direito se essa luta não encontrasse defensores na arena política, principalmente no Poder Legislativo. Não é aleatória também pelas razões que abaixo seguem no texto, como se verá.

dos interesses econômicos e políticos, no qual valores e interesses se trocam uns pelos outros" (*idem*, p. 128).

Ao identificar e distinguir a aparência dos discursos e os interesses econômicos e políticos que por trás deles se escondem, "o trabalho de análise da cena política nas sociedades capitalistas [torna-se] é um trabalho de desmascaramento [que] não é uma imputação arbitrária, mas, sim, uma conclusão decorrente da análise do discurso e da prática dos partidos políticos" (*idem*, p. 132-133), assim como da prática de quaisquer relações cotidianas.

Em especial, trata-se de método de análise do discurso que ganha fôlego ante a advertência de que "a forma com que [...] [a cidadania é difundida] junto à opinião pública produz um impacto avassalador que leva os membros da sociedade a uma aceitação acrítica dos processos sociais [por ele] recobertos" (SAES, 2003, p. 9).

Com efeito, a "dialética entre realidade superficial e realidade profunda" (Boito Junior, 2003, p. 135) contida no referido método, ante o seu potencial desvelador da verdade existente por trás do discurso, desponta como uma robusta contribuição à tarefa de identificação dos direitos que integram a noção de cidadania, pois serve de ferramenta hábil para revelar os interesses existentes por trás dos variados discursos sobre a cidadania, assim como os interesses existentes na base das lutas pelo reconhecimento de direitos como direitos de cidadania.

É preciso perguntar e buscar identificar, pois, o que um determinado direito representa para aquele que advoga sua qualidade de direito de cidadania ou para aquele que rotula seu produto como de cidadania. É preciso perguntar e buscar identificar quem é aquele que advoga a qualidade de cidadania de determinado direito, quais são os segmentos ou interesses da sociedade que ele diz representar e se ele realmente, através de suas práticas, demonstra e faz prova de que representa os interesses que diz representar.

O desvelamento dos interesses presentes nos discursos de cidadania (e na base das lutas sociais), tão constantes na esfera política, e também nos âmbitos jurídico e da mídia, ao lado de uma necessária contextualização que considere a especificidade das circunstâncias de uma determinada realidade social (contribuição de Marshall), que tem como uma de suas características a existência de lutas sociais, intrínsecas a essa realidade concreta capitalista, pelo reconhecimento de direitos (contribuição de Bobbio), constitui mais uma contribuição à tentativa de construção de um procedimento de identificação dos direitos da cidadania.

### d) Uma contribuição de A. Gramsci[165]

Marco Aurélio Nogueira (2003), num contexto de alerta da dissonância no campo dos estudos gramscianos, diz que "o léxico proveniente de Gramsci se universalizou e se converteu numa das mais influentes linguagens da cultura contemporânea" (Nogueira, 2003, p. 215) e que "flutuam num mar de significados nem sempre convergentes" (*ibidem*), por exemplo, as noções de hegemonia, consenso e sociedade civil, que "mais que qualquer outro termo do vocábulo gramsciano [...] disseminou-se largamente, colando-se ao senso comum, ao discurso político e ao imaginário das sociedades contemporâneas" (*idem*, p. 216).

Com efeito, Gramsci tem sido a porta de entrada para reflexões várias em torno de alternativas "ao terrorismo financeiro e [ao] processo de globalização que provoca a erosão de garantias

---

165 Todos as referências são de textos contidos na obra Ler Gramsci, entender o mundo. Conferir bibliografia. Conferir também Gramsci. Um estudo sobre seu pensamento político. Nova ed. rev. e atualizada: Civilização Brasileira: Rio de Janeiro, 2003.

sociais, desintegra culturas, identidades étnicas e políticas" (Semeraro, 2003, p. 261). Algumas dessas alternativas penetram o tema da democracia (participativa e como campo ideal para a luta de posições e conquista da hegemonia) e, nesse contexto, também da cidadania, embora o termo não lhe seja usual, tal como construído pelo pensamento liberal (é cidadão o indivíduo a quem a lei atribui direitos).

No que se refere à questão da identificação dos direitos da cidadania, foi T. H. Marshall, ao destacar *a ameaça dos direitos políticos* — questão totalmente esquecida (no âmbito de um esquecimento maior dos próprios direitos políticos[166]) por qualquer um dos que se propuseram a analisar aspectos da cidadania necessariamente a partir do famoso ensaio do autor[167] — quem apontou para a possibilidade de uma contribuição gramsciana ao presente debate.

É que Marshall alerta para o fato de que, se "[...] mesmo no final do século XIX, a massa da classe operária não exercia um poder político efetivo. [, naquela] Naquela ocasião o direito de voto [já] estava bastante difundido, [embora] mas aqueles que o tinham adquirido recentemente não haviam ainda aprendido a fazer uso do mesmo. Os direitos políticos da cidadania, ao contrário dos direitos civis, estavam repletos de ameaça potencial ao sistema capitalista, embora aqueles que estavam estendendo, de modo cauteloso, tais direitos às classes menos favorecidas, provavelmente não tivessem plena consciência da magnitude de tal ameaça".

Essa ameaça residiria (e de fato ainda reside) no fato de que os direitos civis, entre eles os de liberdade de expressão e reunião,

---

166 Conferir apontamento no final da nota 12.
167 Trata-se do primeiro elemento de Gramsci e que 'contém potencialmente todas as determinações mais concretas da totalidade' (Coutinho, idem, p. 69), ou seja, trata-se de elemento que concentra uma força explicativa de todas as relações da realidade social.

serviriam aos trabalhadores, agora na qualidade de cidadãos em exercício do direito político ao voto, como instrumento de reivindicação de direitos sociais (Marshall, 1962, p. 85-86). Ademais, esse método formal de assegurar direitos sociais através do exercício do poder político seria potencializado pelo uso de direitos civis coletivos, através da apropriação dos direitos políticos apropriados por grupos de trabalhadores (ibidem), sendo os sindicatos a expressão mais significativa desse acontecimento.

O que faz Marshall é revelar o potencial dos direitos políticos – reconhecidos pelo espírito capitalista predominante da época e cujo exercício sustenta-se, segundo esse mesmo espírito, no exercício dos direitos civis e na impossibilidade de sua negação – como ameaça direta à estrutura do sistema capitalista, porque franqueiam o ingresso da classe trabalhadora ao exercício do poder político, abrindo, assim, a possibilidade de reivindicação de direitos sociais "sem uma revolução violenta e sangrenta" (*ibidem*), que se dá através da apropriação de mecanismos e instituições políticas construídas ou moldadas pelo próprio sistema capitalista.

Essa constatação recoloca os direitos políticos, ignorados na cisão entre direitos civis e direitos sociais (e no debate sobre suas diferenças e sobre a propriedade ou não da batalha pela inserção destes últimos no rol dos direitos da cidadania), no debate sobre o núcleo da cidadania, e reconhece o exercício do poder político como mecanismo para o reconhecimento de direitos, principalmente os sociais.

Ora, a centralidade e a socialização da política são temas centrais em Gramsci (cf. Coutinho, 2003, p. 67-82), para quem "existe política somente quando existem *governantes e governados*,[168]

---

[168] Bobbio também se refere a essa distinção, que ocorre entre quem pode obrigar com suas decisões os membros do grupo e os que estão submetidos a essas decisões (1992, p. 57).

dirigentes e dirigidos,[169] uma distinção que não resulta da 'natureza humana', mas de relações sociais histórico-concretas: como diz Gramsci, 'em última análise', ela 'se refere a uma divisão de grupos sociais' (CC, 3, 325), ou seja, à divisão da sociedade em classes" (*idem*, p. 74).

Num primeiro momento, Gramsci, na esteira de Marx, acrescenta ao debate sobre a tarefa de identificação dos direitos da cidadania a expressa indicação de que por trás das lutas pelo reconhecimento de direitos e, por conseguinte, pela sua inclusão no conceito de cidadania, há relações sociais histórico-concretas que se referem, em última análise, a uma divisão da sociedade em grupos sociais (ou uma divisão a sociedade em classes, conforme entendem os marxistas[170]).

---

169 Conferir início da letra a do item III.

170 Para um panorama sobre a questão do fim das classes sociais, mas em defesa das mesmas, inclusive como categoria de análise da realidade ver Chavel, Louis. Classes e gerações: a insuficiência das hipóteses da teoria do fim das classes sociais. Crítica Marxista, n. 15, São Paulo: Boitempo, 2003, p. 57-70. A questão da sociedade em classes poderia ser abordada já no item sobre a contribuição de Marx e poderia ser abertamente discutida no item sobre Gramsci, mas, ante uma formação jurídica eminentemente liberal, predominante nos cursos de graduação em direito no Brasil, confesso certa resistência à categoria, preferindo trabalhar com as noções de interesses e grupos sociais. Além do mais, as primeiras leituras de alguns textos de autores considerados marxistas não autorizam a aventura em conceito tão complexo, como de fato também o são os conceitos gramscianos de hegemonia, guerra de posições, revolução passiva, entre outros, o que, por sua vez, justifica a timidez no item sobre a contribuição de Gramsci. Em verdade, tanto Marx como Gramsci foram analisados pontualmente e dentro da seguinte perspectiva: na própria doutrina liberal da cidadania (aqui, representada por Marshall e Bobbio) é possível encontrar escondidas razões para a superação da idéia que vincula a cidadania aos direitos civis e, mais ainda, que relaciona a idéia de cidadania a um determinado estatuto de

Num segundo momento, Gramsci insere as relações sociais histórico-concretas (que, em última análise, se referem a uma divisão de grupos sociais, geradoras de lutas internas decorrentes de contradições inerentes ao sistema capitalista) no campo da política e assim revela a política – também e ainda mais agora entendida "como um fator de mediação, um campo em que se combinam atos, regras e instituições voltadas para a conquista do poder, da direção, da liderança, bem como para a organização dos interesses e da própria vida comum" (Nogueira, 2003, p. 222) – como campo decisivo para o reconhecimento de direitos e a tentativa de ampliação ou redução dos direitos que integram a noção de cidadania.

Não há como olvidar, pois, que a luta por reconhecimento de direitos nada mais é que uma luta concreta entre grupos sociais, que buscam a satisfação de seus interesses através do exercício do poder.

A arena institucionalizada para esse exercício de poder é a política, cujo acesso se encontra franqueado aos grupos sociais em razão do reconhecimento de direitos políticos, antes apenas resumidos ao direito ao voto, hoje ampliados pela possibilidade de participação direta dos grupos sociais na tomada de

---

direitos, o que pode se pode buscar revelar através da exploração dessas escondidas razões pela ótica do pensamento de autores não liberais, como Marx e Gramsci. Esse, por fim, é fonte para reflexões sobre a seguinte idéia: partindo da "aceitação" das diversas divisões do conceito de cidadania propostas pela doutrina, a começar pelos três elementos (civil, político e social) de Marshall, mas visando superá-la, tem-se que a potencialidade do conceito concentra-se em seu aspecto político, o que significa que, para além do direito liberal ao voto, deve-ser possibilitar, num ambiente democrático, uma ampla participação dos indivíduos nos processos de tomada de decisão, em qualquer nível, viabilizando "uma práxis constitutiva de sujeitos que se educam para socializar e dirigir o mundo" (Semeraro, 2003, p. 271).

decisões, inclusive sobre as referentes ao reconhecimento ou não de direitos.

Dessa forma, o exercício de poder deve ser considerado não apenas como exercício de dominação de governantes sobre governados, grupos sociais dirigentes e dirigidos, mas também com "uma prática ético-política tensa e aberta entre diversos sujeitos e organizações que disputam projetos diferentes da sociedade" (Semeraro, 2003, p. 271)[171].

A contribuição de Gramsci, além de desveladora da realidade concreta, insere na tarefa de identificação do rol dos direitos da cidadania um elemento ao mesmo tempo desmistificador, no sentido de que o reconhecimento de direitos não guarda uma linearidade necessária[172], pois é fruto de relações histórico-concretas e de lutas delas decorrentes; e emancipador, pois abre a possibilidade de reconhecimento de direitos através da atuação política de indivíduos e grupos de indivíduos, inclusive e precisamente se encontram na posição de governados.

Nesse passo, o discurso da cidadania pode de fato ser um discurso por reconhecimento de um direito como pertencente ao conceito da cidadania. Contudo, isso não basta. Há necessidade de luta por seu reconhecimento e essa luta tem

---

171 Aqui não há como deixar de ressalvar a relação entre a alusão de Marshall à "ameaça de conquista política de direitos pela classe trabalhadora sem a necessidade de uma revolução violenta e sangrenta" e as concepções gramscianas de "guerra de posições", "revolução passiva" e "hegemonia". Esses e outros importantes conceitos são analisados, com abordagens diversas, mas que guardam consonância com que empregados por Gramsci, nos textos da obra Ler Gramsci, entender o mundo, e não foram abordados no presente texto porque fugiriam à sua finalidade, qual seja indicar alguns critérios para a identificação dos direitos de cidadania e dos interesses por trás dos discursos de cidadania.
172 Tal como o "evolucionismo" de Marshall e o "historicismo" de Bobbio.

como campo a arena da política[173]: os direitos surgem na luta política, como processo de conquista; por conseguinte, a noção cidadania é (re)definida pelos resultados das lutas que ocorrem no âmbito do embate político.

## 4. Conclusão

Com efeito, nem todos os usos do conceito de cidadania dizem respeito a uma mesma noção, mas todos se referem a uma necessária relação entre direitos e cidadania. Nem todos os que se utilizam dessa noção referem-se a uma mesma idéia ou aos mesmos direitos ou querem dizer a mesma coisa. Não há um núcleo imutável de direitos que necessariamente pertencem ao rol de direitos da cidadania.

As contribuições colhidas dos autores abordados fornecem um caminho para se buscar identificar quais direitos de fato integram o conceito de cidadania: tem-se de recorrer a uma análise contextualizada, que considere determinada realidade histórico-social caracterizada por lutas de interesses nela existentes e decorrentes de sua própria estrutura social, uma análise que se paute por uma necessária distinção entre a realidade superficial (do discurso) e a realidade profunda (da vida concreta), em que se verifica a existência de disputas entre grupos sociais vários e diversos, que

---

173 É claro que para a efetivação do direito ou sua identificação com a realidade concreta, não basta apenas previsão legal, mas sim uma luta para a implementação do direito reconhecido por lei, o que também se dá no campo político, principalmente no tocante as decisões sobre alocação de recursos. Nesse contexto, insere-se a distinção que Bobbio faz entre reivindicação, reconhecimento e proteção, bem como a distinção entre nascimento e reconhecimento de direitos.

postulam a prevalência de interesses próprios, o reconhecimento de seus direitos e o monopólio do exercício do poder na arena tensa e aberta da política. Essa ao menos se encontra franqueada aos indivíduos e grupos, até porque ninguém ainda se dispôs a contestar veementemente os (e a expressamente declarar guerra aos) direitos civis e políticos.

# Bibliografia

BOBBIO, Norberto. *A era dos direitos*. Rio de Janeiro: Editora Campus, 1992.

BOITO JUNIOR, Armando. *Cena política e interesse de classe na sociedade capitalista*. Crítica Marxista, n. 15, São Paulo: Boitempo, 2002.

COUTINHO, Carlos Nelson. *O conceito de política nos Cadernos do Cárcere*. In: COUTINHO, Carlos Nelson, TEIXEIRA, Andréa de Paula (org.). *Ler Gramsci, entender a realidade*. São Paulo: Civilização Brasileira, 2003.

MARSHALL, T. H. *Cidadania, Classe Social e Status*. Rio de Janeiro: Zahar, 1967.

NOGUEIRA, Marco Aurélio. *As três idéias de sociedade civil, o Estado e a politização*. In: COUTINHO, Carlos Nelson, TEIXEIRA, Andréa de Paula (org.). *Ler Gramsci, entender a realidade*. São Paulo: Civilização Brasileira, 2003.

SAES, Décio Azevedo Marques de. *Cidadania e capitalismo: uma crítica à concepção liberal de cidadania*. Crítica Marxista, n. 16, São Paulo: Boitempo, 2003.

SEMERARO, Giovanni. *Tornar-se "dirigente": O projeto de Gramsci no mundo globalizado*. In: COUTINHO, Carlos Nelson, TEIXEIRA, Andréa de Paula (org.). *Ler Gramsci, entender a realidade*. São Paulo: Civilização Brasileira, 2003.

# Sobre os autores

**Domenico Losurdo:** Professor titular de História da Filosofia na Universidade de Urbino (Itália). Autor de mais de vinte livros e de centenas de artigos e ensaios publicados em diversas línguas. Co-diretor de diversas revistas de filosofia na Europa, presidente da *Internationale Gesellschft Hegel-Marx für dialektisches Denken* e membro do Comitê Científico do *Istituto Italiano per gli Studi Filosofici*. É co-diretor da revista "Topos. Internationale Beiträge zur dialektischen Philosophie" e da coleção "Sócrates". É membro da "Leibinz Sozietät", do Comitê Científico das revistas "Archives de Philosophie" e "Dialektik"

**Giovanni Semeraro:** Formado em Filosofia, com mestrado e doutorado em Filosofia da Educação. Prof. Adjunto na UFF (FEUFF). Autor de diversos artigos publicados em revistas e dos livros: *Gramsci e a sociedade civil*, 2ª ed.,Vozes, 2001; *A primavera dos anos 60. A geração de Betinho*, Loyola, 1994; *Democracia e construção do público no pensamento educacional brasileiro* (org.), 2ª ed.,Vozes, 2002. É pesquisador do CNPq e coordenador do Núcleo de Estudos e Pesquisas em Filosofia Política e Educação (NUFIPE).

**João Baptista Bastos:** Formado em Filosofia, doutor em Educação. É professor da Faculdade de Educação da UFF na graduação, mestrado e doutorado. Pesquisa: Gestão democrática da escola pública e Projeto político pedagógico de ensino fundamental. Organizou a publicação "Gestão democrática" pela DP&A, 2000. Vice-coordenador do Núcleo de Estudos e Pesquisas em Filosofia Política e Educação (NUFIPE).

**Elza Dely Macedo:** Doutora em História Social pelo ICHF e mestra em Educação pela Faculdade de Educação da UFF. Docente de Supervisão Educacional, Organização da Educação no Brasil, Pesquisa e Prática Pedagógica. Pesquisadora do Núcleo Transdiciplinar de Estudos de Gênero (NUTEG). Pesquisadora do Núcleo de Estudos e Pesquisas em Filosofia Política e Educação (NUFIPE). Linhas de pesquisa: Movimentos de mulheres, discriminação de gênero; Organização do trabalho pedagógico na escola pública.

**Martha D'Angelo:** Doutora em Filosofia pela UFRJ, professora de Filosofia da Faculdade de Educação da UFF. Autora de diversos artigos publicados em revistas especializadas de cultura e educação. Linha de pesquisa: Memória e Educação.

**Sueli Camargo:** Professora Adjunta do Departamento Sociedade, Educação e Conhecimento da FEUFF. Doutora em Educação pela USP. Desenvolve pesquisa sobre o Território Grupal e a Formação de Subjetividades Coletivas.

**Jorge Najjar:** Professor Adjunto do Departamento Sociedade, Educação e Conhecimento da FEUFF. Doutorado em Educação na FEUSP. Ex-Coordenador do Curso de Especialização em Educação Brasileira e Movimentos Sindicais. Atualmente desenvolve pesquisa na área de Políticas Públicas em Educação.

# Sobre os autores

**Percival Tavares da Silva:** Formado em Filosofia, mestrado em Filosofia da Educação (IESAE). Professor Adjunto de Filosofia da Educação na Faculdade de Educação da UFF. Educador popular e pesquisador da Baixada Fluminense. Assessor do Centro Sócio-Político de Nova Iguaçu. Presidente do Partido dos Trabalhadores de Nova Iguaçu (2002-2003).

**Gelta T. Ramos Xavier:** Doutora em Educação pela UFMG. Professora de Currículo, Didática e Disciplinas referentes a formação para o magistério e Pesquisa em Educação. Linha de pesquisa: Currículo, Planejamento e Avaliação. Atua no Sindicato Nacional dos Docentes de Ensino Superior (ANDES – ADUFF).

**Leonardo Barros de Souza:** Advogado especialista em Direito Constitucional pela UFES. Mestrando em Sociologia e Direito pela UFF. Colaborador do Núcleo de Estudos e Pesquisas em Filosofia Política e Educação (NUFIPE). Autor do livro "Iniciativa Popular" publicado pelo IBCCRIM/SP, 2003.

Editoração, impressão e acabamento
GRÁFICA E EDITORA SANTUÁRIO
Rua Pe. Claro Monteiro, 342
Fone 012 3104-2000 / Fax 012 3104-2036
12570-000 Aparecida-SP